主　编　高　丽
副主编　王柏轩
参　编　（按姓氏拼音顺序排列）
　　　　曹献秋　陈昭颖　侯俊东　刘　耕
　　　　王晓川　徐　翔　徐　媛　周国华

创新创业导论

华中科技大学出版社
http://press.hust.edu.cn
中国·武汉

图书在版编目(CIP)数据

创新创业导论 / 高丽主编；王柏轩副主编. -- 武汉：华中科技大学出版社，2024.11. -- ISBN 978-7-5772-1367-5

Ⅰ. G647.38

中国国家版本馆 CIP 数据核字第 2024JX3699 号

创新创业导论
Chuangxin Chuangye Daolun

高　丽　主　编

王柏轩　副主编

策划编辑：袁　冲
责任编辑：林凤瑶
封面设计：孢　子
责任校对：张会军
责任监印：朱　玢

出版发行：华中科技大学出版社(中国·武汉)　　电话：(027)81321913
　　　　　武汉市东湖新技术开发区华工科技园　　邮编：430223
录　　排：华中科技大学惠友文印中心
印　　刷：武汉市洪林印务有限公司
开　　本：787mm×1092mm　1/16
印　　张：14
字　　数：349 千字
版　　次：2024 年 11 月第 1 版第 1 次印刷
定　　价：59.00 元

本书若有印装质量问题，请向出版社营销中心调换
全国免费服务热线：400-6679-118　竭诚为您服务
版权所有　侵权必究

前　言

在这个充满无限可能的时代，创新创业成为激发个人潜能、推动经济增长的重要力量。作为引导读者迈入这一领域的指南，《创新创业导论》肩负着重要的使命。在竞争激烈的社会，创新创业能力已成为个人和社会发展的关键。本书的编写旨在为读者提供全面系统的创新创业知识，培养读者的创新思维和创业精神，提升读者的创业实践能力。

本书以培养具有创新精神和创业能力的人才为目标，全面阐述了创新创业的内涵、意义和方法。本书结合当前国内外创新创业的最新理论和实践经验编写而成，内容涵盖创新创业的各个方面，包括创新创业的时代背景、大学生创新创业平台、创新思维与素质培养、创新模式与创新类型、创业机会的识别与开发、创业者与创业团队培育、创业融资与风险投资、商业模式与商业计划书、新企业创建与管理、新企业如何开拓市场与产品、创新创业活动新趋势、创新创业与人生等。

同时，本书注重培养读者的实践能力，根据具体章节内容，灵活设置了延伸阅读和实践训练板块，提供了大量的创业案例和实践指导，这些案例取自不同行业和领域，既有成功的典范，也有失败的教训，让读者能够多角度地理解创新创业的复杂性。通过丰富的案例分析、实践训练和思考题，引导读者深入理解创新创业的本质和规律，掌握创新创业的方法和技巧，帮助读者将理论知识灵活运用于实践活动。此外，本书还强调创新创业的社会责任和可持续发展，引导读者在追求个人成功的同时，关注创新创业对社会和环境的影响。

本书适用于高等院校的创新创业教育课程，也可供有志于创新创业的个人自学参考。希望本书能够为读者提供有益的指导和帮助，激发读者的创新创业热情，助力读者为实现个人价值和促进社会发展做出贡献。

本书各章编者如下：第一章，王柏轩；第二、九章，陈昭颖；第三、五章，王晓川、周国华；第四章，刘耕；第六、八章，高丽；第七章，曹献秋；第十章，侯俊东；第十一章，徐翔、高丽；第十二章，徐媛。

本书从酝酿、构思、写作到定稿历时两年，在此期间中国地质大学（武汉）上线了以本书思路为基础的慕课（MOOC），感谢所有参加慕课录制的讲授者。书中附上了该慕课链接作为学习资源之一，https://www.xueyinonline.com/detail/235481245。为了加强教学效果，本课程专门拍摄了情景剧放在部分章节，可扫描章节末的二维码观看。感谢所有参与情景剧表演和拍摄的老师和学生。感谢本书的策划编辑华中科技大学出版社的袁冲先生对本书的出版付出的辛勤劳动。感谢中国地质大学（武汉）"创新创业导论"课程的各层次学生，他们在课上课下提出的问题，给本书的编者提供了灵感与素材。

由于创新创业教育在我国起步较晚,我们的学识、理论水平,以及所取得的实践性成果都比较有限,加之时间仓促,书中难免有不尽如人意之处,作为本书的主编,我真诚地希望得到专家与读者的指正与帮助。本书编者在教学中准备了大量丰富的资源,如果有教师和读者需要,欢迎交流,邮箱:gaoli@cug.edu.cn。最后,感谢中国地质大学(武汉)对本书的资助。

高丽

2024 年 5 月 30 日于中国地质大学(武汉)南望山校区

目 录

第一章　走进创新创业新时代 / 1
　　第一节　创新创业为什么这么火 / 3
　　第二节　创业、创新和创业家精神 / 6
　　第三节　数字经济时代下的创新创业活动 / 14

第二章　大学生创新创业平台 / 21
　　第一节　实践活动平台 / 22
　　第二节　创新创业赛事平台 / 24
　　第三节　创业服务平台 / 28

第三章　创新思维与素质培养 / 33
　　第一节　创新思维的内涵 / 34
　　第二节　创新思维方法 / 37
　　第三节　创新思维工具 / 42
　　第四节　创新素质的培养 / 47

第四章　创新模式与创新类型 / 51
　　第一节　创新模式 / 52
　　第二节　创新类型 / 56

第五章　创业机会的识别与开发 / 65
　　第一节　创业机会的内涵、分类与来源 / 66
　　第二节　创业机会识别 / 72
　　第三节　创业机会评价 / 76
　　第四节　开发创业机会 / 80

第六章　创业者与创业团队培育 / 84
　　第一节　创业者 / 86
　　第二节　创业团队培育 / 90

第七章　创业融资与风险投资 / 101
　　第一节　创业融资 / 102
　　第二节　风险投资 / 118

第八章　商业模式与商业计划书 / 124
　　第一节　商业模式 / 125
　　第二节　商业计划书 / 139

第九章　新企业创建与管理 / 145
　　第一节　企业的基本概念及组织形式 / 146

第二节　新企业的注册　　　　　　　　　　　　　　/ 150
　　第三节　新企业涉及的法律问题　　　　　　　　　　/ 153
　　第四节　初创企业成长初期的特点及存在的问题　　　/ 158

第十章　新企业如何开拓市场与产品　　　　　　　　　　/ 161
　　第一节　新企业如何开拓市场　　　　　　　　　　　/ 162
　　第二节　新企业如何开发产品　　　　　　　　　　　/ 173

第十一章　创新创业活动新趋势　　　　　　　　　　　　/ 186
　　第一节　社会创业　　　　　　　　　　　　　　　　/ 187
　　第二节　新技术与创新创业　　　　　　　　　　　　/ 193

第十二章　创新创业与人生　　　　　　　　　　　　　　/ 202
　　第一节　创新创业与职业生涯规划　　　　　　　　　/ 203
　　第二节　应对创业风险与创业压力　　　　　　　　　/ 208
　　第三节　创新创业助力人生发展　　　　　　　　　　/ 214

第一章　走进创新创业新时代

【名人名言】

世界目前的经济已由"管理型经济"转变为"创业型经济",企业唯有重视创新与企业家精神,才能再创企业生机。

——彼得·德鲁克

【学习目标】

本章将重点介绍创新创业热潮的兴起及重要意义,创新创业的基本概念与内涵,创新创业的类型与过程,如何正确认识创新创业与创业家精神,数字经济对创新创业活动的影响,以及创新创业的发展趋势等,学习目标如下:

1. 认识开展创新创业活动的重要意义和作用;
2. 掌握创新创业的核心内涵及类型、过程,了解创新与创业的关系;
3. 了解数字经济时代特征以及对创新创业活动的深远影响。

【开篇案例】

大疆创新——创新驱动创业的典型示范

深圳市大疆创新科技有限公司(DJI-Innovations,简称DJI大疆创新),坐落在深圳市南山区创维半导体设计大厦,以"THE FUTURE OF POSSIBLE"(未来无所不能)为主旨,是全球领先的飞行影像系统先驱。DJI大疆创新创生于中国深圳,植根于改革创新的精神,优越于尊重梦想、追求纯粹的企业文化。从无人机飞控系统到整体航拍方案,从多轴云台到高清图传,DJI大疆创新以"飞行影像系统"为核心发展方向,所研发的产品已被广泛用于航拍、电影、农业、地产、新闻、消防、救援、能源、遥感测绘、野生动物保护等领域,并不断地融入新的行业。

DJI大疆创新致力于成为持续推动人类进步的科技公司,重新定义了"中国智造"的内涵。自创立至今,DJI大疆创新在国内的北京、香港以及美国、德国、日本等地设有分公司,仅深圳总部就拥有超3000名员工。这些源源不断的拓疆者以梦想为原动力,开辟出一片纯净、创新的乌托邦,吸引了众多决心改变世界的国际人才。所谓行者无疆,创新无限,DJI大疆创新始终以先进的技术、高性能的产品,引领产业变革,探索未来的无限可能。2013年,DJI大疆创新发布的"大疆精灵"一举成名,迅速占领了国内无人机市场;次年,DJI大疆创新用超高性价比的产品进军美国无人机市场，超越美国本土无人机品牌 3D Robotics，获得将近 70% 的市场份额。凭借着高端的技术和卓越的品质，DJI 大疆创新在此后的每一年都保持着快速增长，彻底颠覆了无人机市场，实现了从国内小型科创公司到全球无人机领导企业的华丽转变。

DJI 大疆创新是无人机市场的开拓者，产品不断推陈出新，成功步入千家万户，享誉 100 多个国家，是占据全球消费级无人机市场 70% 以上市场份额的行业巨头，在国内更是占据 90% 以上的市场份额。2019 年，DJI 大疆创新荣获 IEEE 机器人与自动化大奖，这是全球工程技术领域最重要的奖项之一，也是机器人学术界最为关注的顶级荣誉之一。DJI 大疆创新是如此的成功，以至于美国分析师迈克尔·布雷兹感叹，全世界所有人都在追赶 DJI 大疆创新的脚步，它就是中国的苹果。DJI 大疆创新是技术创新的狂热爱好者，始终坚持独立自主地创新无人机技术、研发设计无人机的关键零部件，如飞控系统、机架、云台等。其董事长汪滔曾说："只有拥有崇高的理想才能走得更远，积极尽职，求真品诚。"截至 2019 年 2 月 15 日，DJI 大疆创新全球专利申请数量已超过 8700 件，全球授权专利超过 3000 件，PCT 专利申请量连续多年居国内前十。创新研发与设计是 DJI 大疆创新的灵魂。而且，DJI 大疆创新有着严格的产品标准，将原料选购、零部件生产、产品检测都做到极致。例如，DJI 大疆创新生产的每一套产品，专业测试工程师都会在真实环境下试飞，以检测产品的稳定性。可以说，极致的创新和严苛的质量标准，是 DJI 大疆创新竖起坚实市场壁垒的基石。而 DJI 大疆创新前沿的技术，则来自它对人才的不懈追求。DJI 大疆创新已承办多年的 RoboMaster 机甲大师高校系列赛，为社会培养了众多热爱创新和技术的青年才俊。此外，DJI 大疆创新自身也拥有着全球最大的无人机研发团队，核心研发人员近 1000 人。

无人机是汪滔孩童时的美好梦想。中学时期，汪滔就开始阅读航模读物并动手实践。他表示，自己很早就梦想做一个能够自动控制直升机飞行的东西。于是，为了将想法变为现实，汪滔将大部分时间都花在研究航模资料和动手实践上。大学时期，汪滔历经了一波三折，最终就读于香港科技大学，并在此结识了自己创新创业路上的伯乐——李泽湘教授。他开创的两门产学研融合的课程，不仅培养了学生设计机械、电子、软件等系统的能力，更提高了他们的团队合作能力和沟通技巧。汪滔是这两门课程的课代表，后来还担任了课程助教，这对他提高实践能力、熟悉深圳科技产业链提供了很大帮助。凭借着 DJI 大疆创新的硬实力，无人机成功从小众产品中"出圈"，走入大众消费者的视野中。目前 DJI 大疆创新研发的系列产品已经在农林业防护、地理测绘、气象服务、电力巡检、医疗影像、教育等行业广泛应用，DJI 大疆创新建立起"无人机平台生态圈"。

精益求精的性格、扎实的知识积累和丰富的实操经验，让积极参加创新创业比赛的汪滔获得 2005 年亚洲-太平洋广播电视联盟（ABU）香港地区 Robocon 冠军，随后他又参加了在同年举办的第四届 ABU 年度总决赛，获得季军。竞赛上的突破更激励了汪滔追随航模飞机的梦想。于是，他主动选择了自己的毕业设计——做一款航模飞行自动控制器。他的执着和坚持最终打动了老师，学校还拨款 18000 港币给他作科研费用。为了开发飞行控制系统，汪滔付出了巨大的精力，甚至不惜通宵达旦。但是半年后，在项目的最终展示阶段，由于航模飞机悬停功能出现了问题，汪滔的毕业设计得到了一个很差的成绩，这对他来说无疑是很大的打击。但这个项目吸引了李泽湘教授，汪滔得以留在香港科技大学读研，继续完善他的技术。

2006年1月,汪滔在航模兴趣圈卖出了第一台控制器的样品,这让他迈出了创业第一步。于是,DJI大疆创新于2006年在深圳正式创建。但创业之路总是艰辛的,在初创的几年里,DJI大疆创新经历了人才流失、资金短缺、技术匮乏等困难。再者汪滔个性要强、精益求精,公司当时也缺乏明确的愿景和目标,导致不少员工没有坚持下来,转向其他无人机合作商,甚至有人倒卖公司的飞行控制器技术。但汪滔对技术和质量的执着,让他选择了继续深耕飞控技术和创新,而不是选择急于求成。汪滔说这是他和DJI大疆创新"黎明前的黑暗"。最终,靠着对梦想的坚持、对技术和创新的执着,汪滔将自己的兴趣爱好变为翱翔在天空中的现实。

——资料来源:根据网络信息及相关书籍等整理。

第一节 创新创业为什么这么火

创新是一个民族进步的灵魂和国家兴旺发达的不竭动力。管理大师彼得·德鲁克曾说过:"世界目前的经济已由'管理型经济'转变为'创业型经济',企业唯有重视创新与企业家精神,才能再创企业生机。"世界经济发展的历程已充分证明:创新创业是人类财富之源,是国家经济发展的源泉与动力。21世纪是创新创业型经济大发展的时代,创新创业已成为社会经济发展的主要引擎,成为驱动技术创新和促进社会转型的主要载体,在新时代创新创业更具有战略意义。

一、创新创业活动热潮的兴起

目前,我们正处在VUCA大变革时代,VUCA即volatile(不稳定的)、uncertain(不确定的)、complex(复杂的)、ambiguous(模糊的)。随着全球化的深入发展,创新创业活动呈现出前所未有的蓬勃发展态势。全球化不仅带来了资源的高度整合和市场的扩大,也加速了文化融合与知识传播,为创新与创业提供了广阔的舞台。目前,全球创新创业热潮正旺,创业者期望通过颠覆性创新、新市场开拓,打造新兴产业,抢占科技制高点。特别是在以新技术引领的当下,创新创业的意义更加深远,它将为世界经济的发展做出不可估量的贡献,将极大地改变人们的工作和生活方式。

1. 全球创新创业活动的发展态势

(1)数字化驱动:在过去的几年里,数字化技术深刻影响了全球创新创业活动的格局。人工智能、大数据、云计算等技术的广泛应用,使得初创公司能够以前所未有的速度和规模推动创新。

(2)全球化合作:随着全球化进程的加速,创新创业活动也呈现出跨地域、跨文化的合作趋势。越来越多的初创公司利用国际资本市场和资源,实现全球化布局。

(3)社会问题导向:面对全球性挑战,如气候变化、公共卫生危机、经济不平等问题,创新创业活动更加注重解决社会问题,推动社会可持续发展。

2. 全球创新创业活动的未来趋势

（1）可持续发展和创新科技的融合：未来，创新创业活动将更加注重可持续发展和创新科技的融合。绿色能源、循环经济、生物科技等领域的创新将为全球可持续发展提供强大的动力。

（2）跨国创新创业趋势增强：全球化将继续推动跨国创新创业的发展。更多的初创公司将利用全球市场和资源，实现跨国合作和资本运作，打造全球影响力。

（3）创新创业生态系统的构建：随着创新创业的不断发展，构建良好的创新创业生态系统将成为关键。包括政策支持、人才培养、投融资对接等环节在内的创新创业生态系统将为创新创业提供强大的支持。

（4）人工智能和大数据技术的深度应用：人工智能和大数据技术将在创新创业活动中发挥更加重要的作用。这些技术将帮助初创公司更有效地收集和分析数据，提高初创公司的决策效率和创新能力。

历史实践告诉我们，社会大变革时代往往是创新创业者辈出的时代。目前，全球创新创业活动将继续保持活跃的发展态势，数字化驱动、全球化合作、社会问题导向等趋势将进一步强化。同时，可持续发展和创新科技的融合、跨国创新创业趋势的增强、创新创业生态系统的构建以及人工智能和大数据技术的深度应用等趋势也将逐渐显现。面对这些挑战和机遇，创新创业者需要保持敏锐的市场洞察力和创新精神，以应对不断变化的市场需求和行业趋势。

二、改革开放以来中国创新创业活动的五次浪潮

自改革开放以来，中国的创新创业活动掀起了多次浪潮，经历草根、精英、大众的创业浪潮，每一次浪潮都对中国的经济和社会发展产生了重大影响，成为经济增长和社会发展的重要驱动力，极大地改变着人们的工作和生活方式。

改革开放以来中国创新创业活动的五次浪潮，具体如下。

1. 第一次浪潮（20世纪80年代至20世纪90年代初）

这一时期是中国经济从计划经济向市场经济转型的关键时刻。政府开始实施一系列经济改革措施，为创新创业者提供机会。在这个时期，许多国有企业开始进行改革，尤其是引入市场机制和外部投资。同时，私营企业也开始兴起，鼓励了个体经济和小规模工商业的发展。这些小型企业成为中国经济发展的重要动力，推动了农村经济的复苏和城乡居民收入的增长。

2. 第二次浪潮（20世纪90年代中期至21世纪初）

这一时期信息技术快速发展，中国的互联网产业开始崛起。随着互联网的普及，许多初创企业涌现出来，包括电子商务、在线媒体和游戏等行业。这一时期还见证了中国著名的BAT（百度、阿里巴巴、腾讯）公司的崛起，它们成为中国互联网行业的领跑者。

3. 第三次浪潮（21世纪初至21世纪10年代初）

这一时期是中国创新创业活动迅速发展的时期。政府出台了一系列支持科技创新和高新技术产业发展的政策，同时大力鼓励企业加强自主研发和知识产权保护。在这一时期，中国的高科技企业蓬勃发展，如华为、小米等公司崭露头角。此外，清华大学、北京大学等高校

也推动了具有科技创新和创业精神的人才的培养。

4. 第四次浪潮（21世纪10年代初至21世纪10年代中期）

这一时期是中国创新创业活动进一步升级的时期。国家提出创新驱动发展战略，加大了对创新创业活动的支持力度。高科技产业如云计算、大数据、移动互联网等得到了重点发展，并涌现出一批具有创新能力和国际竞争力的企业。同时，大众创业、万众创新的理念也得到了广泛推广。在这一时期，中国的创新创业基地和孵化器如雨后春笋般涌现，吸引了大量创业者和投资者。

5. 第五次浪潮（21世纪10年代中期至今）

这一时期是中国创新创业活动进一步蓬勃发展的时期。当前，中国正面临着数字经济、生物技术、绿色能源等领域的新浪潮。人工智能、区块链、5G等前沿技术的应用正在改变传统行业和商业模式。此外，可持续发展和环境保护的意识逐渐增强，推动了清洁能源和环保技术的创新创业活动的发展。

总结来说，自改革开放以来，中国的创新创业活动经历了五次浪潮，从小型企业的兴起到互联网、科技创新企业的迅速发展，再到目前在数字经济和绿色能源领域的探索，这些浪潮推动了中国经济的可持续发展和社会的进步。

三、高校为什么要大力开展创新创业教育

1. 国家战略层面

创新是一个民族发展的不竭动力。创新创业已成为经济和社会大发展的持续动力和重要引擎，成为实现技术创新和促进社会转型的重要载体。教育的本质是创新，高校创新创业教育是适应经济社会和国家发展战略而产生的一种新的教学理念与模式。

创新是创业引领经济发展的第一动力。党的十八大以来，我国坚持实施创新驱动发展战略，把科技创新摆在国家发展全局的重要位置。《国家创新驱动发展战略纲要》提出，到2030年跻身创新型国家前列，到2050年建成世界科技创新强国的战略目标。

2. 企业需求与转型发展

创新是企业的新生力量，企业转型发展需要不断创新。早期创新创业成功的典型案例，如阿里巴巴、腾讯、百度、华为等行业巨头，为我国的经济发展注入了新的活力，为后来的创新创业者（如DJI大疆创新等）提供了很好的示范和标杆作用。新技术、新产品不断涌现，消费者的个性化需求也越来越需要得到满足，这导致越来越多的"蚂蚁扳倒大象"的案例出现，创新创业企业成长为世界级公司的时间越来越短，世界级创新创业企业正推动着我们这个美丽的新世界向前发展。

2022年2月28日，习近平总书记主持召开中央全面深化改革委员会第二十四次会议，审议通过《关于加快建设世界一流企业的指导意见》，吹响了建设世界一流企业的号角。党的二十大报告进一步指出："强化企业科技创新主体地位，发挥科技型骨干企业引领支撑作用，营造有利于科技型中小微企业成长的良好环境。"企业是产业链、创新链、资金链、人才链四链融合的关键主体，必须鼓励和支持科技型领军企业发挥创新主导性作用，加快世界一流企业建设，引导企业坚持"面向世界科技前沿、面向经济主战场、面向国家重大需求、面向人

民生命健康",加大创新投入,不断向科学技术广度和深度进军,构建以国家战略科技力量为牵引的中国特色新型国家创新体系,从而适应二十大报告提出的"开辟发展新领域新赛道,不断塑造发展新动能新优势"的新要求。

3. 个人的职业生涯与人生规划

创新创业是一种人生态度和工作生活方式。创新创业不再是一种离经叛道的选择,而是一种职业发展的趋向。创新创业是一种素质、一种职业、一种生活方式、一种境界,更是一种追求。创新创业精神将深深扎根于社会文化中,人人都有创新创业的潜能,人人都有获得成功的机会。

第二节 创业、创新和创业家精神

一、认识创业

1. 创业的内涵与特点

顾名思义,创业就是开创基业,它是一种普遍的社会现象和人类活动,相信每个读者都觉得自己知道创业是什么,但如果要准确地定义它,刻画出创业的本质和精髓,可能又是一件非常困难的事情。

哈佛商学院霍华德·斯蒂文森教授认为,创业是不拘泥于当前资源条件的限制,对机会的追寻,是组合、利用不同资源,开发机会并创造价值的过程。

创业活动强调从0到1的突破,其概念有狭义和广义之分。狭义的定义就是创建新企业,英文中经常用"start-up"一词。按照这样的定义,很容易区分一个人的工作是否是创业活动。广义的定义则把创业理解为开创新事业,英文中倾向于使用"entrepreneurship"一词。任何一个在不确定情况下开发新产品或新业务的人都是创业者。狭义的创业是广义创业的载体,为了探索创业的本质,弘扬创业精神,更多的人倾向于使用广义的创业定义,无论是创建新企业、在企业内部创业,还是在工作岗位上创造性地发挥自己的聪明才智,通过发现机会、整合资源实现自己的价值和抱负,都可以称为创业。

(1)创业的内涵。

创业的内涵,可以从以下几个层面来认识。

- 企业层面:表示"创业企业"的英文单词有"venture""start-up""business venture""new business venture"等。
- 个人层面:表示"创业者"的英文单词是"entrepreneur"。
- 行为层面:表示"创业行为(创业活动)"的英文单词有"venturing""entrepreneurship""business venturing""corporate venturing"。
- 精神层面:表示"创业精神"的英文单词是"entrepreneurship"。
- 环境层面:表示"创业环境"的英文单词是"entrepreneurial environment"。

随着数字技术的发展,创业环境发生了巨大的变化。数字媒体和信息技术为创业创造了新的条件,也为创业创造了新的机会。

(2)创业的特点。

创业活动存在于各个领域,具有如下几个特点:机会导向、整合资源、价值创造、以顾客为中心、超前行动和创新变革。

综合来看,创业不仅仅是一种行为,更是一种思维方式和人生态度,创业即创造人生事业。

2. 创业的类型

随着创业活动的活跃,创业活动的类型呈现出多样化的趋势。理论界与实践界主要从以下三个方面划分创业的类型。

(1)基于创业目的的分类。

从创业目的的角度,可以把创业分为生存型创业和机会型创业。

①生存型创业是指为了生存且没有其他更好的工作选择而从事创业的创业活动。

②机会型创业是指为了追求一个商业机会而自动自发地开展创业的创业活动。

(2)基于创业形式的分类。

从创业形式角度,可以把创业划分为复制型创业、模仿型创业、演进型创业、创新型创业。

①复制型创业是指创业者完全复制其所熟知的企业经营模式的创业活动,创新的成分较低。

②模仿型创业是指创业者模仿对已创业成功的企业经营模式的创业活动。模仿型创业对于市场来说无法带来多少新价值,创新成分较低。与复制型创业相比,对创业者而言,模仿型创业具有较大的风险。

③演进型创业是创业者以自己拥有的专业特长和技术成果为核心竞争力进行的创业。这种创业难点在于组织创新,具有风险高、收益大的特点。从创业目的角度来说,这是一种机会型创业。

④创新型创业是突破传统的经营理念和经营模式,创造性地开发和引导市场以满足顾客现有需求及潜在需求的创业。这种创业同样具有高风险、高收益的特点,但能够创造更大的社会价值,是一种开拓型创业。

(3)基于创业领域的分类。

从创业领域角度,可以把创业划分为独立型创业和内创型创业。

①独立型创业是指创业者抓住商业机会,创办新企业,追求企业利润,并使企业更好地生存与发展。

②内创型创业是指现存企业在相对独立的组织内开创新的事业,以谋求企业的持续成长与发展。

二、认识创新

1. 创新的含义

1912年,美籍奥地利经济学家熊彼特(J. A. Schumpeter)在其成名作《经济发展理论》一书中率先提出"innovation"(创新)的概念,明确地将经济发展与创新视同一物。他认为,创新是指把"一种从来没有过的关于生产要素的'新组合'引入生产体系"。他突破古典经济学的传统,认为创新是现代经济学的精髓,并以一个统一的理论体系和概念框架系统地研究技术进步在促进经济增长中所起的作用。熊彼特在20世纪30年代末进一步提出了"技术创新"的概念,并认为经济在大多数情形下处于非均衡状态,不断受到"技术创新"的扰动,从而产生"经济长波"。

熊彼特认为,创新一般应包括以下五个方面。

(1)生产新的产品;

(2)引入新的生产方法、新的工艺过程;

(3)开辟新的市场;

(4)开拓并利用新的原材料或半制成品的供给来源;

(5)采用新的组织方法。

熊彼特的创新概念涉及的范围很广,如涉及技术性变化的创新及非技术性变化的组织,其核心在于"新组合",强调经济要素的组合,即创新应是信息、人才、物资材料与企业家才能等要素的有机配合,形成独特的协同效应。

2. 创新的类型

创新的类型是多样化的,从创新的对象和内容看,可以将创新分为产品创新和技术创新;从创新的强度看,创新的类型有渐进性创新、突破性创新和颠覆性创新;从创新主体间的关系看,创新又可以分为自主创新、模仿创新和合作创新。

在众多的创新活动中,技术创新是企业获取竞争优势的重要途径之一。企业技术创新的主要类型与比较如表1-1、表1-2所示。

表1-1 企业技术创新的主要类型及特征

类型	基本特点	创新源泉	创新影响	案例
增量创新	连续不断地出现在任何一个产业和服务活动中的创新(分布普遍)	工程师、直接从事生产活动的人员、用户(干中学、用中学)	提高生产要素效率、保持生产率稳定增长	杜邦人造纤维(霍兰德,1965)
基本创新	不连续地出现在企业、大学及政府实验室等研究开发中的创新(不均衡分布)	正式的研究与开发活动或机构	相对较小、较为局部	尼龙、合成材料产业、半导体产业
技术体系变革	对若干经济领域产生影响,同时导致全新行业出现的影响深远的创新	增量创新和基本创新的组合、机构创新和管理创新	相对广泛	全球性通信系统、战略武器系统、大数据技术
技术经济模式变革	对整个经济行业产生深远影响的技术体系	多组增量创新和基本创新,以及若干新技术体系	从根本上影响整个经济的各个方面	量子技术、数字技术创新

表1-2 技术创新模式下不同创新主体间创新类型的特征比较

创新类型	知识获取方式	技术学习方式	具体途径	优缺点
自主创新模式	内部获取	培训、模仿中学、干中学、用中学	技术设备进口、技术许可、技术转让、OEM、合资企业、合作生产协议等	优:高收益,高市场占有率 缺:风险大,成本高

续表

创新类型	知识获取方式	技术学习方式	具体途径	优缺点
模仿创新模式	外部获取	合作中学、研发过程中学	合作R&D协议、合资研究公司、产学研合作研究、交换许可协议等	优:风险小,成本低 缺:收益一般不大,很难抢夺市场领先地位
合作创新模式	外部获取	研发过程中学、网络中学	企业自身的研究开发、知识网络	优:分散风险,优势互补,节约资源 缺:合作者间可能会存在矛盾和冲突

3. 国家创新系统的内涵与发展

一般而言,国家创新系统(national innovation system)是一个以国家为基本单位,由在一国范围内参与创新资源配置的有关机构和部门组成的推动创新活动的开放网络系统。它包括若干基本的行为主体、关系网络、创新政策和创新机制。[①]

国家创新系统的概念可以从五个方面来理解。

(1)国家创新系统是一个以国家为基本单位的开放的网络系统。国家创新系统要以国家的存在为前提,同时强调国际交流和竞争,具有开放性。

(2)国家创新系统既包括若干基本结构要素(行为主体),也包括创新政策和创新机制,强调制度创新和组织创新在推动技术创新中的重要作用。

(3)国家创新系统的行为主体包括企业、科研机构、教育与培训机构、政府部门、中介机构等。

(4)国家创新系统中的创新是创新主体和要素之间的一种互动行为。

(5)国家创新系统的功能主要是促进和进行创新活动,以推动经济发展和社会进步。

19世纪德国古典经济学家弗里德里希·李斯特提出的"国家体系"概念和熊彼特的"创新"思想,被认为是国家创新系统的两大基石。1987年英国经济学家克里斯托弗·弗里曼通过实证调查,分析了一国政策、制度和组织等"国家专有因素"的创新对经济发展的重要作用,并将"国家体系"与创新理论相结合,首次提出了国家创新系统的概念。综合地看,国家创新系统的发展可以分为国家技术创新系统、国家创新系统和国家知识创新系统三个阶段(见图1-1)。

图1-1 国家创新系统的发展阶段

4. 国家创新系统的构成要素

国家创新系统是由一组相对独立又功能相关的机构和部门之间相互作用而形成的开放的网络系统,其构成要素包括创新活动的行为主体,以及各行为主体间的相互作用,其相互关系如图1-2所示。

---

① 傅家骥、雷家骕、程源:《技术经济学前沿问题》,经济科学出版社,2003.

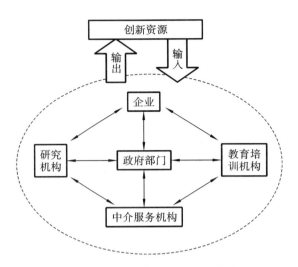

图 1-2 国家创新系统基本结构图

(1)创新活动的行为主体。

①企业。

企业作为技术研发的主要力量,是国家创新系统的行为主体。企业的创新活动是市场驱使的经济活动,以创造收益、扩大市场占有率为主要动机,受市场需求的引导,因此,大部分企业的技术研发主要集中于应用技术和新产品研发方面。可以说企业是连接创新成果与市场的一座桥梁。企业的创新不仅包括技术创新,也包括管理创新、制度创新、组织创新和文化创新,在发达国家的企业往往还参与知识创新,特别是技术知识创新。

企业是国家创新系统的主体,其创新能力也影响着一国的创新能力,而创新的不确定性决定了企业在创新过程中必然要承担各种风险,这成为阻碍企业创新的瓶颈,因此,政府应制定相关政策来促进并引导企业创新。

②研究机构。

研究机构包括大学研究机构、国家科研机构以及民间非营利性科研机构。研究机构与企业性质不同,其创新活动一般具有非营利性,注重基础研究。国家科研机构主要开展与国家利益紧密相关、涉及国计民生的高风险、耗资大、企业无力承担或不愿开展的技术研究,其研究项目带有公益性。研究机构的主要职能是实现知识传播、人才培养、提高人民生活质量。

③教育培训机构。

教育培训机构主要包括各大中专院校、继续教育体系和职业培训系统等。教育培训机构的主要职能是为国家创新系统提供各种高素质人才,包括技术人才以及各种管理人员。人才的培养可以使创新充满活力,促进技术的扩散和转移。部分教育培训机构在培养人才的同时也开展科研,这种教学与实践模式相结合的教育模式有利于人才的培养。另外,有些企业为促进自身发展,也在内部开展各种培训活动,以提高员工技能。

④政府部门。

政府作为国家创新系统的协调者,其作用不言而喻。在国家创新系统中政府的主要作用是政策制定、提供支持、实施保证和资源配置等。

创新政策可以分为供给、需求和环境三大类,其主要任务是规范创新主体行为、保护创新主体利益、维护国家和公众利益,为创新活动提供良好的环境。

政府在国家创新系统建设中的主要职能是采取一系列手段鼓励创新主体的创新行为,为其分担风险,提供技术和资金支持,主要体现在以下几个方面:a. 政府直接资助,分担创新风险。一般政府承担创新费用的20%～50%,企业承担50%～80%。政府还可以通过政策性贷款,支持企业的创新活动。b. 税收政策。一般采用R&D投入部分冲抵所得税、技术资本投入部分冲抵所得税、新产品开发税收减免等措施。c. 信贷政策。对于长期投资,降低贷款利率;对于新产品和新服务的开发,政府采取优惠信贷政策予以扶持和鼓励。d. 政府采购。政府在采购办公用品或政策性用品时,对新产品、新服务和新企业予以扶持和优先采购,鼓励高新技术企业发展和新产品开发。e. 产业政策。政府引导和推动产业升级和产业结构优化,对高新技术产业予以支持。f. 风险基金。政府对风险基金采取鼓励和扶持政策,有些国家的政府还建立了风险基金,支持新产品开发和新企业的发展。g. 协调政策。政府出面,组织国家科研机构、大学和企业开展互惠互利的合作。h. 技术转移。许多国家,如美国等,制定了专门的法规,要求国家科研机构加速向企业转让技术,并对成功的技术转移给予奖励。i. 提供基础设施。政府创建了许多具有公共性质的创新基础设施。如高新技术工业园区、生产力促进中心、创新中心、创新网络、工程研究中心等,为企业的创新提供服务。j. 知识产权保护。k. 国际合作政策等。

⑤中介服务机构。

中介服务机构包括生产力促进中心、技术咨询机构、工程技术研究中心、高科技园区、创新中心、孵化器及风险投资机构等,是创新体系主体相互作用的纽带,其主要职能是提供信息服务、交易场所、资金和保险服务等。中介服务机构是创新活动分工的产物,它的存在促进了技术转移,为支持中小企业的技术创新提供支持、减少创新成本、降低创新风险。

(2) 各行为主体的联系和相互作用。

各行为主体的协同合作是完善国家创新系统的重要因素。经济合作与发展组织(OECD)认为在国家创新系统中,各创新要素间的相互作用对技术创新起着至关重要的作用。各行为主体的相互作用主要包括:①企业之间的合作,主要是技术合作;②企业与研究机构的合作,企业可以促使研究机构的科技成果商业化,而研究机构的一些基础研究成果也为企业的技术创新提供了基础和平台,二者之间的技术交流和人才流动促进了技术的扩散和转移;③中介服务机构与其他行为主体的合作,中介服务机构与其他行为主体合作有利于减少障碍,促进知识的传播和技术创新活动的开展;④政府与其他行为主体的合作,政府通过创造良好的环境、规范行为主体的活动、提供政策和资金上的支持,促使各行为主体健康发展和相互协调。

(3) 国际交流。

正如前面提到的,国家创新系统是一个开放的网络系统,绝对封闭的国家创新系统是注定要失败的,各国之间创新资源的输入和输出使国家创新系统充满活力,并能不断发展壮大。国际交流与合作包括学术交流、招商引资、技术合作等方面。

三、创业家精神和创新驱动创业

从创业的特征出发,创业家精神是指在创业者的主观世界中,那些具有开创性的思想、观念、个性、意志和品质等。具体而言,创业家精神的内涵涉及哲学、心理和行为三个层面。

创业的本质是创新，创新是创业的基础和前提，创业是创新成果的载体和呈现，实现创新的更新与升级。二者的辩证关系可以这样理解：

（1）创新是创业的基础，没有创新，创业就会像无源之水、无本之木，没有生机活力，创新研发实力是创业的根本支撑；

（2）创业是创新的载体和表现形式，创新的成果也只有通过创业实践来检验；

（3）创新推动创业，创业更侧重财富创造，更加关注市场和客户，成功的创业离不开创新，我们需要以创新引领创业，通过创业推动创新活动。

【延伸阅读】

从"中国光谷"迈向"世界光谷"

2023年9月，湖北省人民政府发布《加快"世界光谷"建设行动计划》，提出到2025年，"中国光谷"世界影响力初步显现。光电子信息产业在全国"独树一帜"的领先地位和策源地位进一步巩固提升，量子科技、人工智能等前沿领域布局基本形成，成为"世界光谷"建设的先锋力量和代表国家参与全球竞争的重要战略科技力量。力争实现"五个一"目标，即打造1个国家实验室、开展100项关键核心技术攻关、诞生1家千亿级科技领军企业、培育1万家高新技术企业、形成1个万亿产业集群。到2035年，建成具有全球影响力的"世界光谷"。引领武汉具有全国影响力的科技创新中心全面建成，成为世界创新版图重要一极、全球光电子信息产业地标和宜居、绿色、智慧、人文的世界知名科技新城，全力打造以光电子信息技术为基础、未来产业与经济社会深度融合的"世界光谷"。

"世界光谷"建设主要目标如表1-3所示。光谷的发展就是一场马拉松。由几代企业家、知识分子和创新创业者凝聚而成的光谷精神，与挑战自我、超越极限、坚忍不拔、永不放弃的马拉松精神完全契合。一代又一代光谷创新创业者和建设者在这里披荆斩棘、"追光逐芯"、矢志奋斗，实现了从"一束光"到"一座城"的蜕变。

表1-3 "世界光谷"建设主要目标

序号	指标名称（单位）	2022年基础	2025年目标
1	地区生产总值（亿元）	2643	5000
2	光电子信息产业规模（亿元）	4000	7000
	带动武鄂黄黄光电子信息产业规模（亿元）	—	>10000
3	研发经费投入年均增长率（％）	—	*14
4	**集聚全球顶尖科学家（人）	78	90
5	每万人口高价值发明专利拥有量（件）	107	115
6	海外发明专利授权量（件）	1313	1500
7	千亿级科技领军企业（家）	0	1
8	高新技术企业（家）	5249	10000
9	上市企业（家）	60	100
10	进出口总额年均增长率（％）	—	*15

注："*"为"十四五"期间年均增长率。

"**"包括诺贝尔奖、图灵奖、菲尔兹奖、国家最高科学技术奖等科学奖项获得者，中国科学院、中国工程院及海外发达国家（地区）院士等。

"中国光谷"简介

武汉东湖新技术产业开发区,简称东湖高新区,又称中国光谷(图1-3)。1988年创建成立,1991年被国务院批准为首批国家级高新区,2001年被国家计委、科技部批准为国家光电子产业基地,即"武汉·中国光谷"。2007年被国家发展改革委批准为国家生物产业基地。2009年被国务院批准为全国第二个国家自主创新示范区。2011年被中组部、国务院国资委确定为全国四家"中央企业集中建设人才基地"之一。2016年获批国家首批双创示范基地,并获批为中国(湖北)自由贸易试验区武汉片区。目前东湖高新区规划面积518平方千米,下辖八个街道、八大产业园区,集聚了42所高等院校、56个国家及省部级科研院所、66名两院院士、30多万专业技术人员和80多万在校大学生。

图1-3 中国光谷

目前光谷已成为全球最大的光纤光缆研制基地、全国最大的光器件研发生产基地、国内最大的激光产业基地。光谷光纤光缆占全国市场的66%、国际市场的25%,销量世界第一,培育出中国信科、长飞光纤、华工科技、华工激光等全球知名的行业领军企业。

东湖高新区明确了"三步走"发展方略,提出了全面推进"世界光谷"发展目标:第一步,到2020年,光电子信息产业全球竞争优势进一步巩固,基本建成"芯-屏-端-网"万亿产业集群,"中国光谷"影响力大幅提升;第二步,到 2035 年,进入全球高科技园区前列,初步建成"世界光谷";第三步,到 21 世纪中叶,成为具有全球影响力的创新创业中心,全面建成"世界光谷"。

——资料来源:根据网络信息及相关书籍等整理。

第三节 数字经济时代下的创新创业活动

20 世纪 90 年代初,数字经济开始萌芽,随着互联网的普及,电子商务、在线支付等数字化商务活动逐渐兴起。2010 年初,随着人工智能、大数据和物联网等新兴技术的迅速发展,数字经济逐渐演变为数智经济(smart economy),即以智能化为核心的经济模式。数智经济不仅依赖数字技术的应用,还注重利用数据挖掘、机器学习和自动化等技术实现智能决策和智能管理。

习近平总书记在 2018 年全国网络安全和信息化工作会议中明确指出,要利用互联网新技术新应用对传统产业进行全方位、全角度、全链条的改造,提高全要素生产率,释放数字对经济发展的放大、叠加、倍增作用。数字经济已成为新时代经济增长的新引擎,近年来,以人工智能(A)、区块链(B)、云计算(C)、大数据和物联网(D)等新技术为代表的数字经济迅猛发展,特别是在 2022 年末,以大模型、大数据、大算力为基础的 ChatGPT 横空出世,使得经过多轮演进的人工智能进入了新阶段。

数字经济时代下,企业的创新创业活动也面临着一系列新挑战和新机遇。一方面,"人工智能时代已经开启",智慧出行、跨境电商和数字会展等新场景和新业态已蔚然成风。另一方面,组织也变得越来越平,已有组织边界正逐步趋于消融,变得更灵活、透明和全球化。企业内部工作岗位也更细化,并且越来越多地通过"正规全日制就业之外"的内部创业安排来呈现。这些剧烈的技术、组织变化也越来越反映出社会生活方式和社会文化的变化。

一、数字经济的内涵及特征

数字经济是指利用数字技术和互联网等信息通信技术,推动经济活动的数字化、网络化和智能化发展。在数字经济时代,企业和个人通过数字技术进行商务活动,如电子商务、在线支付和数字娱乐等。数字经济的本质在于信息化,它因具备海量数据、可替代公司的平台、智能化的经济活动等特征,带来了技术、模式、产业、组织、文化的变革。

从经济学的角度看,数字经济是人类通过大数据(数字化的知识与信息)的识别、选择、过滤、存储、使用,引导、实现资源的快速优化配置与再生,实现经济高质量发展的经济形态。作为一个内涵比较宽泛的概念,凡是直接或间接利用数据来引导资源发挥作用,推动生产力发展的经济形态都可以纳入其范畴。在技术层面,其包括大数据、云计算、物联网、区块链、人工智能、5G 通信等新兴技术。在应用层面,"新零售""新制造"等都是其典型代表。

数字经济是以数据驱动为核心的新经济形态,主要包括两部分内容:一是数字产业化,即创新产业、互联网大数据、云计算、区块链、人工智能等,实际上讲的都是数字产业化;另一个是产业数字化,又称为产业创新,即如何把产业通过互联网形成平台,形成大量的数据,提升产业效率,降低产业的运行成本,以数字化的知识和信息为关键生产要素,以现代的信息网络为重要的载体,将原有的物理空间的孵化转向数字化的虚拟孵化。

数字经济向数智经济的过渡是一个不断演进的过程,它涉及数据驱动、人工智能应用、互联网物联网融合和创新型业务模式等多个方面。数智经济的发展有助于提升经济效率,推动创新和改善用户体验,将对社会经济发展产生深远的影响。实践中,通过数字产业化或者产业数字化,一方面会产生很多新业态,另一方面对传统产业来说要深度地融合、跨界。数字经济的最大优势是它跟所有的产业都有关联。所以有几个要点大家要有深刻的认识:数据已经成为重要的生产力要素,数字技术成为创新的源泉,数字基础设施成为新的基础设施。

二、数字经济时代下的创新创业

数字经济时代是科技革命和产业变革的新时代,数字经济带来数字创新,即创新过程中采用信息、计算、交流和连接技术的组合,包括新产品、新过程、新组织、商业模式的创建和改变等。数字经济也是创新创业活动的一片沃土,蕴含着丰富的创新创业生态、创新创业要素、创新创业资源等,带来了各类创新创业的主体和各类创新创业模式,比如新的商业机会和行业变化。

数字经济催生更多新业态,这就给创新创业带来了大量的机会。比如,以前我们建设高新区,讲"几通一平",如2006年科技部火炬中心提出了三类园区概念:一流园区、创新园区、特色园区。但是现在都讲5G网络、讲超算、讲WiFi全覆盖……像现在的小微物流,都是一些重要的基础设施入户等。再过几年,我们讲双创、讲孵化器,可能就是自主创业。未来会有产业平台、产业总部、产业大脑、世界级的产业集群产生。

数字经济实际上也是一种产业变革,给创新创业活动带来一些新的认识和思考。比如说生产力和生产关系其实也在发生变化。关于生产力要素,过去我们讲土地、资本、人才、人力,现在我们讲人才、技术、资本、数据、网络空间,生产力要素在发生变化。产业转型、消费升级、高质量发展、供给侧改革,实际上都给创新创业活动提供了新的机遇和动力。

从战略上看,创新创业的动力不仅仅源自个人,还与国家战略息息相关。党的十九大提出,推动互联网、大数据、人工智能和实体经济深度融合。习近平总书记指出要构建以数据为关键要素的数字经济。

从发展趋势来看,全球的创新创业环境发生了非常大的变化,创业逻辑、模式和消费者需求也都发生了巨变,在带来机遇和挑战的同时,也不断催生新业态、新模式,形成了数字创新创业生态系统,人类进入人工智能时代。

【延伸阅读】

数字经济掠影

1. 数字经济是什么

(1)概念。

当前广泛认可的数字经济的定义源自2016年9月G20杭州峰会通过的《二十国集团数字经济发展与合作倡议》——数字经济是指以使用数字化的知识和信息作为关键生产要素、

以现代信息网络作为重要载体、以信息通信技术的有效使用作为效率提升和经济结构优化的重要推动力的一系列经济活动。中国信通院《中国数字经济发展白皮书(2020年)》指出,数字经济是以数字化的知识和信息作为关键生产要素,以数字技术为核心驱动力,以现代信息网络为重要载体,通过数字技术与实体经济深度融合,不断提高经济社会的数字化、网络化、智能化水平,加速重构经济发展与治理模式的新型经济形态。

(2)特征。

根据数字经济概念的界定,不难看出,数字经济具有如下五个特征:

第一,数据是关键生产要素;

第二,数字基础设施成为新的基础设施(或者称"新基建");

第三,发展动力为信息通信技术;

第四,发展路径为优化结构+效率提升;

第五,供给和需求的界限模糊化。

(3)与农业经济、工业经济的区别。

数字经济社会是农业经济社会、工业经济社会之后的一种全新的经济社会发展形态。农业经济的基础要素是土地,工业经济的基础要素是机器,而数字经济的基础要素是大数据。

具体来看,农业经济、工业经济和数字经济社会的特征在八个方面存在差异性,如表1-4所示。

表1-4 不同经济社会的特征比较

特征	经济社会		
	农业经济社会	工业经济社会	数字经济社会
劳动场所	以田野为主	以工厂为主	以计算机为主
生产工具	用犁、锄、渔网等获取自然界提供的物质资源,延伸人的劳动器官	用火车、轮船、车床等动力工具,获取蒸汽、石油、电力资源,强化人的劳动器官	用计算机和人的智力系统工具,研发更有效的物质和能量资源,开发人的智力
生产力水平	用自然力帮助人的体力劳动	用机器代替人的体力劳动	用计算机提高人的体力劳动
生产特征	分散化	集中化	网络化
战略物资	土地	资本	信息
价值增长方式	依靠农业劳动	依靠工业生产	依靠知识
时间观念	看过去,根据经验	看现在,了解市场	看未来,分析预测
社会哲学	崇尚天人合一,以道德为主线	崇尚天人竞争,以金钱为主线	共建信息网络,以共享为主线

抽象来看,数字经济的内涵体现在强大的"四力"上,具体如下:

算力——运算速度和存储量;

信力——数字经济的安全;

想象力——全新的虚拟空间,这是数字时代保证人类发展的核心力量;

管理力——算力、信力、想象力能否有效发挥,依赖于管理力。

2. 数字化产业与产业数字化

数字经济不仅变革了生产要素,而且使得生产力与生产关系发生了根本性的变化。

从内容上看,数字经济实质上包含"四化":数据价值化、数字产业化、产业数字化、数字化治理。数据价值化重构了生产要素体系,是数字经济发展的基础;数字产业化和产业数字化重塑了生产力,是数字经济发展的核心,也是重点关注的对象;数字化治理引领生产关系的深刻变革,是数字经济发展的保障。它们和生产力、生产关系、生产要素的联系如表1-5所示。

表1-5 数字经济中的生产力、生产关系及其生产要素

生产要素	生产力		生产关系
数据价值化	数字产业化 (结果:数字化产业)	产业数字化	数字化治理
信息汇聚 确权定价 交易市场	电子信息制造 软件及服务 基础电信 互联网	平台化产业 实体经济变革 智能化新生产 新业态	多主体参与 数字化公共服务 数字化决策与执行

从表1-5中可以看出,数字化产业与产业数字化是数字经济基于生产力视角的两个核心模块,人们经常用这两个部分来说明数字经济的构成。

数字化产业是数字产业化带来的必然结果,具有相同、相近、相关的数字生产活动,主要指电子信息制造、软件及服务、基础电信和互联网四个产业。产业数字化则是指在新一代数字科技支撑和引领下,以数据为关键要素,以价值释放为核心,以数据赋能为主线,对产业链上下游全要素数字化升级、转型和再造的过程,包括平台化产业、实体经济变革、智能化新生产、新业态四个产业。实际研究过程中,这四个产业的数字化形态有时简单地表述为信息与通信技术(ICT,information and communications technology)在工业、农业、服务业中的应用情况。数字经济的构成如图1-4所示。

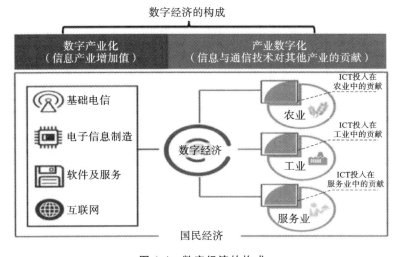

图1-4 数字经济的构成

——资料来源:刘志阳等主编,《创新创业基础》。

【延伸阅读】

钻石神话"终结"在河南：价格从10万元跌至270元，I Do宣布破产

"钻石恒久远，一颗永流传。"一句广告语，使得钻石走入了寻常百姓的生活中。但如今，河南制造的人造钻石的崛起，对钻石行业产生了巨大的影响。以曾经一度辉煌最终却宣布破产重组的I Do品牌为例进行分析。

I Do品牌的辉煌始于中国市场的崛起。2006年，I Do品牌成立。其钻戒以高品质的钻石、精湛的工艺和富有创意的设计迅速吸引了年轻消费者的关注。其曾以"一位男性凭身份证一生只能买一枚钻戒""爱，从这里开始"的独特宣传口号激起了人们内心深处对浪漫爱情的向往。I Do品牌的钻戒似乎成了实现梦想和承诺的象征。

然而，在I Do品牌华丽外表的掩盖下，存在着巨大的困境。其狂热的营销投入导致财务压力剧增。广告宣传和促销活动的高投入并未取得相应的回报，导致公司财务不堪重负。此外，消费者对产品质量和性价比的要求不断提高，而I Do品牌的产品质量和售后服务问题引发了顾客的不满，导致退订潮出现。与此同时，市场竞争加剧，其他品牌纷纷推出更具创意和个性化的产品，吸引了年轻消费者的目光。这些因素共同导致了I Do品牌的衰落。

人造钻石的崛起，带来价格与市场的双重变革。近年来，钻石市场面临着一场前所未有的变革，技术创新使得河南制造的人造钻石引发了价格和市场格局的重大变化，给传统钻石行业模式带来了巨大的冲击。河南等地的制造商通过技术创新和提升工艺，成功地将人造钻石的品质推向了新的高度。这些人造钻石在质地、外观和光学特性上与天然钻石极为相似，甚至在专业检测下也很难区分。最显著的差异在于价格。由于人造钻石的生产成本较低，市场上的人造钻石产品通常以更具竞争力的价格销售。这种价格优势对传统的钻石行业模式带来了巨大的冲击，其中I Do品牌成了受影响最为严重的企业之一。

在人工智能和大数据时代的推动下，金融科技正日益改变着传统钻石行业的商业模式和运营方式。通过引入先进的技术和创新的金融服务，金融科技对钻石市场的发展产生了积极的影响。金融科技为钻石行业带来了更高效、便捷的交易和支付方式。传统钻石交易通常需要通过中介机构，涉及复杂的手续，有一定的时间成本。然而，金融科技的兴起使得在线钻石交易平台崭露头角。这些平台利用区块链技术确保交易的安全性和透明度，同时提供快速的支付和结算功能。消费者可以直接在平台上浏览和购买钻石，大大简化了交易流程，提高了交易的效率和便利性。

人造钻石的崛起，带来价格与市场的双重变革；数智经济时代来临，带来企业运营和商业模式的变革。I Do品牌曾是国内珠宝界耀眼的明星，其钻戒被誉为爱情与浪漫的象征。然而，当这颗耀眼的明星突然坠落时，带来了一连串的震惊与反思。在这个快速变化的时代，只有不断追求创新，才能在市场中保持竞争力，抓住机遇并取得持久的商业成功。钻石市场的变革只是商业世界中的一个缩影，我们只有保持警醒，积极应对挑战，才能在激烈的竞争中取得成功。传统钻石企业应积极适应这一趋势，与时俱进，抓住机遇，为消费者提供更优质的产品和服务，实现可持续发展。

——资料来源：根据网络信息及相关书籍整理。

【实践训练】

结合本章的内容,设计一份访谈提纲,找一位你身边的创业者进行访谈。要求如下:

1. 将访谈时间设定在 1 小时以上,不要超过 1.5 小时,因为创业者很忙。时间也不要太短,太短你了解不到什么。
2. 认真准备和设计访问提纲,问题可以来自本章的主要知识点,也可以是你对创业、创业活动以及创业思维的理解,还可以是你不清楚的问题。设计访谈提纲时预想可能的答案。
3. 自己找创业者,创业者类型不限。
4. 访谈时要做好记录,如果对方允许,最好录音。
5. 访谈时一定要注意创业者的表情、思考、停顿等细节。
6. 访谈结束后一定要仔细整理资料,对照访谈前你预想的答案,看你发现了什么。
7. 你觉得从你访谈的创业者身上学到了什么、哪些是你根本无法学习到的。
8. 回头来看看你设计的访谈提纲有哪些地方值得修改,重新修改完善你的访谈提纲。

练习提示:

1. 事先考虑好访谈的主题与调研问题,据此细化访谈提纲;访谈过程中,敏锐地发现新问题,并追踪提问。
2. 访谈后尽快整理资料。对于仍不清楚的问题,通过电话或二次访谈寻找答案。
3. 访谈内容需要请被访谈者确认、完善。
4. 找出与设计问题与答案不同之处,思考为什么会出现这种情况。

【实践训练】

情景剧:我可以创新创业吗?

可扫描本章章末二维码,查看学生的情景剧作品。

【本章小结】

本章我们深入了解了创新创业在当代社会的火热现象及高校大力开展创新创业教育的重要意义。创新创业是一种职业发展趋向,更是一种推动社会进步和发展的重要力量。本章还探讨了创业、创新以及创业精神。创业的本质是创新,创新是创业的基础和前提,创业是创新成果的载体和呈现,实现创新的更新与升级。从创业的特征出发,创业精神是指在创业者的主观世界中,那些具有开创性的思想、观念、个性、意志和品质等。最后,本章讨论了数字经济时代下创新创业的新特点。数字技术的快速发展为创业者提供了前所未有的工具和平台,同时也带来了新的商业模式和市场机会。然而,这也意味着创业者需要更快地适应技术变革,以及更加敏锐地捕捉市场动态。

【思考题】

1. 创新和创业的内涵是什么?有哪些类型?
2. 请谈谈你对创业精神的理解与认识。

3. 新时期大学生的创新创业有何特点?
4. 联系实际,请你谈谈数智经济时代下创新创业活动有何机遇与挑战?

【参考文献】

[1] 刘志阳,林嵩,路江涌.创新创业基础[M].北京:机械工业出版社,2021.

[2] 丁忠明.大学生创业启程[M].北京:机械工业出版社,2018.

[3] 杰弗里·蒂蒙斯,小斯蒂芬·斯皮内利.创业学(第 6 版)[M].周伟民,吕长春,译.北京:人民邮电出版社,2005.

[4] 傅家骥,雷家骕,程源.技术经济学前沿问题[M].北京:经济科学出版社,2003.

[5] 王柏轩.技术经济学[M].上海:复旦大学出版社,2007.

情景剧:我可以创新创业吗?

第二章　大学生创新创业平台

【名人名言】

梦想一旦被付诸行动,就会变得神圣。

——阿·安·普罗克特

【学习目标】

1. 了解什么是大学生创新创业平台。
2. 了解创业实践活动平台的内容。
3. 了解并关注创业类赛事。
4. 学会运用校内创业平台资源。

【开篇案例】

中国国际大学生创新大赛(2023)冠军争夺赛举行

2023年12月6日,中国国际大学生创新大赛(2023)冠军争夺赛、大赛优秀项目资源对接会暨落地项目签约仪式在天津大学举行。据悉,共有来自151个国家和地区的5296所院校组队参赛,共计421万个项目、1709万人次报名参赛,1260个优秀项目脱颖而出,于12月3—6日在天津大学参加决赛阶段现场比赛,423个项目获得金奖,国内4支团队、国外2支团队参加冠军争夺赛,最终北京大学的"进化医疗——跨物种肿瘤基因治疗的开拓者"项目斩获大赛冠军。

教育部党组书记、部长怀进鹏向参加中国国际大学生创新大赛(2023)冠军争夺赛的各位同学表示祝贺。他指出,大赛为青年大学生提供了一个锻炼和展示自己的平台,促进了目标导向与问题导向的科研发展,加速了科学发现与技术创新的融合,激发了青年才俊无限的创新活力。

怀进鹏表示,要以赛育才,充分发挥大赛的带动作用,以新工科、新医科、新农科、新文科建设为引领,推动基础学科、新兴学科、交叉学科建设,不断完善高等教育创新人才协同培养机制,加大校内外教学和实践资源整合力度,着力培养造就拔尖创新人才。要以赛促用,充分发挥大赛各赛道的特色优势,深化职普融通、产教融合、科教融汇,将高校的教育教学、科技成果转化、人才集聚等环节和要素有效整合,把高校创新教育与破解产业实际问题有机结合,架起教育端与产业端的桥梁,塑造教育科技人才协同融合发展的生态体系。要以赛为媒,打造新形势下国际青年交流合作的世界品牌,搭建经验互鉴、资源共享、协同共进的育人合作交流平台,把数字时代创新发展的教育合作推向新的高度。

在大赛优秀项目资源对接会暨落地项目签约仪式上,怀进鹏指出,要不断完善青年学生创新支持体系,为学生创新实践开辟空间。要凝聚产教科教协同合力,让供给侧、需求侧、投资侧更好地结合,引导学生找到真问题,解决真问题,形成支持学生创新实践的良好生态。

——资料来源:《中国国际大学生创新大赛冠军争夺赛举行,北京大学项目斩获冠军》,新京报,2023-12-7。(有改动)

大学生创新创业平台,是指有组织地为在校大学生提供创业实践机会的平台,其服务对象包括在校大学生和毕业5年内的大学生。大学生创新创业平台可以为大学生创业者提供专业指导和支持、提供资源整合和共享、提供创业机会和平台,帮助大学生创业者规划和实施创业项目,进一步提升自身的素质和能力,从而提高创业成功的概率及实现创业梦想。

随着国家相继出台《国务院办公厅关于深化高等学校创新创业教育改革的实施意见》(国办发〔2015〕36号文)、《国务院办公厅关于进一步支持大学生创新创业的指导意见》(国办发〔2021〕35号文)等关于加强高校创新创业教育、支持大学生创新创业的纲领性文件,政府及高校为支持大学生创新创业搭建了各类资源平台,进一步丰富了大学生的创新创业实践。大学生创新创业平台主要包括三类:一是实践活动平台;二是创新创业赛事平台;三是创业服务平台。

第一节　实践活动平台

一、国家级大学生创新创业训练计划

国家级大学生创新创业训练计划(以下简称"国创计划")是由教育部主管、全国各高校实施的一个旨在培养大学生创新创业能力的重要计划。"国创计划"坚持以学生为中心的理念,遵循"兴趣驱动、自主实践、重在过程"的原则,强调选题的科技前沿性、学科交叉性和学术创新性,要求本科生紧密结合专业知识,自主开展具有综合性、问题性、创新性和实践性的科学研究、社会调查与创业实践活动,最终形成科技发明、研究报告、创业设计方案或创业实践报告等形式的研究成果。"国创计划"旨在通过资助大学生参加项目式训练,强化学生创新创业实践,培养大学生独立思考、善于质疑、勇于创新的探索精神和敢闯会创的意志品格,提升大学生创新创业能力,培养适应创新型国家建设需要的高水平创新创业人才。"国创计划"项目分为创新训练项目、创业训练项目、创业实践项目三类,包含国家级、省级、校级三个级别。"国创计划"每年面向大学生开展立项工作,项目运行周期为1—2年(具体以各学校制定的"国创计划"管理办法为准）。此外，依托"国创计划"实践平台，教育部高教司每年还委托高校举办全国大学生创新年会，对"国创计划"的成果进行展示与交流。

1. 创新训练项目

创新训练项目是本科生个人或团队在导师指导下，自主完成创新性研究项目设计、研究条件准备和项目实施、研究报告撰写、成果（学术）交流等工作。

2. 创业训练项目

创业训练项目是本科生团队在导师指导下，团队中每个学生在项目实施过程中扮演一个或多个具体角色，完成商业计划书编制、可行性研究、企业模拟运行、撰写创业报告等工作。

3. 创业实践项目

创业实践项目是学生团队在学校导师和企业导师共同指导下，采用创新训练项目或创新性实验的成果，提出具有市场前景的创新性产品或服务，以此为基础开展创业实践活动。

4. 全国大学生创新年会

2008年起，教育部高教司委托高校举办全国大学生创新年会，至今已成功举办16届，年会遴选"国创计划"参与项目学生进行学术交流和成果推介，是大学生"国创计划"成果展示与交流的全国性盛会。全国大学生创新年会主要包括：①大学生创新学术年会，遴选参加"国创计划"创新训练项目学生的学术论文，以学术报告的形式进行学术交流；②大学生创新创业项目展示，遴选"国创计划"创新训练项目、创业训练项目和创业实践项目，以展板和实物作品演示的形式进行项目交流；③大学生创新创业交流活动，参加年会的大学生可前往中国国际大学生创新大赛承办学校参加相关活动。

年会总结实施大学生创新创业训练计划的经验，展示各高校近年来在创新创业教育方面的成果；建设创新文化，形成良好的创新人才培养氛围，营造大胆实践、敢为人先、敢冒风险、宽容失败的氛围环境，鼓励大学生在创新的基础上追逐创业梦想，培养造就创新创业生力军。

二、其他创新创业实践活动

除了"国创计划"这一由教育部牵头的创新创业类训练项目，各高等院校还有很多不同类型的实践类活动可以帮助大学生培养创新创业能力，比如创业训练营、创新创业讲座和工作坊，以及参加创新创业社团或俱乐部的活动等。其中：创业训练营是为在校大学生提供创业启动知识和技能培训的集中式培训项目，通过创业训练营，学生将学习商业计划书撰写、市场调研、团队建设等创业基础知识，并能够与创业导师及创业成功者交流经验；创业讲座和工作坊通常通过邀请创业导师和企业家进校开展专题讲座和工作坊，分享成功经验和行业趋势，激发学生的创新创业热情；创新创业社团或俱乐部是学生创新创业类社团组织，一般由学生发起成立，老师参与指导，旨在为对创业感兴趣的学生提供一个交流学习的平台，通常会定期组织创业活动及对外交流活动。

第二节 创新创业赛事平台

一、中国国际大学生创新大赛(2024)

中国国际大学生创新大赛(原中国国际"互联网＋"大学生创新创业大赛)是由教育部主导,多个政府部门和高校联合主办的一项国家级赛事。自2015年举办以来,社会影响力逐步扩大,并逐渐发展成为"全球最大最好的路演平台",更是被国内外媒体誉为惊艳非凡的全球双创盛会,是目前全国普通高校大学生竞赛榜单中位居首位的竞赛项目。

1. 主要目标

中国国际大学生创新大赛(2024)以"我敢闯,我会创"为主题,以更中国、更国际、更教育、更全面、更创新、更协同,落实立德树人根本任务,传承和弘扬红色基因,聚焦"五育"融合创新创业教育实践,开启创新创业教育改革新征程,激发青年学生创新创造热情,打造共建共享、融通中外的国际创新盛会,让青春在全面建设社会主义现代化国家的火热实践中绽放绚丽之花。

2. 主要任务

中国国际大学生创新大赛(2024)主要任务如下。

以赛促教,探索人才培养新途径。全面提高人才自主培养质量,强化高校课程思政建设,深入推进新工科、新医科、新农科、新文科建设,深化创新创业教育改革,引领各类学校人才培养范式深刻变革,形成新的人才培养质量观和质量标准,切实提高学生的创新精神、创新意识和创新能力。

以赛促学,培养创新创业生力军。着力造就拔尖创新人才,激励广大青年扎根中国大地了解国情民情,在创新创业中增长智慧才干,怀抱梦想又脚踏实地,敢想敢为又善作善成,做有理想、敢担当、能吃苦、肯奋斗的新时代好青年。

以赛促创,搭建产教融合新平台。把教育融入经济社会发展,推动成果转化和产学研用融合,促进教育链、人才链与产业链、创新链有机衔接,以创新引领创业、以创业带动就业,推动形成高校毕业生更高质量创业就业的新局面。

3. 大赛内容

中国国际大学生创新大赛(2024)的内容包括主体赛事、"青年红色筑梦之旅"活动和同期活动。主体赛事共分为五个赛道,每个赛道又根据项目的成熟情况及参赛对象划分为相应的组别。具体包括:①高教主赛道:本科生创意组、本科生创业组,研究生创意组、研究生创业组。②"青年红色筑梦之旅"赛道:公益组、创意组、创业组。③职教赛道:创意组、创业组。④产业命题赛道:产教协同创新组、区域特色产业组。⑤萌芽赛道(主要面向普通高级中学在校学生)。

4. 参赛要求

中国国际大学生创新大赛(2024)参赛要求如下。

(1)参赛项目能够紧密结合经济社会各领域现实需求,充分体现高校在新工科、新医科、新农科、新文科建设等方面取得的成果,培育新产品、新服务、新业态、新模式,促进制造业、农业、卫生、能源、环保、战略性新兴产业等产业转型升级,促进人工智能、数字技术与教育、医疗、交通、金融、消费生活、文化传播等深度融合。

(2)参赛项目应弘扬正能量,践行社会主义核心价值观,真实、健康、合法。不得含有任何违反《中华人民共和国宪法》及其他法律法规的内容。所涉及的发明创造、专利技术、资源等必须拥有清晰合法的知识产权或物权。参赛项目如有涉密内容,参赛前须进行脱敏处理。如有抄袭盗用他人成果、提供虚假材料等违反相关法律法规或违背大赛精神的行为,一经发现即刻丧失参赛资格、所获奖项等相关权利,并自负一切法律责任。

(3)参赛项目只能选择一个符合要求的赛道报名参赛,根据参赛团队负责人的学籍或学历确定参赛团队所代表的参赛学校,且代表的参赛学校具有唯一性。参赛团队须在报名系统中将项目所涉及的材料按时如实填写提交。已获本大赛往年总决赛各赛道金奖和银奖的项目,不可报名参加2024年大赛。

5. 比赛赛制和赛程安排

大赛主要采用校级初赛、省级复赛、总决赛三级赛制(不含萌芽赛道以及国际参赛项目)。校级初赛由各院校负责组织,省级复赛由各地负责组织,总决赛由各地按照大赛组委会确定的配额择优遴选推荐项目。大赛每年4月发布通知,5—8月组织报名,6—8月为初赛复赛阶段,10月举行总决赛。

二、"挑战杯"中国大学生创业计划竞赛

"挑战杯"中国大学生创业计划竞赛是由共青团中央、中国科协、教育部、全国学联主办的大学生课外科技文化活动中的一项具有导向性、示范性和群众性的创新创业竞赛活动,每两年举办一届。

1. 大赛目标

大力实施"科教兴国"战略,努力培养广大青年的创新、创业意识,造就一代符合未来挑战要求的高素质人才,已经成为实现中华民族伟大复兴的时代要求。作为学生科技活动的新载体,"挑战杯"中国大学生创业计划竞赛在培养复合型、创新型人才,促进高校产学研结合,推动国内风险投资体系建立方面发挥出越来越积极的作用。

2. 大赛分组

2024年,"挑战杯"中国大学生创业计划竞赛立足贯彻创新、协调、绿色、开放、共享五大发展理念,设五个组别。

(1)科技创新和未来产业:围绕创新驱动发展战略,推动数字经济健康发展,在智能制造、信息技术、大数据、人工智能、生命科学、新材料、军民融合等领域,结合实践观察设计项目。

(2)乡村振兴和农业农村现代化:围绕实施乡村振兴战略,在农林牧渔、电子商务、乡村

旅游、城乡融合等领域,结合实践观察设计项目。

(3)社会治理和公共服务:围绕国家治理体系和治理能力现代化建设,在政务服务、消费生活、公共卫生与医疗服务、金融与财经法务、教育培训、交通物流、人力资源等领域,结合实践观察设计项目。

(4)生态文明建设和绿色低碳发展:围绕可持续发展战略和碳达峰、碳中和目标,在环境治理、可持续资源开发、生态环保、清洁能源应用等领域,结合实践观察设计项目。

(5)文化创意和区域交流合作:突出共融、共享,紧密围绕"一带一路"和京津冀、长三角、粤港澳大湾区以及成渝地区双城经济圈、长江中游城市群等区域合作,在工业设计、动漫广告、体育竞技和国际文化传播、对外交流培训、对外经贸等领域,结合实践观察设计项目。

3. 参赛要求

第十四届"挑战杯"中国大学生创业计划竞赛参赛要求如下。

2024年6月1日以前正式注册的全日制非成人教育的各类高等院校在校专科生、本科生、硕士研究生(不含在职研究生)均可申报作品参赛,以个人或团队形式参赛均可,每个团队不超过10人(含作品申报者),每件作品可由不超过3名教师指导完成。可以跨专业、跨校、跨地域组队。

本校硕博连读生(直博生)在2024年6月1日以前未通过博士资格考试,可以按研究生学历申报作品。没有实行资格考试制度的学校,前两年可以按硕士学历申报作品。本硕博连读生,按照四年、两年分别对应本、硕申报,后续则不可申报。

毕业设计和课程设计(论文)、学年论文和学位论文、国际竞赛中获奖的作品、获国家级奖励成果(含本竞赛主办单位参与举办的其他全国性竞赛的获奖作品)等均不在申报范围之列。每件作品仅可由1所高校推报,高校在推报前要对参赛团队成员及作品进行相关资格审查。

每所学校选送参加专项赛的作品数量不设限制,但同一作品不得同时参加第十九届"挑战杯"全国大学生课外学术科技作品竞赛主体赛事自然科学类学术论文、哲学社会科学类调查报告、科技发明制作作品评比。

4. 评审要点

突出实践导向,在考察项目商业价值的基础上,更加注重考察学生了解社会现状、关注社会民生、解决社会问题的意识、能力和水平。具体包括项目的社会价值、实践过程、创新意义、发展前景和团队协作等方面。

三、"创青春"中国青年创新创业大赛

"创青春"中国青年创新创业大赛于2014年起举办,大赛发掘科技含量高、前瞻性好、示范带动作用强的项目,是青年喜爱、社会关注的创新创业示范赛事。大赛由共青团中央、人力资源和社会保障部、农业农村部、商务部和省级人民政府等共同主办。"创青春"中国青年创新创业大赛是共青团服务青年创新创业的重要品牌,自2014年起已连续举办十届。

1. 大赛目的

搭建创业者展示成长平台、投融资对接平台,建立青年创新创业项目库、人才库、导师库,优化青年创业环境,提高青年创业成功率,激发全社会关心青年创业的热情,促进青年创业就业服务体系建设。

2. 赛事安排

大赛采取二三产业和涉农产业分赛制,即统一赛事名称,二三产业创新创业项目和涉农产业创新创业项目采用不同赛制,由共青团中央城市青年工作部和农村青年工作部分别组织实施。

3. 支持政策

(1)二三产业创新创业赛事。①入围全国赛半决赛项目:获得园区入驻、培训辅导、资金扶持等方面的政策支持。对于符合工信部、人社部相关要求的项目,给予优先支持。地方政府和机构对入围项目给予配套政策支持。②入围全国赛总决赛项目:可免费入驻"全国青年创业示范园区",享受优惠的创业扶持政策和优质的创业孵化服务。可申报科技部创新人才推进计划,对符合相应条件的予以优先入选。邮储银行为入围全国总决赛的参赛者提供包括小额贷款、个人商务贷款、小企业法人贷款等融资支持。通过大赛合作媒体立体式宣传,提升项目知名度或拓展销售途径,获得最有效的媒体营销效果。③正式创业组获奖者和赛后 6 个月之内注册成立企业的意向创业组获奖者,可向大赛合作银行、天使投资机构、风险投资机构等申请创业启动资金和贷款授信。优先推荐正式创业组一等奖获得者参与评选"中国青年创业奖"。正式创业组获奖者可申请参加青年创业国际交流活动。④地区赛支持政策:各地区赛事组委会应尽力为优胜者争取一定的奖励或配套扶持政策。

(2)涉农产业创新创业赛事。①可获得一次性创业奖励资金:全国总决赛将评出一等奖 2 名,二等奖 4 名,三等奖 8 名,分别给予一定数额的创业奖励资金。②可获得创业融资支持:邮储银行为入围全国赛的参赛者提供包括小额贷款、个人商务贷款、小企业法人贷款等融资支持。③可获得创业导师辅导:推荐意向创业者加入各级涉农青年协会组织,由当地团组织协调专家服务团给予一对一的创业辅导。④可参与评选表彰:优先推荐进入总决赛的正式创业者参与评选"全国农村青年致富带头人"。

四、"中国创翼"创业创新大赛

"中国创翼"创业创新大赛是由人力资源和社会保障部联合国家发改委、科技部、共青团中央、中国残联、国家乡村振兴局等共同举办,人力资源和社会保障部就业促进司、全国人才流动中心负责承办的一项国家级赛事。

2024 年,大赛以"创响新时代 共圆中国梦"为主题,旨在贯彻党的十九大和十九届历次全会精神,落实国家创新驱动发展战略、就业优先战略及人才强国战略,以创新引领创业、创业带动就业、推进乡村振兴为核心价值和重点评价指标,大力营造全社会鼓励支持创新创业的浓厚氛围和良好环境,推进"大众创业、万众创新"向高质量纵深发展。

第六届"中国创翼"创业创新大赛采用"2+3"模式,即 2 个主体赛加 3 个专项赛。其中,主体赛分为先进制造和现代服务 2 个项目组,3 个专项赛分别为银发经济专项赛、绿色经济专项赛和乡村振兴专项赛。大赛按照省级(含)以下选拔赛(推荐)、全国选拔赛、全国总决赛三个阶段实施。

此外,还有全国大学生电子商务"创新、创意及创业"挑战赛、全国大学生市场调查与分析大赛、中国大学生服务外包创新创业大赛、"学创杯"全国大学生创业综合模拟大赛等全国性的大学生创新创业赛事,以及如北控水务杯中国国际"互联网+"生态环境创新创业大赛、创青春中国青年碳中和创新创业大赛等行业特色型创新创业赛事。丰富的创业赛事或创业模拟大赛等赛事活动,让大学生有更多机会体验创业过程、锻炼创新能力、实践创业技能和获得资源支持,为他们未来的职业发展和创业之路打下坚实基础。

第三节 创业服务平台

一、高校创业实践(孵化)基地

高校创业实践(孵化)基地是为大学生创新创业项目提供场所、设施、培训、咨询、指导和跟踪服务的基地,是大学生创业工作的重要载体。

高校创业实践(孵化)基地的主要功能包括:为大学生创业提供低成本的办公场所;提供各类政策咨询,帮助解决项目在启动阶段遇到的困难和问题;为创业者提供工商注册、政策申报等代理服务;提供投融资、财务管理、法律咨询等咨询服务,协助企业办理相关手续;为大学生创业者提供政策落实等服务;为大学生创业者提供招聘代理等服务,帮助解决用工问题;通过开展大学生创业实践活动,培养和锻炼大学生的创新能力和实践能力。一般来说,高校创业实践(孵化)基地主要吸纳已有创业项目的团队(可以是未注册成立企业的项目团队),并针对项目培育提供一系列的咨询指导服务,起到创业"苗圃"的作用。

二、众创空间

众创空间,即创新型孵化器。"众"是主体,"创"是内容,"空间"是载体。众创空间是顺应创新时代用户创新、开放创新、协同创新、大众创新趋势,把握全球创客浪潮兴起的机遇,根据互联网及其应用深入发展、知识社会创新环境下的创新创业特点和需求,通过市场化机制、专业化服务和资本化途径构建的低成本、便利化、全要素、开放式的新型创业公共服务。众创空间的核心是共享服务设施,为创业者提供低成本的办公空间和网络环境,配备基础设施和基本服务设施。通过互联网等信息技术,将创新创业者与社会各类创新创业资源紧密相连,促进各种创新资源高效配置和融合利用。2015年3月2日,国务院办公厅印发《关于发展众创空间推进大众创新创业的指导意见》。至此,在政府的引导与大力支持下,在全国范围内涌现了一批低成本、便利化、全要素、开放式的众创空间,并进一步激发了大学生的创业热情。

众创空间的主要功能是通过开放共享资源,集聚一批天使投资、创业投资、风险投资机构和中介组织,为创业者提供资金支持,促进创业项目产业化。同时,为创业者提供项目路演、创业沙龙、创业大讲堂等活动,帮助创业者提高认知度和行业知名度。众创空间的主要对象是科技型、创新型中小企业。这类企业具有知识产权或核心技术,并具备一定的市场竞争力。

在众创空间的发展方面,北京市依托国家自主创新示范区、国家高新区、科技企业孵化器、高校和科研院所等丰富的科技创新创业资源,成为我国众创空间发展最快的城市。除北京外,在上海、广州、深圳、杭州、南京、武汉、苏州、成都等创新创业氛围较为活跃的地区,也逐渐涌现了一大批各具特色的众创空间,比如上海的新车间、深圳的柴火创客空间、杭州的洋葱胶囊、南京的创客空间等。此外,不少高校依托自身的科技、人才资源和大学科技园等优势,为进一步支持大学生创业,也建设了众创空间,如南京大学的"科创之星"大学生众创空间、华中科技大学众创空间、中国地质大学(武汉)的中地大科创咖啡国家级众创空间等。以中国地质大学(武汉)的中地大科创咖啡国家级众创空间为例,该孵化器面向在校大学生和毕业五年内毕业生开放,学校提供了2000平方米的场地和相配套的办公设施,配备了专业人员具体负责众创空间的运营,并通过对接多家校外专业机构,为入驻企业/团队提供项目辅导、成果转化和法律咨询等辅导服务。2018年,中国众创空间行业市场规模达到了634.14亿元,而2019年,这一规模已经达到了735.3亿元,同比增长了16.4%。到2021年,中国众创空间行业市场规模达到939.9亿元,同比增长率将达到27.2%。2024年2月29日,国家统计局发布的《中华人民共和国2023年国民经济和社会发展统计公报》显示:2023年,国家备案众创空间2376家。

三、科技企业孵化器

科技企业孵化器(以下简称孵化器)是以促进科技成果转化,培育科技企业和企业家精神为宗旨,提供物理空间、共享设施和专业化服务的科技创业服务机构,是国家创新体系的重要组成部分、创新创业人才的培养基地、大众创新创业的支撑平台。

孵化器的主要功能是围绕科技企业的成长需求,集聚各类要素资源,推动科技型创新创业,为其提供创业场地、共享设施、技术服务、咨询服务、投资融资、创业辅导、资源对接等服务,降低创业成本,提高创业存活率,促进企业成长,以创业带动就业,激发全社会创新创业活力。

孵化器的建设目标是落实国家创新驱动发展战略,构建完善的创业孵化服务体系,不断提高服务能力和孵化成效,形成主体多元、类型多样、业态丰富的发展格局,持续孵化新企业、催生新产业、形成新业态,推动创新与创业结合、线上与线下结合、投资与孵化结合,培育经济发展新动能,促进实体经济转型升级,为建设现代化经济体系提供支撑。

孵化器申请入孵的条件比高校创业实践(孵化)基地和众创空间的申请条件要高。孵化器吸纳的企业主要从事新技术、新产品的研发、生产和服务,且应满足科技型中小企业相关要求;企业注册地和主要研发、办公场所须在本孵化器场地内,入驻时成立时间不超过24个月;孵化时限原则上不超过48个月。技术领域为生物医药、现代农业、集成电路的企业,孵化时限不超过60个月。

企业从孵化器中毕业应至少符合以下条件中的一项:①经国家备案通过的高新技术企业;②累计获得天使投资或风险投资超过500万元;③连续2年营业收入累计超过1000万元;④被兼并、收购或在国内外资本市场挂牌、上市。

四、国家大学科技园

国家大学科技园是指以具有科研优势特色的大学为依托,将高校科教智力资源与市场优势创新资源紧密结合,推动创新资源集成、科技成果转化、科技创业孵化、创新人才培养和开放协同发展,促进科技、教育、经济融通和军民融合的重要平台和科技服务机构。科技部会同教育部负责国家大学科技园宏观管理;各省、自治区、直辖市、计划单列市、新疆生产建设兵团的科技厅(委、局)会同教育厅(委、局)负责对本地区国家大学科技园进行管理和指导。高等学校是国家大学科技园建设发展的依托单位。

国家大学科技园是国家创新体系的重要组成部分,是促进融通创新的重要平台、构建双创生态的重要阵地、培育经济发展新动能的重要载体。国家大学科技园的功能包括:①创新资源集成功能,通过搭建高水平创新网络与平台,促进高校创新资源开放共享,集聚人才、技术、资本、信息等多元创新要素,推动科技、教育、经济的融通创新和军民融合发展;②科技成果转化功能,通过完善技术转移服务体系和市场化机制,推动科技成果信息供需对接,促进科技成果工程化和成熟化,提升高校科技成果转移转化水平;③科技创业孵化功能,通过建设创业孵化载体,完善多元创业孵化服务,打造创业投融资服务体系,举办各类创新创业活动,营造创新创业氛围,培育科技型创业群体;④创新人才培养功能,通过开展创新创业教育,搭建创新创业实践平台,提升科研育人功能,增强大学生的创新精神、创业意识和创新创业能力,培育富有企业家精神的创新创业后备力量,引领支撑高校"双一流"建设;⑤促进开放协同发展功能,通过加强与地方政府、高校、企业、科研院所、科技服务机构等的交流合作,整合创新资源,服务产业集群发展,培育区域经济发展新动能。

国家大学科技园要求园内在孵企业达50家以上,其中30%以上的在孵企业拥有自主发明专利;国家大学科技园50%以上的企业在技术、成果和人才等方面与依托高校有实质性联系。因此,申请入驻国家大学科技园的企业除了要紧密依托高校成果转化及人才资源外,申请入孵条件还包括:①在孵企业领域应属于《国家重点支持的高新技术领域》规定的范围,企业注册地及主要研发办公场所必须在大学科技园内。②申请进入大学科技园的企业,需符合《中小企业划型标准规定》所规定的小型、微型企业划分标准。③企业在大学科技园的孵化时间不超过4年。④单一在孵企业使用的孵化场地面积不大于1000平方米;从事航空航天、生物医药等特殊领域的单一在孵企业,不大于3000平方米。⑤企业研发的项目(产品)知识产权界定清晰。

【延伸阅读】

天开园:一场大学与城市的"双向奔赴"

2023年5月18日,第七届世界智能大会开幕当天,天津集全市之力打造的天开高教科创园(以下简称天开园)正式开园,这是天津市在全面贯彻落实党的二十大精神开局之年作出的重要战略部署。4月3日,《天开高教科创园建设规划方案》亮相;4月18日,量身定制的《关于支持天开高教科创园高质量发展的若干政策措施》正式发布。根据规划,天开园以南开区环天南医大片区为核心区,以西青区大学城片区为西翼拓展区,以津南区海河教育园区片区为东翼拓展区,在功能上形成以研发孵化为主的"一核"和以研发转化产业化为主的"两翼"。计划到2027年,引进孵化科技型企业累计近1000家,吸引高水平人才超过5000人。

科技是第一生产力;人才是第一资源;创新是第一动力。

天津科教资源丰富，聚集国家级院所和国内高水平研发机构超过170家，拥有研究生培养单位24个，普通高等院校56所，在校师生70多万人。仅在天开园核心区，就有南开大学、天津大学、天津医科大学等3所"双一流"高校。"大学是城市最重要的创新源，特别是理工科专业在城市产业创新中发挥着不可替代的作用。"南开大学京津冀协同发展研究院秘书长张贵教授表示，大学与城市应当血脉交融，尤其是和城市亟需的产业创新融合在一起。

天津市科技局党委书记、局长朱玉兵表示，天开园的定位是科技创新策源地、科研成果孵化器、科技服务资源集聚区，突出科教融合、科创属性、创新生态、市场导向4大特色。"天开园的建设就是要坚持'四个面向'，推动高校与产业密切联动，把科教优势转化为产业优势，以产业发展助推科教兴盛，为天津高质量发展注入不竭动力。"朱玉兵说。

天津科技广场5号楼、6号楼，分别是天津大学、南开大学项目集中入驻载体，室内也在装修，办公区将达到"拎包入住"标准。"从学校实验室到公司骑车不到10分钟，还有很多政策和服务的支持，这些资源对于我这种初次创业的学生来说堪称'完美'。"天津大学化工学院博士研究生李双阳满意地说。他的公司前不久在天开园成功注册。

对创业师生来说，最让他们头疼的不是科研项目的进展，而是公司投融资等事务的对接，这严重影响了他们进行成果转化的信心和积极性。

"把创业师生们的非核心业务全部外包，可以使他们全身心投入技术研发中。"北洋海棠基金经理助理、天津大学科技园副总经理赵玮川认为，如今科创企业的茁壮成长越来越离不开专业化科技服务资源支撑。天开园为创新创业企业提供概念验证、小试中试、检验检测、知识产权保护与交易服务，聚集一大批知名创业导师、技术经理人、服务管家，一大批天使基金、风投基金、产业基金，为创新创业提供全方位支持。

推动科学仪器、试验设施等创新资源开放共享，也是天开园打破创新创业瓶颈的一个重要突破口。为助力更多科技型小企业"轻装上阵"，越来越多的大型科研仪器正逐渐忙起来。

——资料来源：《天津：打造创新高地"天开园"》，科技日报，2023-05-19；《天开园：一场大学与城市的"双向奔赴"》，光明网，2023-04-21。(有改动)

【本章小结】

大学生创新创业平台主要包括实践活动平台、创新创业赛事平台和创业服务平台三类。其中：实践活动平台中值得关注的是国家级大学生创新训练计划，以及学校组织的各类创业训练营、创新创业讲座和工作坊、创新创业社团或俱乐部组织的活动等；创新创业赛事平台包含了中国国际大学生创新大赛、"挑战杯"中国大学生创业计划竞赛、"创青春"中国青年创新创业大赛等国家级双创赛事和具有行业特色的创业赛事等；创业服务平台主要有高校创业实践(孵化)基地、众创空间、科技企业孵化器和国家大学科技园。这些大学生创新创业平台能够为大学生创业者提供专业支持和指导、提供资源整合和共享、提供创业机会和平台，在校大学生应当抓住机会，在校期间积极参加双创活动，激发自己的创新潜能。

【思考题】

1. 参加创新创业实践活动对大学生有哪方面的能力提升？
2. 大学生创新创业赛事对于国家创新的意义有哪些？

【参考文献】

［1］ 刘勇,石明磊.互联网＋双创这些事儿[M].北京:中华工商联合出版社,2017.

［2］ 陈爱雪."互联网＋"背景下大学生创新创业教育的新模式探究[J].黑龙江高教研究,2017(04):142-144.

［3］ 刘译阳,边恕.高校创新创业教育存在的问题、原因及对策[J].现代教育管理,2019(09):32-37.

［4］ 陈虹.大学创新创业教育[M].北京:文化发展出版社,2020.

［5］ 王亚娜,金丽馥,毛罕平.学科竞赛中大学生创新绩效影响因素分析[J].高校教育管理,2019,13(05):104-114.

［6］ 科技部关于印发《科技企业孵化器管理办法》的通知(国科发区〔2018〕300号).中国政府网[EB/OL].(2018-12-31)[2024-09-02].https://www.gov.cn/zhengce/zhengceku/2018-12/31/content_5446175.htm.

［7］ 科技部 教育部关于印发《国家大学科技园管理办法》的通知.中国政府网[EB/OL].(2018-04-03)[2024-09-02].https://www.gov.cn/gongbao/content/2019/content_5416182.htm.

［8］ 中国国际大学生创新大赛(2023)冠军争夺赛举行.中华人民共和国教育部门户网站[EB/OL].(2023-12-06)[2024-09-02].http://www.moe.gov.cn/jyb_xwfb/gzdt_gzdt/moe_1485/202312/t20231206_1093410.html.

情景剧:基于创新创业的创业活动

第三章　创新思维与素质培养

【名人名言】

我相信直觉和灵感。

——爱因斯坦

【学习目标】

1. 明晰创新思维的内涵与特征。
2. 掌握创新思维的基本方法。
3. 掌握创新思维工具在创新过程中的应用。
4. 了解创新素质培养的概念与结构。

【开篇案例】

治理盐碱地,将其改造成良田的传统做法是挖沟排水,让土地变干,但效果一直不佳。用逆向思维考虑,反其道而行之,变排水为蓄水,并在大面积盐碱地上建成许多蓄水池用来养鱼养虾。这样做,不仅年年有水产品出售,而且由于鱼虾的粪便及腐殖质的作用,几年后,池底就可以沉积一层可耕种的良性土壤。

图 3-1　新疆首个盐碱地智能生态海产养殖基地

看似异想天开的主意在新疆落地生根,收获满满。我国新疆在远古时期是古地中海的一部分,沧海桑田,如今留下了大片盐碱地。随着科学技术的发展,国家因地制宜,将那些一直荒废的盐碱地做科学的改良处理,把它们变成如今的海产养殖基地。新疆的海产养殖基地所需要的海水是人工调配出来的:先在盐碱地打出与海水水质接近的盐碱水,然后再添加微量元素和益生菌,就调配出了与天然海水一样的"人造海水";技术人员再用盐度计测量水的咸度、碱度,最后创造出适合不同品种海鲜生长的环境,进行海产养殖。

人们印象中的戈壁,贫瘠而荒凉,如今都成功将盐碱地改良为海水环境,养殖出鲜活美味的海鲜。运用逆向思维进行创新,不仅仅能"变废为宝",还大大促进了当地经济的发展,更是未雨绸缪,把中国人民的"菜篮子"牢牢攥在了中国人自己手中。

——资料来源:网易号·简读视觉,https://www.163.com/dy/article/IDIASOER05564HMA.html.(有改动)

第一节 创新思维的内涵

创新是社会进步和历史发展的重要动力,是人类思维的本质特征之一。而在人类创新的实践中,创新思维具有基础性和先导性的作用,它在知识转化为力量、克服传统思维方式的缺陷等过程中发挥着重要作用。从一定意义上说,没有创新思维,就没有创新实践,也就没有创新成果。创新思维作为人类思维的高级形态,是人类所独有的思维方式。千百年来,人类正是凭借着创新思维不断地认识世界和改造世界。可以说,在某种程度上,人类创造的一切成果都是创新思维物化的结果。

一、创新思维的概念

1. 思维

思维是人们探索客观事物属性、内在联系和内部规律的有意识活动过程。思维是人脑的机能,是人对客体对象的概括性和间接性反应,是主体加工处理客体的方法和工具。无论是大学生的日常学习活动,还是人类的一切发明创造过程,都离不开思维。思维是人脑各个部分协同工作的结果,就像机器零件的传动一样。

首先,思维是一个过程。人脑在接收信息、储存信息的基础上,通过"分析、判断、综合、推理、系统化"等一系列加工过程,将信息转化为理性认识及问题的解决方案等输出。我们常说的概念、判断和推理是思维的基本形式。

其次,思维为问题导向,是个体面对问题时的思索。会提问是重要的思维能力,锻炼思维需要在"提出问题—找到答案"的行动过程中进行。

最后,思维的过程就是决策的过程,思维的品质决定了决策的品质。

2. 创新思维

创新思维是思维的一种高级形态,是大脑更加复杂的活动形式。创新思维打破传统规则的约束,不断探索解决问题的新思路和新方法,它是一种引导人类开拓认识新领域、收获创新性成果的思维活动。

对创新思维的理解有广义与狭义之分。一般认为,广义的创新思维是指人们在提出、分析和解决问题的过程中,一切对创造性成果产生影响的思维活动;狭义的创新思维则指人们在创造活动中直接形成创造性成果的思维活动,属于高级、尖端的思维活动,其特征或是"前所未有",或是"具有重大社会价值和影响"。通常人们讲的创新思维多指狭义的创新思维。

创新思维是与常规思维相对而言的。从信息活动的角度看,创新思维是一种实现知识增值的思维活动。

二、创新思维的特征

创新思维是富有创造性、超前性、批判性、开放性、系统性的思维形式,是创新的动力源。

1. 创造性

创新思维是有创造性的思维形式,其过程就是打破传统的思维方式,去寻求和大多数人有所差异的新想法。

创新思维是高度个性化的复杂活动过程。人们对未知的问题提出各种解决方案,需要对问题进行重新构建或者组合,获得解决问题的新方案,它改变了以前人们看待客观事物的观点和基本想法。

"标新立异""异想天开"是创新思维创造性的通俗表达。创新思维的发生及运行是人们有意识、有目的的"革新"思维活动,它超越传统思维方式,是对传统思维方式的"突破"与"飞跃"。

2. 超前性

在一切以"创新"为主题的知识经济时代,思维的超前性在创新中的地位和作用受到越来越多的关注。创新者的思维超前性主要表现为超常的洞察力、科学的预测力和创新的胆识。

超越现实、面向未来是思维超前性的本质所在。创新思维经常被认为与当下的背景不相适应,简单来说就是"不合时宜",思维越超前、对未来的预见成分越多,越不容易被当时的人们理解和接受。人类社会发展史上曾因此发生许多的悲剧,如布鲁诺因宣扬"日心说"而被天主教会活活烧死等。当然,真理最后都会在时间的长河中显露出伟大的力量。

3. 批判性

批判性思维是创新思维的基础。如果一味地遵循过去的经验和程式,就不会有创新的成果出现。创新思维就是要冲破旧知识、旧观念的束缚,打破常规,对现存的成果加以质疑,进行批判,形成新的思想和观点。

批判性思维的基础是批判精神。没有批判精神的介入、驱动、引导和激励,创新意识就难以孕育成形,创新过程就不能启动并持续下去,创新成果也就不能最终完成。科技史上数以万计的发明创造,都离不开创新者的批判精神。而唯命是从、人云亦云、因循守旧的从众性,会对创新起阻碍作用。

创新思维是一个不断向前发展、不断自我完善的过程,要求我们不仅要有"自以为非"的勇气,还要具有不唯书、不唯上、只唯实的科学精神,只有这样才能达到独具卓识、力破陈规的境界。

4. 开放性

创新思维需要在广阔的空间中形成,要求创新者能够摒弃传统思维定式和狭隘的眼界,多视角、全方位地看问题,能够海纳百川,突破教条主义的条条框框。当新鲜事物出现时,能够怀着兴奋与好奇,开始连续发问,挖掘更多信息和细节,了解整件事情的来龙去脉,综合形成自己的判断和认知。这就是创新思维的开放性表现。

与开放性对应的是封闭性。在现实生活中,许多人很容易被自己的思维定式限制,不愿意或者不能够突破视域去思考。在新鲜事物出现的时候,习惯性地以疑惑的态度进行判断,因为过去的经历和经验知识牢牢束缚着他们,想要打破这种束缚不仅很困难,而且需要足够的勇气与担当。

5. 系统性

创新思维需要把对事物各个侧面、部门和属性的认识统一为一个整体,从而全面掌握事物的本质和规律。把认识对象当作一个整体加以思考,不是将彼此独立的思维内容随意地拼凑在一起,也不是简单相加,而是把内涵的、一致的、本质的关系在思维中再现,这是思维的系统性。创新思维的系统性遵从一般系统原理,在一定的目标前提下,将看似彼此割裂的要素进行内在的有机连接,从而实现要素功能的相互支持。

创新思维的系统性在很多情况下又可以称作逻辑性。因为从系统论的角度来看,任何一个系统本质上都包含一定的逻辑关系。这种逻辑性表现在,一个系统遵循严格的逻辑规则,按照逻辑顺序,联系各个组成要素,表现出条理分明、层次清晰的特点。

三、创新思维的源泉

1. 大脑是创新思维的基础

(1)大脑结构。

人脑是创新思维最初的起源。人的大脑分为两个半球,两个半球在机能上有分工,左侧脑半球感受并控制右边的身体,右侧脑半球感受并控制左边的身体;同时左右脑的特点与功能各异,如图 3-2 所示。在正常的情况下,大脑是作为一个整体工作的,来自外界的信息,经胼胝体传递,左、右两个脑半球的信息可在瞬间进行交流,人的每种活动都是两个脑半球信息交换和综合的结果。

(2)创新者的大脑。

虽然人人都拥有大脑,但并不是所有的大脑都能够为创新思维做出贡献。几十年来,脑科学的迅速发展为我们研究创新思维提供了良好的基础,右脑与人类的创造力关系密切,许多创新者之所以能够有那么多的奇思妙想,原因就在于其右脑发达。把右脑潜力充分挖掘出来,才能形成人类无穷的创造源泉。当然,发达的右脑为创新活动提供了强有力的基础条件,但这只是创新的必要条件而已。许多创新思维的诞生必须依赖大脑的深度开发与后天的创造性的学习过程。

2. 问题是创新思维的动力

我们在考虑事情的时候,经常会自觉地提醒自己"凡事多问几个为什么",实际上这就是求真的科学精髓之所在。质疑是创新思维的起点,也是创新思维的首要构件,有疑问方能创

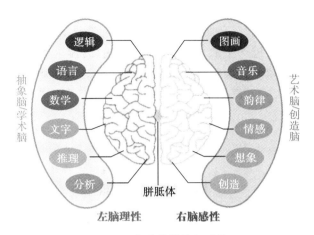

图 3-2 大脑的结构与功能

新,创新必先有疑问。"质疑"就是打"问号",一个"问号"代表着一个特定的问题。

从哲学意义上来讲,问题就是事物内在矛盾运动的外在呈现,通俗来讲就是摆在人们面前需要去解决的客观存在。问题的高度和深度决定了认识和思维的高度与深度。正视问题、研究问题,对问题进行系统剖析,找出问题的实质根源,挖掘问题产生的深层次矛盾和内在机理,这是科学方法论的基本要求,也是创新成果产生的沃土。创新者在强烈的好奇心驱使下,敢于独立思考,设疑问难,敢于大胆发言和讨论,敢于追根究底、探索未知,这对于激发人的创新思维、提升创造力具有极为重要的意义。

很多科学家因敢于质疑、善于提问留下了著名的论断。爱因斯坦说:"提出一个问题往往比解决一个问题更重要,因为解决一个问题也许仅仅是一个科学上的实验技能而已,而提出新的问题,以及从新的角度看旧的问题,却需要有创造性的想象力,而且标志着科学的进步。"培根说:"如果你从肯定开始,将以问题告终;如果你从问题开始,则将以肯定结束。"大家甚至因此有了一个基本认识:科学上很多重大进展和发明创造,与其说是问题的解决者促成的,不如说是问题的提出者促成的。

第二节　创新思维方法

创新思维的关键是打破常规地发现问题、解决问题。如何做到呢?一般来说,要善用各种创新思维方法。一般来说,创新思维主要有延伸式思维、联想式思维、逆向思维、发散思维、灵感思维等。

一、延伸式思维

延伸式思维是指在认识事物的过程中,打破原有的规模界限,适度延展、增加、组合、剔除部分要素,从而实现创新的思维类型。延伸式思维是一种比较实用且简便易行的创新思维,包括加法思维和减法思维。

加法思维就是将两种或两种以上的理论、技术、产品中的部分元素进行适当叠加或组合,以形成新理论、新技术、新产品的创新方法。美国创造学家奥斯本说:"新的发明几乎都是通过对老发明的组合或改进产生的。"美国《读者文摘》的诞生源自创始人华莱士的一个伟大的创意,即把"最佳文章精编组合成袖珍型的刊物",这就是典型的加法思维。人们常说的中西医结合,就是综合中医和西医的优点。这两个例子都诠释了"加法思维——组合就是创新"的价值所在。

【延伸阅读】

"猎手"空气净化器

加法思维可以推动企业产品创新。2020年新型冠状病毒感染疫情暴发,格力电器董事长董明珠带领格力人用"加法思维",在原有空气净化器基础上增加高压电离技术进行产品创新,只用55天就开发出针对新型冠状病毒的"猎手"系列空气净化器,开辟了疫情下的新市场。董明珠说,格力产品多元化,是从一条跑道到多条跑道,做的是加法。这体现了董明珠运用加法思维推动企业产品渐进创新的特征。

——资料来源:刘秉君,企业家创新思维"四则运算法",http://www.cerds.cn/site/content/8545.html.(有改动)

减法思维就是将事物的要素进行缩减或分割,从而达到创新的目的,信奉"简单也是一种创新"。例如,从2018年起,面对美国单方面的制裁,华为理性、果断地做出战略性的减法决策。2020年11月,华为宣布正式出售荣耀,此举不仅保全了荣耀手机品牌和团队,更保全了与之相关的上下游供应链合作商,华为也因此获得了上千亿人民币的资金,储备了"过冬的粮草和再打硬仗的弹药"。

二、联想式思维

联想式思维是指通过一个事物联想到相关联的另一个事物,从而达到创新目的的思维方法。通过联想,每个人都能把输入大脑的信息串联起来,构建出独特的思考网络。古希腊哲学家亚里士多德说:"我们的思维是从与正在寻求的事物相类似的事物、相反的事物或与之相接近的事物开始进行的,以后,便追寻它相关联的事物,由此而产生联想。"通俗地讲,联想一般是由某人或者某事而引起的相关思考,人们常说的"由此及彼""由表及里""举一反三"等就是联想式思维的体现。

联想式思维的主要方式有四种,即相似联想、接近联想、对比联想、自由联想,如图3-3所示。

相似联想——是一种类推性联想,是指由一事物想起与之性质、特点、功能等相似的另一事物。如"床前明月光,疑是地上霜";我国春秋战国时期的鲁班上山去采药,被锯齿草割伤,他发现有锯齿更容易割破东西,因此发明了锯子;提到快餐肯德基,就会想起麦当劳。

接近联想——时空上接近的事物在我们的经验或潜意识中总是很容易形成连接。如看到教学楼就会想起老师和学生、看到嫦娥就想起月宫。

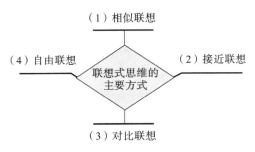

图 3-3 联想式思维的主要方式

对比联想——亦称相反联想,是指从一事物联想到与之性质、特点相反的另一事物。如看到"黑"想到"白",看到"优"想到"劣"。

自由联想——无意识控制时的单纯思维,是有目的思维的基础。自由联想是没有规律和逻辑的。

【延伸阅读】

爬在架上的西瓜

河北新乐市邯邰镇是一个产西瓜的地方。镇政府组织科技人员和老瓜农成立研究组,以改善西瓜质量并提高产量。研究组联想到,黄瓜、丝瓜、苦瓜等都是在架子上开花结果的,西瓜是不是也可以在架子上开花结果呢?将西瓜吊在架子上,光照均匀,空气畅通,肯定质量更优。于是,他们从1996年开始试种,经过3年的时间,获得成功。

躺在地上的西瓜,和地面接触的部分因没有光照,不通风,所以颜色清淡,瓜瓤口感欠佳;而爬在架子上的西瓜,颜色均匀,瓜瓤口感俱佳。

普通西瓜平均亩产为3000~3500千克,爬架西瓜种植密度高,平均亩产增加到5000千克左右。比起普通西瓜,爬架西瓜上市时间可提前20天,经济效益显著提高。

这样的特色西瓜,许多瓜商千里迢迢赶来订货,种植面积年年扩大,农民收入不断提高,西瓜成为邯邰镇支柱产业之一。

——资料来源:月月日日,创新创造——联想思维,机械电子工程技术,2019,4,https://mp.weixin.qq.com/s?__biz=MzUzOTY2OTcyMw==&mid=2247485827&idx=1&sn=a7fbfec9087d7590f84981ad0d5ab222&chksm=fac5ac37cdb2252117e3fbd70143fc719f6c495c16628433914e904b43030b643f1c7f321337&scene=27.(有改动)

三、逆向思维

逆向思维,也称求异思维,是对司空见惯的似乎已成定论的事物或观点反过来思考的一种思维方式。人们习惯沿着事物发展的正方向思考问题并寻求解决办法,但有时却行不通。其实,对于某些问题,尤其是一些特殊问题,从结论往回推,倒过来思考,从求解回到已知条件,反过去想或许会使问题简单化。逆向思维往往能找到破解难题的钥匙。"司马光砸缸"就是逆向思维的例子。按常规思维,要救小孩,必须把小孩从水里拉出来,使他离开水。但司马光却想到了砸破缸,让水离开人,达到救人的目的。回顾一下数学课程学习过程,证明题最好的解决思路之一就是逆向思考,从待证明的结论入手,逆推所需条件,一直递推到已知条件为止。这也就是我们常说的反证法。

【延伸阅读】

王永志的建议

中国工程院院士王永志是我国载人航天工程首任总设计师,为我国"神舟"飞船一飞冲天立下汗马功劳。当他还是我国航天界"小萝卜头"时,为导弹发射出过一个好主意,由此崭露头角。

1964年6月,王永志第一次走进戈壁滩,执行中国第一次自行设计的中近程导弹发射任务。大家计算火箭推力时,发现射程达不到要求。考虑是不是可以多加一点推进剂,但火箭的燃料箱容量有限,再也装不进去了。正当大家一筹莫展时,一个年轻中尉站起来说:"经过计算,如果从火箭内卸下600千克燃料,这枚导弹就能击中目标。"

在场的专家不敢相信自己的耳朵,有人不客气地说:"燃料本来就不够,你还要往外卸?"没人理睬他的建议。王永志不甘心,他想到了坐镇酒泉的技术总指挥钱学森。临发射前,他鼓起勇气,走进了钱学森的住处。还不熟悉这个小辈的钱学森听完王永志的建议,立刻把发射火箭的总设计师请来,指着王永志对总设计师说:"这个年轻人的意见对!按他说的办!"

几十年后,钱学森还曾提起这件事:"我推荐王永志担任载人航天工程总设计师,没错!他年轻时就崭露头角,大胆进行逆向思维,和别人不一样。"

——资料来源:逆向思维解难题——王永志院士的故事,https://baijiahao.baidu.com/s?id=1771452453772651 7138&wfr=spider&for=pc。(有改动)

四、发散思维

发散思维又称辐射思维、放射思维,是创新的核心。发散思维是指围绕一个中心问题,进行多方面、多角度、多层次、多途径的思考,以一种多维扩散状态去探求问题答案的思维方式,也就是"从一点向四面八方"想开去的思维。我们面对问题或处理事物时的"一题多解""一物多用"等方式,都是发散思维能力的体现。著名心理学家吉尔福特(Guilford)评价道:"发散思维是创新思维的核心,正是在发散思维中,我们看到了创造性思维的最明显的标志。"

发散思维有五种常见形式:结构发散、功能发散、属性发散、因果发散、关系发散。它们分别以事物的结构、功能、属性、因果、关系为发散思维的核心与起点。

【延伸阅读】

毛 姆 卖 书

英国著名作家毛姆的小说有一段时间销售不畅,他便在报刊上刊登了一则征婚启事:本人年轻英俊,家有百万资财,希望获得和毛姆小说中主人公一样的爱情。结果毛姆的小说在短时间内被抢购一空。这是发散思维运用于营销领域的典型案例。

——资料来源：秋丰，一书一法一工具，https://zhuanlan.zhihu.com/p/497416886?utm_id=0.（有改动）

五、灵感思维

灵感思维是在无意识的情况下产生的一种突发性的创造性思维活动。灵感带有很强的神秘色彩，是千百年来认识史留给我们的一个难解之谜，历史发展到今天，人们越来越清楚地认知到灵感在创新思维活动中的重要作用。

灵感从表面上看，主要有突发性和偶然性两个特征。

1. 突发性

灵感往往在出其不意的一刹那出现，让长期苦思冥想的问题突然得到解决。在时间上，它不期而至，突如其来；在效果上，人突然领悟某事，让人意想不到。这是灵感思维最突出的特征。

2. 偶然性

产生灵感的时间、地点，都具有非常强的偶然性，也许在高铁上，也许在飞机上，也许在睡梦中。灵感的产生往往给人以"有心栽花花不开，无心插柳柳成荫"之感。

例如，德国气象学家、地质学家阿尔弗雷德·魏格纳发现"大陆漂移学说"。1910年的一天，魏格纳在观看一张世界地图时，忽然被一个奇妙的现象吸引住了。他发现大西洋西岸的巴西东部突出部分正好能嵌入非洲西海岸凹进去的几内亚湾。实际上，在灵感产生之前，人往往有一段时间对相关问题的执着探索。灵感带来的是直觉和顿悟，是人们长时间思考、阅读、观察、分析的产物，是显意识与潜意识相互通融、交互作用的结果，而且容易在一个相对放松的状态下产生。所以说，灵感并非"空穴来风"。

【延伸阅读】

弗洛伊德·雷格斯戴尔的梦中发明

海湾战争时期，美军急需大量用纤维B制成的防弹背心。关键时刻，生产这种纤维的杜邦公司却发生了机器故障，生产被迫中止。公司上下乱作一团，因为每耽搁一分钟，公司就会损失700美元；每少生产一件防弹背心，前线战士受到的生命威胁就增加一点。工程师们反复检查，却找不到问题究竟在哪里。

为排除故障忙碌了一整天的工程师弗洛伊德·雷格斯戴尔在夜里做了一个梦。他梦见很多软管、弹簧和雾化器。一觉醒来，他在纸上写下"软管""弹簧"，仔细琢磨梦中出现的这两个词语，终于想到可能是机器里水冷却后，软管管壁时常收缩导致供水停顿，继而使得整个工作进程被中止。如果在软管里装上弹簧，就可以防止其收缩。同事们按照他的思路对软管进行改造，果然奏效，生产得以恢复。

弗洛伊德·雷格斯戴尔的梦为公司避免了巨额损失。

——资料来源：陈卓国，创新思维与方法，华中科技大学出版社，2019。（有改动）

第三节 创新思维工具

创新思维是以新颖独特的方式解决问题的思维过程,往往需要突破常规思维的限制,以超常规甚至反常规的方法、视角去观察思考。传统的学习教育制度是工业时代用以培养大规模标准化人才的产物,无形中压制了个体的创造力。修正调整的方式方法有很多,其中之一就是借助创新思维工具,强化创新思维的训练,优化创新思维过程。

一、六顶思考帽

1. 平行思维

六顶思考帽是爱德华·德·波诺博士开发的一种平行思维的工具。所谓平行思维,是指同时同向从不同角度认知同一个问题的思维模式。为了从以对错二分法为基础的辩论转换为对问题的探索,平行思维主张大家同时同向思考。平行,就是不对立不交叉的意思;同时,为了避免思维的同质化、片面性,平行思维法又提出了思考问题的六个角度,也即六顶思考帽。

六顶思考帽是一个简单易行、过程清晰、形式近乎游戏、结果成效显著的平行思维方法工具,尤其适用于团队思考。它通过思考问题的六个角度,将混乱的思维过程清晰地进行分解,鼓励多角度的同向思考,有助于在打破思维定式的同时形成团队共识。

平行思维方式也可以用于个人思考,帮助个人有意识地对问题进行全方位通盘的考虑,避免思维片面性的同时有助于人们跳出个人的思维定式,激发创新灵感。

2. 六顶思考帽的角色分工

六顶思考帽有六种不同的颜色,分别代表不同的思维角度。

(1)白帽。

白帽代表中性、客观、没有任何倾向的思考方向,代表规则和方向、资料与事实。白帽思考者严格区分事实与观点,只提供客观的数据和信息。白帽思考者要集中所有人的智慧、知识、资源,全面收集资料与数据,同时帮助人们把事实与观点区分开。

(2)黄帽。

黄帽代表阳光、正面、积极的思考方向。黄帽思考者只从正面思考问题,不涉及任何负面观点和看法,充分挖掘正面的价值。同时,黄帽强调逻辑,所以黄帽思考者必须为自己的正面判断提供足够的依据。

(3)黑帽。

黑帽代表冷峻、负面、谨慎的思考方向。黑帽思考者只从负面思考问题,尽可能把问题的消极面展示出来。黑帽思维总是带有逻辑和理性,并且不关心问题的解决,只是指出问题。黑帽思维可以用来检查证据、逻辑、可能性、适用性、影响和缺点。一旦提出某个解决方案,就可以用黑帽思维检查其可行性。

(4)绿帽。

绿帽表示创造性、想象力和新观念。绿帽思考者要从创新的方向进行思索,提出新的观点、看法和解决方案。绿帽思维是观察事物的新途径,有助于激发新颖的创意。

(5)红帽。

红帽代表各种情绪和感觉。红帽思考者承认情绪与感觉作为思维重要组成部分的合理性,他们可以直接表达内心的直觉和好恶,不必受理性和逻辑的限制。

红帽思维包括两种类型的感觉。首先是人所共有的普通情感,从害怕、讨厌等强烈的情绪到诸如怀疑等微妙的情绪;其次就是掺杂在感觉中的复杂判断,如预感、直觉、知觉的体验,以及美感等其他主观感受。

红帽思考者无须对上述感觉加以证明或解释,也不必为它们寻找逻辑基础。正因如此,红帽思考的时间不宜过长。

(6)蓝帽。

蓝帽属于主持人,蓝帽思考者要从宏观的角度对整个思考过程进行概括,掌控整个思考过程,总结归纳各种意见,在最后给出概要和结论。

蓝帽思维是对思考的思考,负责控制各项思考帽的使用顺序,保证各项思考的执行。如果思维是一段完整的程序,那么蓝帽就是对这个程序的控制。蓝帽思维还有一个重要任务,就是打断争论,保证参与者正确使用某个特定思考帽的视角展开讨论。

3. 六顶思考帽的运用

六顶思考帽一般用于团队思考。通过定义思维的不同类型,分解水平思维的功能,并且通过设定思考帽的使用顺序,定义思维的流程结构。在会议中,可以根据讨论目的的不同,设定不同的使用顺序。

(1)使用规则。

在使用六顶思考帽思考问题时一般遵循以下规则:

①从蓝帽开始,以蓝帽结束,根据需求明确其他帽子在中间的使用顺序。

②任意一项思考帽都可以反复使用。

③并非每次讨论都必须用到每一项思考帽。

④必须遵守某一时刻使用某一项思考帽的规则,不能从某项思考帽随意切换到其他颜色的思考帽。

(2)使用顺序。

六顶思考帽没有固定的顺序模式,可以根据需要灵活调整,由蓝帽主持人协调掌控。

比如,当某个问题没有具体解决办法时,这时一般白帽思考者首先出场,对问题进行充分客观的描述;接着绿帽思考者出场,提出多种备选方案;此时可以视需要安排蓝帽思考者出场,挑选其中几个方案进入备选集;随后黄帽思考者、黑帽思考者、红帽思考者依次表达基于不同视角的观点,最后由蓝帽思考者总结,得出结论。在此过程中,蓝帽思考者可以根据讨论进展增加白帽思考者、绿帽思考者的陈述,以补充事实,或激发新灵感。

六顶思考帽是很好的全方位思考的程序工具。如果将其与TRIZ(发明问题解决理论)方法、奥斯本核检表法等其他创新思维工具组合使用,效果更佳。

二、5W2H分析法

5W2H分析法又称七问分析法,广泛应用于企业管理、技术开发等各项活动中。它以5

个 W 开头和 2 个 H 开头的英文单词概括 7 类问题,帮助我们发现解决问题、优化设计的新思路,是帮助我们启发思维、提出问题、分析问题、完善对策、防止遗漏的简洁办法。

1. 5W2H 分析法简介

(1)5W2H 分析法基本内容。

5W2H 分析法从客体的本质(What)、主体的本质(Who)、物质运动的时间(When)与空间(Where)、事情发生的原因(Why)与程度(How,How much)这几个角度来提问并寻求答案,从而推动创新方案的生成。

5W2H 分析法的具体内容如图 3-4 所示。

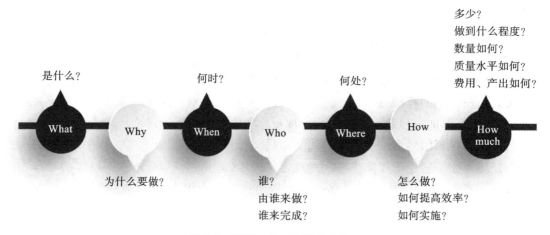

图 3-4　5W2H 分析法基本内容

(2)5W2H 分析法的优点。

5W2H 分析法是常用的思维工具,也是实用的思维工具。它可以帮助人们准确界定、清晰表述问题,提高工作效率;可以帮助分析者掌握事物本质,从而抓住重点;有助于分析思路的条理化,从全局着眼展开分析。同时,5W2H 分析法简单易行,非常便于与其他分析工具组合使用。

(3)5W2H 分析法的进阶 28 问。

5W2H 分析法进阶 28 问有助于更深入地挖掘富有建设性的行动方案,如表 3-1 所示。

表 3-1　5W2H 分析法的进阶 28 问

5W2H	第一层次	第二层次	第三层次	第四层次	结论
Who	是谁	为什么是他	有更合适的人吗	为什么他是更合适的人	定人
When	什么时候	为什么在这个时候	有更合适的时间吗	为什么这是更合适的时间	定时
Where	什么地点	为什么在这个地点	有更合适的地点吗	为什么这是更合适的地点	定位
Why	什么原因	为什么是这个原因	有更合适的理由吗	为什么这是更合适的理由	定原因
What	什么事情	为什么做这个事情	有更合适的事情吗	为什么这是更合适的事情	定事
How	如何去做	什么采用这个方法	有更合适的方法吗	为什么这是更合适的方法	定方法
How much	花费多少	为什么要这些花费	有更合理的花费吗	为什么这是更合理的花费	定成本

2. 5W2H 分析法的运用

(1)应用步骤。

第一步,对某一问题或某一产品从 5W2H 七个方面逐一检查提问。最好把项目名称、内容以及相关思考做成表格,逐一填写。

第二步,将七个方面的疑点、难点逐一列出。

第三步,展开讨论,寻找解决措施。

第四步,对上述内容中的必要部分进行展开,视需要用 5W2H 基本 7 问或进阶 28 问进一步分解问题,细化操作方案。

第五步,抓住主要矛盾,提出创新方案。

(2)示例。

某公司为成长中的化妆品公司。近年,看到年轻消费者对中国风产品的喜爱,决定推出国风色系的眼影。在第一次项目创意会上,利用 5W2H 分析法展开分析,如表 3-2、表 3-3 所示。

表 3-2 国风色系眼影目标消费者购买行为分析表

5W2H	问题	结论
Who	谁是该产品的目标消费者?目标消费者有哪些特征?	
What	消费者购买的核心价值是什么? 购买的产品和服务有何特点?	
Where	触达消费者的信息渠道在哪里? 消费者偏好的分销渠道有哪些?	
Why	消费者为什么购买?	
When	何时购买?购买频次是多少?	
How	如何购买?如何使用?如何分享?	
How much	愿意支付的产品售价是多少? 愿意承担的时间成本、搜寻成本是多少?	

表 3-3 国风色系眼影项目立项分析表

5W2H	问题	结论
Who	研发团队的核心成员是谁?谁是项目组组长?谁是技术领导?	
What	研发的核心目标是什么?新产品的核心功能是什么?技术参数是什么?具体研发内容是什么?	
Where	在哪个研发中心展开具体工作?需要哪些部门协同?	
Why	为什么要做这个项目?为什么要做国风色系眼影?可否不做?	
When	研发关键时间节点是什么?新产品预期何时导入?	

续表

5W2H	问题	结论
How	怎样做最快？怎样做成功率最高？怎样做成本最低？	
How much	可以承担的研发成本是多少？新产品生产成本是多少？最长研发周期是多久？	

上述两个表仅为示例，表中问题还可以进一步分解成更具体的问题，层层推进，直到找到有足够创新价值的方案。

三、世界咖啡法

1. 世界咖啡法的概念

世界咖啡法是由朱安妮塔·布朗和戴维·伊萨克提出的一种讨论方式，旨在于轻松的氛围中，通过小团体讨论，真诚对话，产生集体智慧。它的核心精神是"跨界"：不同专业背景、不同职务、不同部门的一群人，针对某个主题，发表各自的见解，通过意见的碰撞，激发创新的想法。其核心流程是"会谈"。通过会谈，人们学习用新的视角看世界，同他人进行深度交流，最终产生更富有远见的洞察。

2. 世界咖啡法的过程

世界咖啡法一般包含 9 个基本步骤：

(1) 4~5 人围坐在一起，组成一个谈话小组。

(2) 展开每轮为时 20~30 分钟的递进式对话（通常为三轮）。

(3) 各小组同时开始探讨与主题相关的话题。

(4) 鼓励各桌的"桌主"及成员将讨论中出现的重要想法、意见记录在桌布上或铺在桌子上的纸上。

(5) 完成第一轮讨论后，每桌请一个人留在原位做"桌主"，其余的人则做"旅行者"或"意义大使"转移到别的小组，将主要的想法、主题或问题带到新的讨论之中。

(6) "桌主"欢迎新来的伙伴，简单介绍刚刚讨论的主要想法、主题及问题，并鼓励新来的伙伴将这桌的想法与他们刚刚各自讨论的内容联系起来。大家注意相互倾听，做更深入的思考。

(7) 几次讨论后将各种想法、主题及问题联系在一起。在第二轮讨论结束后，所有桌子讨论的内容都将与前一轮讨论的见解相结合。

(8) 第三轮讨论，所有人都可以回到原位综合整理自己的发现，也可以转移到新桌继续讨论。每一桌的"桌主"可以连任，也可以诞生新的"桌主"。甚至，第三轮讨论可以升华为更深层次的新主题。

(9) 几轮讨论后，全体成员一起分享所得和各自的见解。在多轮讨论中，集体的智慧持续成长，共识逐渐清晰，可行的行动方案渐渐浮现。

世界咖啡法注重深度会谈,其着眼点不是分析解剖事物,更不是去说服他人赢得争论,而是通过成员的参与和分享,在集体中萌生富有创造性的全新理解并达成共识。

第四节　创新素质的培养

一、创新素质的概念与结构

1. 创新素质的概念

创新素质是在创造性活动中表现出的稳定的综合心理品质和特征。一般情况下,创新素质包含以下三个特性。

(1)主观性。

创新素质是一种心理品质,包括意识、情感、信念等核心内容,显示出非客观性的特点。

(2)过程性。

创新素质是环境教育的结果。创新素质需要在一定的成长环境中经过不断引导、训练、教化的过程,才能逐步稳定。这也正说明了创新教育培养的价值所在。

(3)差异性。

创新素质受个体基础的影响。不同的个体尽管处于同样的教育环境中,但最后的创新素质存在高低之分。

2. 创新素质的构成

创新素质是人的内能储存,一旦释放出来就表现为创新能力,也就是说创新能力和创新素质密切相关。

研究表明:创新能力=K×(创新人格+创新思维+创新方法)×知识量^2

其中,K 是人天生存在的创新天赋、质疑能力,属于遗传学的范畴,与生俱来、不易改变;知识量是知识的积累,需要进行长时间的学习吸收;括号中的三部分创新人格、创新思维、创新方法就等于创新素质。

(1)创新人格。

创新人格是用非智力因素培养和发展有利于创新或富有创造性的个性特质。创新人格特征主要包括强烈的创新动机、浓厚的认知兴趣、冒险精神、坚定的意志、持久的毅力、较强的自信心等。创新人格是创新素质的保证。

(2)创新思维。

创新思维是指在面对任何问题时,人都能够根据以往的经验并利用已有的知识从不同角度对此问题进行多次的分析与研究,寻找新的关系和答案。

(3)创新方法。

创新方法是根据创新规律和大量成功的创新实例总结出来的原理和技巧,比如扩展、移植、仿生等。

二、创新素质的培养目标与途径

1. 培养目标

(1)全面提升综合素质。

从本质上讲,创新素质的培养是一种发展性教育过程,即开发人的潜能、提高人的身心素质、健全人的个性的教育活动。创新素质的培养是发展素质教育的重要突破口和关键点,以培养学生的创新精神和实践能力为重点,激发学生独立思考和创新的意识,培养学生的科学精神与创新思维习惯。

(2)扎实培育创新人格。

创新人格是创新实践的前提。人格操守是创新实践活动最可靠的资本,对培养人的创新素质而言,最重要的是要树立起人们勇于创新的自信心和责任心,培育他们在创新实践活动中的独立性、坚韧性、宽容性和合作精神。

(3)深度激发创新思维。

创新思维是创新素质的核心。创新思维是人类思维的高级形式,个体通过创新思维不仅能够解释客观事物的本质属性及其内在联系,而且还能够在此基础上产生全新的思维成果。

(4)熟练运用创新方法。

创新方法是指创新活动中运用创新思维实现创新成果的工具与路径的总称。通俗地讲,创新方法就是指创新者的"动手能力",体现了"从脑到手"的转换过程,直接影响创新活动的效率。鼓励学生参与创新实践活动(项目),能够使学生更快更好地掌握科学的创新方法。

(5)融会贯通创新知识。

创新知识是创新素质的基础。知识是人们在社会实践活动中不断积累起来的经验的总结,是人类对客观世界的认识活动的成果。合理的知识体系是创新活动的内在源泉,是创新思维的基础。现代心理学认为,合理的知识结构有利于同化已知知识、概念,进而形成全新的想法和观点。因此,建立起科学的知识系统有利于创新素质的培养和创新实践的开展。

2. 培养途径

培养学生的创新素质,总体来说,有三种比较有效的途径:创新的环境氛围、创新的教学过程和创新的实践活动。

(1)创新的环境氛围。

①大学理念。每所大学虽然都各自秉持不同的理念,但对于创新的理解却达到了高度统一的程度,可以说是其共性所在。凝练了创新素质培养的大学精神体现在办学思想及其管理模式等方面,大学精神的塑造和发展,已经将创新精神放在核心位置。

②校园文化。校园文化建设是高校常规而重要的工作,涵盖多个层面。学生主体、人文特征、文化活动、物质环境、校园空间是校园文化建设中涉及最多的几个要素。将创新素质培育活动纳入校园文化建设,建设具有"创新"人文特征的校园文化,能够起到"润物细无声"的作用。

(2)创新的教学过程。

①教学理念。创新性教学理念能够良好地解决传统教学中学生被动学习的不足,教师更多起到抛砖引玉的作用,学生主动学习和思考,理解、消化、质疑、探索,进而形成每个人自

己的价值观和知识体系。对于存在困惑的地方,学生主动向老师请教。在这个过程中,学生和老师做到了真正的互动,能实现思想火花的碰撞。

②课程体系。培养大学生的创新素质,除了直接设置创新创业课程体系外,还需要考虑不同专业的大学生掌握的知识点不一样。在专业课程的安排中,对现有的一些模块课程进行适当的重组或者整合,设置一些交叉学科的课程,能满足深度探索的需求。

③课堂教学。课堂教学过程中,需要建立以学生发展为本的新型教学关系,推进教学方式和学习方式的变革;不断优化教学方法,激发学生的创新潜能。在知识探索的过程中,每个人都是创新意识的载体,每个人创新的潜能都应该得到激发。教师采用启发式、探究式、讨论式、参与式等多种教学方式,成为学生学习的组织者、指导者和促进者;学生应主动提出问题、分析与解决问题,运用问题导向式、小组合作式、主题探究式等多种学习方法提升自身的创新思维能力。

(3)创新的实践活动。

①产学研合作。通过产学研联合,建立高校与企业、科研院所之间密切且稳定的合作关系,形成产学研共同发展机制,为缺乏实践工作经验的大学生提供良好的学习机会和场所。大学将学生送到合作企业或者研究机构,能够弥补大学实践教育资源的不足;学生则应积极参与实践,在实践中发现问题,并寻求解决问题的途径。

②竞赛活动。在"双创"教育背景下,各个高校除了积极组织学生参加国家、省级各项创新竞赛活动外,也都设置了各具特色的创新竞赛平台。影响较大、学生参与较多的赛事有"挑战杯"赛(包括"挑战杯"中国大学生创业计划竞赛、"挑战杯"全国大学生课外学术科技作品竞赛两个赛事)、中国国际大学生创新大赛等。

③实践基地。学校与企业、政府等进行合作,建设实践实训平台,搭建政产学研用相结合的协同创新平台。如中国地质大学(武汉)与武汉市政府共建武汉地质资源环境工业技术研究院,成立知识产权与技术转移中心,聚焦教育"三融合",构建创新创业教育系统工程。

【本章小结】

创新思维是打破传统规则的约束,不断探索解决问题的新思路和新方法,引导人类开拓认识新领域、收获新成果的思维活动。拥有创新思维的第一步,就是打破束缚,警惕经验主义,拒绝盲从,勇于质疑,有意识地让思维保持开放、灵活的状态,让创新思维方法在思考中占据主导地位。创新思维方法主要有延伸式思维、联想式思维、逆向思维、发散思维、灵感思维等。使用创新思维开发工具,有助于引导创新思维,促进创新。创新思维的开发工具,包括适用于个人的思维开发工具如5W2H分析法,以及适用于集体的思维开发工具如六顶思考帽法和世界咖啡法。高校与大学生共同承担开发创新思维能力的责任,必须注重创新素质的培养,因为这关系到每个人乃至整个国家创新能力的提升。

【思考题】

1. 说到"创新思维",你会联想到哪些词?
2. 你的身边是否出现过创新?你自己做过什么有创造性的事情?
3. 你了解自己学习、认知的主要方式、特点吗?你的思维定式主要体现在哪些方面?如何突破?

4. 请将身边两个物品联系起来,发明一种新产品。

5. 关于五一、十一节假日放假调休的讨论从来没有停歇过,近几年,更是有不少网友对调整工作日安排以拼凑黄金周的做法颇有微词。请组成8～10人的团队,利用六项思考帽法展开讨论,最后提出改进办法。

6. 请随意选取身边的物品,用发散思维列举其缺陷,然后用逆向思维赋予其新功能。你有什么发现?

7. 具有中国传统文化特色的商品受到越来越多消费者的青睐。请用世界咖啡法讨论"我家乡的新国货"这一主题,最终完成某一国货产品的创意方案。

【参考文献】

[1] 曹裕,陈劲.创新思维与创新管理[M].北京:清华大学出版社,2017.
[2] 陈卓国.创新思维与方法[M].武汉:华中科技大学出版社,2019.
[3] 王竹立.创新思维训练教程[M].西安:西安电子科技大学出版社,2020.
[4] 刘道玉.创造思维方法训练(第二版)[M].武汉:武汉大学出版社,2009.
[5] 杨哲,张润昊.创新思维与能力开发[M].南京:南京大学出版社,2016.
[6] 李鸽.创新思维的脑生理、心理协同发生机制探析[D].吉林大学,2020.
[7] 阎国华.工科大学生创新素质的提升研究[D].中国矿业大学,2012.

情景剧:CEO的一天

第四章　创新模式与创新类型

【名人名言】

想别人不敢想的，你已经成功了一半；做别人不敢做的，你就会成功另一半。

——爱因斯坦

【学习目标】

1. 了解创新的常见模式。
2. 掌握自主创新的内涵与类型。
3. 熟悉创新的各种类型。
4. 掌握开放式创新与封闭式创新的区别。

【开篇案例】

联想挣脱困境的唯一出路

联想公司发布2015年财务报告，净亏损1.8亿美元，折合8.4亿元人民币。2016年1月至3月的第四财季营收91.33亿美元。联想集团将营收下跌归因于汇率波动、个人电脑需求放缓及集团提升智能手机业务。对联想公司而言，这样的亏损不会伤筋动骨，可与华为公司相比，两者有天壤之别。

20年前，联想曾引发科技贸易还是贸易科技的争论，结果是中国科学院院士被迫离开联想，而联想走上了贸易发展之路。联想依靠市场扩张和资本重组，逐渐成了我国家庭电脑领域的领头羊。但是，因为缺乏核心技术，联想在激烈的市场竞争中，无法适应多元化发展的需求。联想集团试图依靠多元化经营突出重围，但由于在很多领域缺乏核心竞争力而处处碰壁。据有关新闻媒体报道，联想公司过去10年科技研发投入44.05亿美元，而华为每年的科技研发投入都超过这个数字，虽然联想的总裁出面解释说，各个行业情况不一样，不能简单类比，但联想后劲不足，与缺乏技术储备有着直接关系却是不争的事实。

联想公司并非不了解自身软肋，收购IBM公司的个人电脑业务，就是解决科技投入不足的举措，这也确实产生了立竿见影的效果。联想不仅扩大了知名度和市场占有份额，而且借助IBM公司在个人电脑生产领域的技术储备，成了世界上著名的个人电脑生产企业之一。只是，购买的技术毕竟是一次性的，IBM个人电脑知识产权储备耗尽后，联想始终无法推出令人耳目一新的电子产品。苹果公司的一骑绝尘，华为以及小米等公司的异军突起，使得联想在国内外市场的份额大幅萎缩。经过了短暂的泡沫化之后,联想陷入增长停滞的状态,不得不走马换将,让退居二线的公司创始人重新披挂上阵,带领联想公司再创业。由于缺乏雄厚的技术储备,联想在经营过程中捉襟见肘。收购摩托罗拉移动业务,并未收到预期效果。虽然联想购买了与摩托罗拉被出售业务有关的知识产权,但由于这些知识产权所保护的专利技术相对落后,因此,联想购买这些知识产权并没有对联想长远发展起促进作用。相反,由于花巨资购买已落伍的技术,联想在自主创新的过程中无法投入巨额资金,在技术创新方面始终受制于人。

从根本上说,科技创新才是企业摆脱困境的唯一出路。华为之所以能在国际经济低迷的大环境下实现利润高增长,就是因为在科技创新上舍得投入。华为依靠自身的科技积累,不仅在竞争中赢得了广阔的空间,而且为企业后续发展打下了坚实的基础。

——资料来源:李坚,联想挣脱困境的唯一出路,上海证券报,2016-05-30。(有改动)
问题思考:联想为何陷入困境?如何摆脱困境?

第一节 创 新 模 式

创新模式指的是企业或个人在产品开发、服务提供、技术应用、商业模式、组织管理等方面采用的创新策略和方法。创新模式可以推动企业持续发展,增强竞争力,并在市场中保持领先地位。创新过程涉及众多因素,这些因素在组合、配置方式以及结构上的差异构成了创新的不同模式。

一、自主创新、模仿创新和合作创新模式

按照创新主体间的关系不同,创新模式可以分为自主创新模式、模仿创新模式和合作创新模式三种。

1. 自主创新模式

企业通过自身努力探索技术前沿,取得技术突破,自主掌握核心技术,自主拥有知识产权,并独立完成技术的商业化全过程。自主创新的成果,一般体现为新的科学发现以及拥有自主知识产权的技术、产品、品牌等。

自主创新主要包括原始创新、集成创新和引进消化吸收再创新三种类型。

原始创新意味着在研究开发方面,特别是在基础研究和高科技研究领域取得独有的发现或发明。原始创新是最根本的创新,是一个民族对人类文明进步做出贡献的重要体现。原始创新成果是指前所未有的重大科学发现、技术发明、原理性主导技术等创新成果。

集成创新是指通过对各种现有技术的有效集成,形成有市场竞争力的产品或者新兴产业。

引进消化吸收再创新是指在引进国内外先进技术的基础上,经过学习、分析、借鉴,进行再创新,形成具有自主知识产权的新技术。引进消化吸收再创新是提高自主创新能力的重要途径。发展中国家通过从发达国家直接引进先进技术,尤其是通过利用外商直接投资的

方式获得国外先进技术,经过消化吸收实现自主创新,不仅可以极大地缩短创新时间,而且能够降低创新风险。

自主创新的提法与我国企业特别是制造类企业的发展历程密切相关。近年来,我国特别强调自主创新,这是针对以前过多模仿引进而缺少自主知识产权和核心技术而言的。

自主创新具有一系列的优点:一是自主创新的成果一般都属于创新企业内部所有,这使得技术创新主体能够在一定时间内掌握与控制某项核心技术,为创新企业带来先发优势,在竞争中占据有利的地位,同时有助于树立良好的企业形象;二是在创新的开发与实施过程中,创新企业内部积累与掌握了丰富的产品生产开发与组织管理经验,为后续的生产经营、市场开拓以及新产品开发奠定了扎实的基础;三是在一些技术领域的自主创新往往能够引发一系列的技术创新,带动一批新产品的产生,推动新兴产业的发展,如美国杜邦公司通过在人造橡胶、化学纤维、塑料三大合成材料领域的自主创新,牢牢控制了世界化工原料市场;四是通过自主创新开发出的新产品初期在市场一般占据绝大多数市场份额,可以使企业获得超额利润,同时也能够率先与供应链的上下游各方建立稳固的合作关系。

自主创新同时也有自身的缺点。首先,通常新技术领域的探索都具有较大的复杂性,因此要求企业必须具备雄厚的科研开发能力,同时需要巨额的人力、物力与财力的投入,加之研发周期一般都比较长,因此创新主体面临的风险较大。据统计,在美国,基础性研究的成功率仅有 5%,在应用研究中有 50% 能够获得技术上的成功,30% 能够获得商业上的成功,其中只有 12% 的创新能够给企业带来利润。除了巨额的研发投入与巨大的市场风险,一旦技术被开发出来,由小规模的开发试制到大规模的生产也需要一个过程,这往往不是一帆风顺的。美国 Raytheon 公司于 1946 年首次推出微波炉,但是由于产品的设计和成本等问题,长期都未能打开销路,直到 20 世纪 70 年代微波炉市场才开始活跃,走出了 20 多年的市场沉默期。其次,自主创新企业在市场开发与前期的消费观念、产品概念等的导入上也需要投入大量的资源,这具有很大的外溢效应,市场开发的收益很容易被其他跟随者无偿占有。最后,在一些法律不健全、不完善的地方,知识产权保护也一直是困扰技术领先者的一个问题。

2. 模仿创新模式

模仿创新是指创新主体通过学习模仿率先者创新的方法,引进、购买或破译率先创新者的核心技术和技术秘密,并以其为基础进行改进的做法。模仿创新是各国企业普遍采用的创新模式,日本是模仿创新模式最成功的典范,日本松下公司等都依靠模仿创新取得了巨大的成功。模仿创新并非简单抄袭,而是站在他人的肩膀上,投入一定研发资源,对产品进行进一步的完善和开发,特别是工艺和市场化研究开发。

模仿创新的优点包括:吸取率先创新者在开发过程中的经验与教训,降低成本与风险;有针对性地对原有的产品与技术等进行改造,在产品成本和性能上具有更强的市场竞争力;节约大量的市场开拓成本。模仿创新的缺点包括:模仿创新者由于在技术开发方面缺乏超前性,对技术创新的投资也相对较少,因此在技术能力的积累上与率先创新者存在一定的差距。同时,一味被动地追随使得模仿创新者在新的市场契机到来时,只能等待率先创新者,因而损失了市场机会,无法与率先创新者平分秋色。另外,模仿创新者还容易受到进入壁垒的制约,从而限制模仿创新的实施效果。这主要表现在两个方面:一是自然壁垒,即跟随者一般无法获得相关的核心技术;二是法律和制度等方面的障碍,如专利保护制度就被率先创新者作用阻碍模仿创新的手段。

【延伸阅读】

比亚迪的模仿创新

在汽车行业,比亚迪一直被质疑"模仿国外车型"。只要仔细观察,不难发现比亚迪的一个车型中,的确可能包含了好几种国外知名车型的"特征"。不过它们一起出现在比亚迪身上,却完全没有突兀感,这也是比亚迪在模仿中的一种学习和创新。资深汽车评论人钟师认为"每一个品牌的汽车,都经历了一个从模仿到改进,再到自主设计的过程,日韩汽车工业正是从对欧美汽车的模仿中成长起来的。另外,我们也要看到,即将上市的车型中,比亚迪模仿的成分已经开始越来越少"。

比亚迪专门建立了上百人的团队研究全球的专利技术,大量使用非专利的技术,并在此基础上进行组合集成和创新。比亚迪的技术,并不是人们通常所理解的高深的、尖端的、颠覆性的技术。它最擅长的是结合公司情况准确选择模仿对象,然后踩在"巨人"的肩膀上往上跳。比亚迪数款新车在机身设计方面借鉴了丰田,同时规避了侵权问题。比如,比亚迪的F3上市时,被外界称为"超A版丰田花冠";F3R与上海通用的凯越HRV相似;F6像是本田雅阁与丰田凯美瑞的混合体。

比亚迪的模仿并不是简单、被动的模仿,而是在原有的专利基础上再集成创新。靠这个方法,比亚迪在中国申请了大量的专利。2020年,作为自主整车集团TOP 10 中的比亚迪,发明专利授权量排名第一。同时,比亚迪加大研发投入,2020年比亚迪的研发投入为85.56亿元,研发投入占营业收入的比例为5.46%。

模仿创新以模仿为基础,但其本质特征在于创新。世界上很多国家的汽车行业都经历了模仿创新的过程,模仿创新是迅速地提高这些国家自主研发能力、生产及工艺水平的捷径。比亚迪正是通过模仿创新快速进入市场并不断发展突破的。

——资料来源:https://www.docin.com/p-193503616.html.(有改动)

3. 合作创新模式

该模式是指创新主体根据自身的发展要求自由寻找合作伙伴的技术创新模式,参与合作的各方可以在此过程中实现优势互补。通常采取的形式有企业与科研机构、高等院校之间联合开展创新,制造商与供应商合作等。合作创新模式在新兴技术和高科技领域应用广泛。由于全球科技创新步伐的加快以及技术竞争的日趋激烈,单个企业所面临的技术问题的复杂性与技术开发的高风险性等问题日益突出,因此许多企业都普遍采用了合作创新模式。这种创新模式主要有以下特征:创新主体多元化,即创新活动是由不同的主体共同进行的;合作形式多样性,既有资金与技术的合作,又有技术与技术的合作,也有人员交流等。

合作创新是一种多个创新主体共同合作进行技术创新的模式,因此它有利于不同主体实现资源共享、优势互补与成果共享。同时,合作创新能够大大减少创新成本,缩短创新时间,提高创新的效率,从而增强企业在市场上的竞争优势。此外,合作创新能够使所有参与方分散创新风险,有利于鼓励更多的企业参与到创新活动中。然而,合作创新涉及多个创新主体,因此在合作过程中要就创新的目标及项目达成一致,需要耗费大量的时间搜集信息、谈判并最终达成契约。同时,在内部的管理上也存在很大的困难。最后,创新主体的多元化,使得单个企业不能独占创新成果,企业间的合作很可能为将来培养了一个潜在的竞争对手,而与科研单位、高等院校的合作又涉及技术转让等方面的问题。

二、封闭式创新模式和开放式创新模式

按照创新的开放程度不同,可把创新模式分为封闭式创新模式和开放式创新模式两种。

1. 封闭式创新模式

封闭式创新模式主要是指企业依靠内部资源进行创新,自己研发技术,生产、销售产品,并提供售后服务、财务支持的创新模式。

传统的创新观念认为,创新是企业的灵魂,只能由企业自己单独进行,从而保证技术独享,进而在技术上保持领先地位。内部研发被认为是企业有价值的战略资产,是企业提升核心竞争力和维持竞争优势的关键,甚至是竞争对手进入市场的巨大阻碍。

在封闭式创新的整个过程中,企业的成功需要逐步积累,是在内部进行的一个创新良性循环。内部研发的成果被企业严密地保护着,其他企业无法通过这些技术突破或发明来获得任何好处。由于这些创意都局限在企业内部,因此一项新技术若没有被企业采用,就面临着被无限搁置的风险。该模式的直接结果是大企业的中央研究机构垄断了行业的大部分创新活动。

随着环境的快速变化,上述情况在 20 世纪末期逐渐出现了转变。尽管有发展前途的创意在不断涌现,但是行业内部研究的效率较低,行业领先者的创新能力在不断下降。即使全球闻名的行业领导型企业,如 AT&T、西门子等也发现研究与发展投资的回报率越来越低;技术成果转移困难,一些辉煌的研究成果不适合现有业务,大部分技术被搁置起来。以前盛行的使许多企业获得竞争优势的封闭式创新模式已不再适用,开放式创新模式越来越受到关注。

2. 开放式创新模式

开放式创新模式是指企业在技术创新过程中,同时利用内部和外部相互补充的创新资源实现创新,企业内部技术的商业化可以从内部进行,也可以通过外部途径实现,是在创新的各个阶段与合作伙伴多角度地进行动态合作的一类创新模式。

开放式创新模式把外部创意和外部市场化渠道的作用上升到同内部创意和内部市场化渠道同样重要的地位。在开放式创新模式下,企业边界是可渗透的。创新思想主要来源于企业内部的研发部门或其他部门,但也可能来源于企业外部。

企业内部的创新思想可能在研发的任何阶段通过知识流动、人员流动或专利权转让扩散到企业外部。有些不适合企业当前经营业务的研究项目可能会在新的市场显示出巨大的价值,也可能通过外部途径使之商业化。企业不再锁住其知识产权,而是通过许可协议、短期合伙和其他安排,设法让其他企业利用这一技术,而自己从中获利。

开放式创新的好处是可以优势互补,开发出更有竞争力的产品并缩短开发时间,可以降低开发成本,使企业站在更高的水平线上。而存在的问题是交易成本高,核心技术的保密困难。

国际上许多著名企业已经成功地实现开放式创新,取得了持续竞争优势。宝洁公司通过"联发"(联系与开发)这一全新的创新模式,与世界各地的组织合作,从全球搜寻技术创新来源,约有 35% 的创新想法来自与公司外部的连接。从对"非此地发明"(not invent here)的抵制态度,转变成骄傲地"在别处发现"(found there)的充满热情的态度,宝洁成功地推动了创新的持续,让公司保持创新活力。

开放式创新比封闭式创新更强调外部资源的重要性，以及如何有效地利用外部资源实现创新。表 4-1 列出了两者的对比。

表 4-1　封闭式创新模式与开放式创新模式基本原则比较

封闭式创新模式的基本原则	开放式创新模式的基本原则
本行业最聪明的员工为我们工作	并非所有的聪明人都在为我们工作，我们需要和企业内外部的所有聪明人合作
为了从研发中获利，我们必须自己进行发明创造、开发产品并推向市场	外部研发工作可以创造巨大的价值，而要分享其中的一部分，则必须进行内部研发
如果我们自己进行研究，就能最先把产品推向市场	我们不是非要自己进行研究才能从中受益
最先将创新商业化的企业将成为胜利者	建立一个更好的商业模式要比贸然冲向市场好得多
如果我们创造出行业中最多、最好的创意，我们必将胜利	如果我们能充分利用企业内外部的创意，我们必将胜利
我们必须控制知识产权，这样竞争对手就无法从我们的创意中获利	我们应当通过让他人使用我们的知识产权而从中获利，同时应当购买别人的知识产权，只要它能改进我们的商业模式

第二节　创 新 类 型

创新的形式多样，按照不同的标准，创新有不同的类型。

一、按创新内容的不同分类

按照创新内容的不同，可以将创新分为技术创新与非技术创新。技术创新是以创造新技术为目的或以科学技术知识及其创造的资源为基础的创新，主要包括产品创新和工艺创新；非技术创新是指除技术创新以外的其他创新活动，主要包含服务创新和商业模式创新。下面具体说说这四种类型的创新。

1. 产品创新

产品创新是指提供一种能够满足顾客需要或解决顾客问题的新产品，通过增加产品的差异化程度提高产品的价格，进而提高企业的盈利水平。新产品可以是新开发出来的，也可以是各种已有产品的组合，例如，Google 无人机是摄像机、发动机和各类机械设备等的新组合。

产品创新的直接表现有两种形式：一种是已有的产品不断推陈出新、不断改进，能更好地满足人们的需求；另一种是全新的产品，能满足人们未曾满足的需求，甚至因为提供全新的产品而引发全新的需求。例如数字电视相对于模拟电视来说是产品创新；MP3 相对于随身听来说是产品创新；电子书相对于纸书来说是产品创新。以上产品的更新换代都是在电子技术、数字压缩技术、无线通信技术获得突破性发展的基础上实现的。

2. 工艺创新

工艺创新也称流程创新,是指产品生产技术的变革,常用于制造业企业,属于生产和传输某种新产品或服务的新方式,如对产品的加工过程、工艺路线及设备所进行的创新,通常通过降低生产成本以提升企业的盈利水平。这种创新最突出的特点是发生在企业的产品或服务产生前,仅仅是改变了生产或提供产品或服务的过程,生产或提供的还是原来的产品或服务;交易的方式、盈利的方式及整个商业模式没有发生任何变化。

对制造型企业来说,工艺创新包括采用新工艺、新方式,整合新的制造方法和技术以获得成本、质量、周期、开发时间、配送速度等方面的优势,或者提高大规模定制产品和服务的能力。例如,在生产洗衣机时采用了新钢板材料,或者把生产洗衣机的生产线设备从传统机床更换为数控机床,从而使成本降低50%,或者把生产效率提高3倍以上。

产品创新的目的是提高产品设计与性能的独特性,而工艺创新的目的是提高产品质量、降低生产成本、提高生产效率、降低消耗与改善工作环境等。工艺创新能够增加企业利润、降低成本、提高生产力,并提高员工的工作满意度。

此外,一个企业的产品创新,对于另一个企业来说可能是一种工艺(流程)创新。例如,某机床厂开发出的新款数字机床产品对于使用该产品来加工其他产品的企业来说,能够提高生产速度、质量和效率,是一种工艺创新。

3. 服务创新

现代经济发展的一个显著特征是服务业迅猛发展,在欧美发达国家,服务业的产值占GDP比重已经达到了60%~80%,服务业在经济发展中处于主导地位,服务业的创新跟制造业的技术创新一样重要。

服务创新是指一切与服务相关或针对服务本身的创新行为和活动,也包含了制造业中与产品相关的配套服务的创新。

服务创新与产品创新不同,服务创新一般具有以下特点。

(1)无形性:产品是有形的,而大多数的服务是无形的。例如我们在天猫超市购买的商品是有形的,可整个购买过程却是靠体验来感知的。

(2)生产和消费过程的不可分离性:服务的生产过程和消费过程不可分离,是同时进行的。例如接受医生的医疗服务,接受教育服务等。

(3)不可存储性:服务通常不能被储存。

(4)差异性:服务的构成成分及其质量水平经常变化,很难统一界定。服务行业是以"人"为中心的产业,由于人类个性的存在,服务的质量检验很难采用统一的标准。一方面,由于服务人员自身因素(如心理状态)的影响,即使服务由同一服务人员提供,也可能会有不同的水准;另一方面,由于顾客直接参与服务的生产和消费过程,于是顾客本身的因素(如知识水平、兴趣和爱好等)也直接影响服务的质量和效果。差异性会使顾客对企业及其提供的服务产生"形象混淆"。

(5)缺乏所有权:在服务的生产和消费过程中不涉及所有权转移。既然服务是无形的又不可存储,服务在交易完成后便消失了,消费者并没有"实质性"地拥有服务,服务的所有权并未转移。

服务创新可能是技术的创新,但更多的是非技术或者社会性的创新。所以,服务创新不能狭隘地用技术决定创新的观点来理解。

服务创新也不仅仅是服务业的专利。20世纪80年代以来,服务化已经成为世界制造业发展的主要趋势。在工业产品附加值构成中,制造环节产生的价值占比越来越低,研发、工业设计、物流、营销、品牌管理、知识产权管理、产品维护等服务产生的价值占比越来越高。

以汽车产业为例,当汽车产业进入发展时期,单纯的汽车制造投资回报率为3%~5%,而围绕汽车的服务投资回报率高达7%~15%。

优秀的制造业企业由"以生产为中心"向"以服务为中心"转型,这个过程被称为制造业服务化,它是指制造业企业为获取竞争优势,将价值链由以制造为中心向以服务为中心转变。发达国家服务业生产总值占GDP的比重在70%左右,服务业中生产性服务业占了近六成。我国目前生产性服务业发展滞后、比例偏低,大力发展生产性服务业已成为全社会的共识。

生产性服务业主要包括研发设计、第三方物流、融资租赁、信息技术服务、节能环保服务、检验检测认证、电子商务、商务咨询、服务外包、售后服务、人力资源服务等。

服务创新可以分为五种类型:

(1)服务产品创新。

服务产品创新是指服务内容或者服务产品方面的创造性改变。例如,腾讯推出"微信"等服务产品、中国移动公司推出"5G"新套餐等。

(2)服务流程创新。

服务流程创新是指服务产品生产和交付流程的创造性优化、改变。例如,浙江省率先推出的"最多跑一次"服务,大大提升了政府部门服务效能,大幅缩短了群众办事的等待时间。服务流程创新和服务产品创新的区分有时是困难的。

(3)服务管理创新。

服务管理创新是指服务组织形式或服务管理模式的创新,如服务企业引入全面质量管理,又比如海底捞火锅对员工独特的管理创新等。

(4)服务技术创新。

服务技术创新是指支撑所提供服务的技术手段方面的创新,如支付宝推的"刷脸支付"、华为智能手机的指纹识别服务、电影院推出的网上自助订票选座服务等。

(5)服务模式创新。

服务模式创新是指服务企业提供服务的商业模式方面的创新。例如,针对传统的洗车店洗车推出O2O上门洗车服务等。

4. 商业模式创新

企业界通常把商业模式定义为"企业是如何赚钱的",这一简单的定义很容易理解,但较为笼统,而学术界对于商业模式的定义则较为复杂,但也更加精确,一般可以把商业模式的定义归纳为三个层面:经济(盈利)层面、运营层面、战略层面。在经济(盈利)层面,商业模式被描述为企业的经济模式或盈利模式,其本质为企业获取利润的逻辑;在运营层面,商业模式被描述为企业的运营结构,重点说明企业通过何种内部流程和基本构造设计来创造价值;在战略层面,商业模式被描述为对不同企业战略方向的总体考察,涉及价值主张(什么对企业是有意义的)、组织行为、增长机会、竞争优势和可持续性等。

针对商业模式的创新主要是指创造出新的、优于现有的方法和能够为客户解决问题的方案,包括对价值的认识、对参与者及其角色的识别以及对市场运作和市场关系的把握。从经营本质上来看,商业模式的基本构成要素包括企业所提供的产品或服务、何时提供、在哪里提供、选择何种交易方式、价格如何、商业模式的利益相关者以及企业存在的原因这七个要素。因此,任何商业模式创新都是对现有业务价值链的改变。现有的面向商业模式的创新可分为四种类型:一是挖掘型,即在不改变商业模式本质的前提下挖掘企业现有商业模式的潜力;二是调整型,即通过改变产品、服务平台、品牌、成本结构和技术基础来调整企业的新技能,提升企业的价值;三是扩展型,即把企业的现有商业逻辑(商业思维方式)扩展到新的领域;四是全新型,即为企业引入全新的商业逻辑。

【延伸阅读】

拼多多:一匹社交电商"黑马"

拼多多是近年来电商行业的一匹"黑马",主要以"拼着买更便宜"的策略吸引用户,联合社交与电商的流量,创新性地推出沟通分享再购物的社交电商新模式。拼多多于2015年上线,不到5年时间积累了5亿多用户。2018年7月,拼多多在美国纳斯达克上市。截至2020年4月8日,拼多多市值472亿美金,已经成为仅次于阿里(天猫、淘宝)和京东的中国第三大电商,也是过去十年中成长最快的电商公司。

社交电商指的是依托于社交平台的电商,特点是通过社交关系实现商品和信息的流动。淘宝和京东购物的核心关键词是"搜"——人找货,而拼多多购物的核心关键词是"拼"——货找人。淘宝的电商模式是典型的"人找货",即打开App,输入要搜索的物品,然后挑选和购物。在拼多多App上,可以看到平台上的单独购买价格和发起拼单价格。若选择拼团,可以通过在App上直接选择也在拼团的拼友,或者自行开团。开团之后,购物者需要将拼团链接发送到社交平台,并在规定拼团时间内,自行找到足够数量的其他购买者,才能继续购买流程。如果在开团时间内,没有达到指定的参团人数,购买就会失效,并且系统会自动将押金退至原支付账户。这就成功达成了商品找用户的目的。拼多多将社交属性融入购买行为的规则设置,加上低廉的价格和爆款产品,引爆了微信朋友圈和微信群。

创始人黄峥对社交电商有独特的思考,他认为,拼多多顺应了消费品分众化的趋势,消费者被分成了越来越零散化的小组,每一组消费者对应不同类型的产品。他认为消费者会因为平台有针对性而被吸引,从而留下,平台因此获得稳定的流量,这种供应链的改造真正为消费者创造了价值。

黄峥介绍道,拼多多的创始团队,既有电商的强运营思维,又有游戏的社交基因。他们深知以淘宝的模式再造一个淘宝,对用户来说是没有价值的。而实现社交和电商的融合,创造一种新的电商模式,让消费者体验另一种购物方式,才是拼多多团队奋斗的动力源泉。关于平台盈利模式,拼多多现在并没有像其他电商平台一样从广告中抽成,目前只代微信收取0.6%的交易手续费,未来拼多多可以依托流量多角度变现。

以拼多多为代表的裂变式的社交拼团模式,是移动电商和社交媒体相结合的商业模式创新,具有增长性强、获客成本低等优势,成为零售电商行业与平台电商、自营电商并驾齐驱的"第三极"。

——资料来源:郑刚,林文丰.拼多多:在电商红海中快速逆袭[J].清华管理评论,2018,64(9):105-112.(有改动)

二、按创新程度的不同分类

按照创新程度的不同,可以把创新分为渐进性创新、突破性创新和颠覆性创新。

1. 渐进性创新

渐进性创新是指在原有的技术轨迹下,对产品或工艺流程等进行的程度较小的改进和提升。一般认为,渐进性创新对现有产品的改变相对较小,能充分发挥已有技术的潜能,并强化现有的成熟型公司的优势,特别是强化已有企业的组织能力,对公司的技术能力、规模等要求较低。

大量经验研究证明,渐进性创新对于提高企业的生产效率非常重要。渐进性创新通常伴随着工厂和设备规模的扩大,伴随着产品和服务质量的提升。渐进性创新的累积性和综合性效果对于生产效率的提高极其重要,但是单一的渐进性创新几乎不会产生显著的效益,而且往往被人们视而不见。随着渐进性创新的日积月累,它们对企业效益的提升就会显现出来。例如电脑操作系统的更新换代,智能手机的不断升级,家电产品的不断改进,智能手机应用的不断升级换代。

我们现在经常使用的手机微信,其渐进性创新的特点非常明显,且其创新的周期越来越短。第一代微信产品主要提供快速收发消息和拍照分享服务,以后的版本逐渐增加了语音和视频聊天、发送短视频服务等。随着产品的不断更新,越来越多的功能出现了。利用微信我们可以构建自己的朋友圈,朋友之间可以传递图片、短视频等,后来微信加入了支付功能,图文笔记除了文字还可以插入图片、地点信息、录音等,还提供了一系列社会服务方面的功能。微信的功能在不断增多,但是它基于的平台和基本技术没有发生根本性的变化。

2 突破性创新

突破性创新又称根本性创新,其成果企业首次向市场引入的、能对经济产生重大影响的创新产品或技术。突破性创新产品包括全新的产品或采用与原产品根本不同技术的产品。例如电脑操作系统由 DOS 转变到 Windows;无线通信工具由模拟手机到数字手机,再到智能手机;家电产品由冰箱、洗衣机、微波炉提升到家庭服务智能机器人。

这类创新蕴含全新的概念与重大的技术突破,往往需要优秀的科学家或工程师花费大量的资金,历时 8~10 年或更长的时间来实现。这些创新常伴有一系列的产品创新与工艺(流程)创新,以及企业组织创新,甚至导致产业结构的变革。

一个有潜力的突破性创新项目至少会达成下列目标中的一个:

(1)具有全新的性能特征;

(2)对已知性能指标做出至少 5 倍及以上的改进;

(3)成本大幅度下降($>30\%$)。

例如,与传统的马力或者水力相比,瓦特发明的蒸汽机为人类带来了一种更有效更强大的动力。历史学家认为瓦特发明的蒸汽机推动了整个工业革命的发展,带动了冶金、煤矿和纺织等行业的发展,使世界工业进入蒸汽时代。电视机的出现引发、创造了人类新的需求。当电视刚被发明出来的时候,人类并不清楚这个盒子能给人类带来什么,可是它逐渐改变了人类的生活和工作方式,影响着人们的思想观念和行为举止。电视的出现首先引发、创造了人类娱乐的新需求——从电视上观看各类节目和得到资讯,而且形成了给电视提供内容的庞大产业群,从电视剧的制作到大型实况转播,从动画片制作到真人秀表演等;其次,创造了信息传递和企业经营的新模式,人们购物受到电视的影响,各行各业可以在电视上投放大量的广告吸引用户的关注。

然而,即使在美国、日本和欧洲等发达国家和地区,突破性创新也极具挑战性和难度。突破性创新的结果,失败往往多过成功。研究表明,在美国风险资本支持的新企业所进行的创新中,只有小部分属于真正的突破性发现和基础技术的改进创新。由于风险基金的生命周期有限(通常是8年),因此一些发达国家并不鼓励投资长期的、高风险项目,尽管这些项目的获利潜力很大。

无论是渐进性创新还是突破性创新,都是不容忽视的,两者有各自的重要性。渐进性创新的形式没有突破性创新那样激动人心,但突破性创新最初推出时很少能够实现它们的潜能,它们往往难以使用,价格昂贵,性能有限,需要通过渐进性创新将其转化为消费者可以接受的形式。两种形式的创新相互推进。突破性创新带来了新的领域和新的范式,为重大变革创造了潜能。渐进性创新就是为了抓住这种潜能的价值。没有突破性创新,渐进性创新难以突破。没有渐进性创新,就无法抓住突破性创新所带来的潜能。

【延伸阅读】

振华港机的突破性创新

20世纪90年代初,大型港口集装箱装卸机械的生产被国际制造业巨头把持,中国港口集装箱装卸用的全是"洋设备",关键的核心技术受制于人。

面对世界港机高手如林的激烈竞争,振华港机一靠科学技术、二靠自主创新、三靠新产品的核心竞争力,跨越了国际同行三四十年的发展进程,先后攻克了二十多项世界领先的新一代集装箱起重机关键技术,在可吊双40英尺集装箱起重机、双小车集装箱起重机、自动化码头装卸系统等产品方面占据了世界领先地位,颠覆了全球港口机械产业格局。振华港机现已成为具有全球影响力的集装箱起重机制造商,连续多年居全球市场占有率第一位。

双40英尺箱岸边集装箱起重机(简称岸桥)由振华港机自主开发,属于世界首创。它可一次性吊两只40英尺或四只20英尺的集装箱,创造了每小时起吊104标箱的世界纪录,令业界震惊。而目前普通集装箱起重机一般每小时起吊50标箱上下,双40英尺箱岸桥将装卸效率提高60%以上,被业内专家一致评价为21世纪岸桥的更新换代产品,受到国内外港口青睐。三只40英尺箱岸桥是振华港机在双40英尺箱岸桥的基础上开发的又一集装箱起重机高效产品,可以进行单箱、双箱和三箱作业。与双40英尺箱岸桥相比,其装卸效率至少可提高15%—20%。

振华港机取得突破性创新的途径主要是"引进—快速消化吸收—开放式全面创新"。振华港机不断吸收当代最高水平的电气驱动和电气控制技术,通过与德国西门子、瑞典ABB、美国通用电气等世界一流的强手进行技术合作,短短几年内就实现了从全盘引进到消化吸收,再到二次创新,进而通过技术创新拥有自主知识产权的飞跃。

——资料来源:王君.从"紧跟"到"领跑"——振华港机是如何打造成中国装备制造业的"航空母舰"的[J].上海企业,2008,(09):24-29.

3. 颠覆性创新

颠覆性创新,又称为破坏性创新。1997年,哈佛商学院克莱顿·克里斯坦森教授提出了颠覆性创新的概念，认为颠覆性创新重在为低端用户提供"足够好"的产品，并用磁盘驱动器进化的过程详细分析了颠覆性创新发生的过程。

在大型计算机是主流产品的时代，为其提供存储的是14英寸磁盘驱动器，生产14英寸磁盘驱动器的企业是数据控制公司。随着技术的发展，数据控制公司又开发出了8英寸磁盘驱动器，体积减小，但是存储容量也小。为了调研这种新型产品是否值得继续开发，数据控制公司咨询其主要服务的客户——大型计算机生产厂商，大型计算机生产厂商关注的磁盘性能主要还是容量，而不是体积，因此没有对新产品表示青睐，于是数据控制公司把研发的注意力重新集中到14英寸磁盘驱动器的改进上。而这时一些刚刚发展起来的企业将8英寸磁盘驱动器作为自己的产品，并在刚刚发展起来的中型计算机生产厂商那里找到了市场机会。相对于大型计算机，中型计算机当时并不算主流产品，利润率也相对较低。但是随着技术的发展，市场对中型计算机的需求迅速扩大，8英寸磁盘驱动器的生产技术也飞速发展，由于其在技术上固有的优势和潜在的更大的市场空间，8英寸磁盘驱动器在整体性能上远远超出了14英寸磁盘驱动器，而中型计算机也成为市场主流产品。这时生产14英寸磁盘驱动器的公司想要进入8英寸磁盘驱动器的市场为时已晚，因此出现了大范围的倒闭、破产。随后，类似的情况发生了，5.25英寸磁盘驱动器代替了8英寸磁盘驱动器，3.5英寸磁盘驱动器代替了5.25英寸磁盘驱动器；小型计算机代替了中型计算机，个人计算机代替了小型计算机。在技术更替中没有实现迅速转型的8英寸、5.25英寸磁盘驱动器生产企业也相继出现了大规模的破产。这个过程，被克里斯坦森称为颠覆性创新过程。

颠覆性创新是指新的技术或新的运营模式的出现，对市场上企业的布局产生显著的影响，导致采用原有技术或商业模式的企业大量破产，同时又有一批新的企业出现。突破性创新的主要特点在于技术上出现了根本性的改进，并不引起企业的大量更替。如果突破性创新的出现引起了大范围的企业更替，则转化为颠覆性创新。颠覆性创新与突破性创新的本质区别在于是否引起了大量企业的灭亡或新生，并导致市场竞争格局的变动。

根据导致破坏的方式的难易程度，颠覆性创新可分为以下几种类型。

(1)颠覆性技术创新。比如华为，早期是避开大城市，主攻县级市场，凭借比当时跨国巨头性价比高的颠覆性技术先占领低端边缘市场，然后不断改进产品，进而崛起。另外，高通、大疆、海康威视等也都凭借不同于当时主流技术、主流市场的颠覆性技术创新异军突起。

(2)颠覆性商业模式创新。创新逆袭并不一定非要掌握核心技术，尤其是在起步阶段。例如小米公司，在刚开始的几年主要是靠开辟互联网手机的商业模式创新而异军突起；再如拼多多，同样是网上购物，在淘宝、京东已经占领大多数一二三线城市市场、服务足够好的情况下另辟蹊径，采取"农村包围城市"的战略，先聚焦淘宝、京东服务不够完善的广大四五六线城市和乡镇，打着"拼着买更省钱"的口号，凭借社交电商这种新商业模式，短短几年时间积累数亿用户。

(3)颠覆性用户体验创新。在刚起步阶段，很多企业可能暂时还没有独特的技术优势，也没有差异化的商业模式，能不能创新逆袭？答案是肯定的。即使与同行采用同样的技术和商业模式，如果可以把用户体验做得明显比别人好，仍然有机会逆袭。例如，同样是主营数码产品和家电，京东相比于苏宁(易购)为什么能后来者居上？除了一个线下、一个线上的商业模式差别，还有一个重要因素是用户体验。例如，自营物流是京东的核心竞争力之一，可以做到当天晚上下单、第二天早上产品就能送到消费者家中。

【延伸阅读】

2019年5月17日,一封来自华为海思总裁的信件激起了千层浪。"多年前,还是云淡风轻的季节,公司做出了极限生存的假设,预计有一天,所有美国的先进芯片和技术将不可获得,华为仍将持续为客户服务。为了这个以为永远不会发生的假设,数千海思儿女,走上了科技史上最为悲壮的长征,为公司的生存打造'备胎'。"

这些"备胎",就是华为创始人任正非为应对挑战早早定下的策略。华为海思总裁何庭波在信中表示:"今天,是历史的选择,所有我们曾经打造的备胎,一夜之间全部转'正'。"

提起海思,或许不少人感到陌生,它是隐藏在华为背后的半导体子公司,承载着华为芯片的研发和销售任务。海思于2004年正式成立,主攻消费电子芯片,从半导体产业的类型来看,海思属于Fabless中的芯片设计公司,目前也是国内该领域的领导者。

根据公开信息,华为研发的主要载体为华为2012实验室,下设中央研究院、中央软件院、中央硬件院、海思半导体等二级部门。

海思虽然在名义上是二级部门,但是地位很高。当年一同奋起研发芯片的同伴,如今只有华为坚持下来并做大规模,海思和5G一样,已经成为华为核心竞争力的保障。

《华为手机往事:一个硬核直男的崛起故事》曾提到,在任正非心中,海思芯片的地位要比手机公司更高,他对海思女掌门何庭波说:"我给你每年4亿美元的研发费用,给你2万人,一定要站起来,适当减少对美国的依赖。芯片暂时没有用,也还是要继续做下去,这是公司的战略旗帜,不能动掉的。"

大家熟知的华为手机芯片麒麟系列就是出自海思,除了手机芯片,海思的产品还有服务器芯片(鲲鹏系列)、基站芯片、基带芯片、AI芯片等。海思总部位于深圳,在北京、上海、美国硅谷和瑞典设有设计分部。

从产品来看,海思共有六大类芯片组解决方案,其中最广为人知的产品应该是手机处理器麒麟芯片,制程已经达到7纳米。如今华为一年过亿台的手机销量,也让手机芯片成为海思销量最大的品类。

在无线通信方面,5G基带芯片巴龙5000也已经推出,这也是华为可以和高通一较高下的技术领域。

在数据中心领域有ARM架构的服务器芯片鲲鹏系列,2019年已经推出7纳米的产品。

在AI方面,2018年华为就发布了昇腾310和910,2019年有更多搭载它们的设备落地。

在视频应用方面,海思有机顶盒芯片和电视芯片、安防芯片等。

在物联网方面,海思推出了PLC/G.hn/Connectivity/NB-IoT产品。

据DIGITIMES Research发布的2018年全球前十大无晶圆厂IC设计公司排名,海思以75亿美元的营收排名全球第五。

实际上备胎计划此前就被华为提到过。在2018年华为财报沟通会上,华为轮值董事长郭平在谈及美国政府对华为施压的问题时说道:"ICT行业是一个全球合作的产业,你中有我,我中有你。但开车的时候我都会有个备胎,如果爆胎了,可以再换一个。"

不仅是芯片,连属于软件的操作系统,华为也有备胎。2019年3月,华为消费BG负责人余承东对外透露华为已经开发了自有操作系统,并且能够覆盖智能手机和个人电脑。

余承东当时透露,华为确实已经准备了一套自研的操作系统,但这套系统是Plan B,是为了预防未来华为不能使用 Android 或 Windows 而做的。当然,华为还是更愿意与谷歌和微软的生态系统合作。

——资料来源:中国经济网,一夜转正的华为海思:原来你是这样的"备胎",https://baijiahao.baidu.com/s?id=16338537826860157268wf-spider&for= pc.(有改动)

思考:1.华为为什么要在 10 多年前就制订备胎计划?

2.如何进一步提升企业的自主创新能力?

【实践训练】

1.选择两家比较知名的企业,比较分析其创新模式。

2.选择一家你熟悉的成长性企业,为其提出颠覆性创新的方案。

【本章小结】

本章介绍了创新模式和创新类型的主要内容。创新模式可以推动企业持续发展,增强竞争力,并在市场中保持领先地位。按照创新主体间的关系不同,创新模式可以分为自主创新模式、模仿创新模式和合作创新模式三种;按照创新的开放程度不同,可把创新模式分为封闭式创新模式和开放式创新模式两种。

创新类型多样,按照创新内容的不同,创新可以分为技术创新与非技术创新,技术创新主要包括产品创新和工艺创新;非技术创新是指除技术创新以外的其他创新活动,主要包含服务创新和商业模式创新。按照创新程度的不同,可以把创新分为渐进性创新、突破性创新和颠覆性创新。

【思考题】

1.自主创新的内涵是什么?包含哪几个层面?

2.从创新的内容角度论述创新的分类,以及各种创新类别的特点。

【参考文献】

[1] 张振刚,李云健,周海涛.企业创新管理:理论与实操[M].北京:机械工业出版社,2022.

[2] 郎宏文,郝婷,高晶.创业与创新管理[M].北京:中国铁道出版社,2019.

[3] 曹裕,陈劲.创新思维与创新管理[M].北京:清华大学出版社,2017.

[4] 陈劲,郑刚.创新管理(精要版)[M].北京:北京大学出版社,2021.

[5] 马琳.创新创业[M].武汉:武汉理工大学出版社,2018.

[6] 任锦鸾,黄锐,刘丽华.创新管理与设计[M].北京:中国广播影视出版社,2018.

情景剧:为爱而创,构建你的商业模式

第五章　创业机会的识别与开发

【名人名言】

"站在风口上,猪都会飞。"风口是什么？就是机会。创业者创业的前提是看到创业机会,成功创业需要把握机会。

——雷军

【学习目标】

1. 明晰创业机会的内涵、特征。
2. 掌握创业机会识别与判断的基本方法。
3. 了解发现创业机会与创造机会的过程与影响因素。
4. 了解创业机会评价的目的与方法。
5. 熟悉提升创业机会识别能力的途径。

【开篇案例】

水石科技

彭浩,中国地质大学(武汉)2013级水利工程专业博士生(图5-1)。彭浩团队在全国"创青春"创业竞赛中收获了一金一银两项大奖,彭浩本人入选由团中央、全国青联指导、中国青年科技工作者协会和中国青年报社评选的"最美青年科技工作者",成为当时中科网专家库

图 5-1　彭浩在实验室工作

最年轻的专家。他依托专业,将课堂所学、实验所得落地落实,创建武汉中地水石环保科技有限公司(简称水石科技)。公司是集功能性滤芯技术研发、设计、生产和销售于一体的国家高新科技企业,致力于解决人类的健康饮水需求,通过对天然矿物材料进行改性加工,开发出基于地质矿物材料的功能性滤芯产品。2016年,公司与海尔集团达成从资本到技术、产品的全面战略合作。2018年,公司营收达到802万元。《人民日报》《中国青年报》《中国国土资源报》《中国教育报》《中国科技人才》等多家媒体报道了彭浩的创业事迹。

——资料来源:人民网,第十届中国大学生年度人物候选人彭浩事迹,http://stu.people.com.cn/n/2015/0330/c392389-26772778.html。(有改动)

任何创业机会都不会凭空而来,没有创业者的经验积累、灵感迸发与准确判断,创业机会只能是镜花水月。享有"创业教育之父"称号的杰弗里·蒂蒙斯(Jeffry Timmons)教授指出,创业机会是通过把资源创造性地结合起来,迎合市场需求(或兴趣、愿望)并传递价值的可能性。成功识别创业机会,对创业机会进行科学、理性、系统的评价,是创业活动成功的起点和基础。创业机会在哪里?怎么识别和判断?创业者对这些问题的认识与思考极为重要。

第一节 创业机会的内涵、分类与来源

创业是对创业机会进行识别、评估、开发和利用的过程。创业机会推动了创业活动的展开,是创业实践的重心。

一、创业机会的内涵

熊彼特在1934年这样定义创业机会:"通过把资源创造性地结合起来去满足市场需求,进而创造价值的一种可能性。"Shane和Vankataraman将创业机会视作创业者对各种要素的集成方式及其可能性,认为创业机会是预期能够产生价值的清晰的"目的-手段"组合。

与创业机会紧密关联的另一个概念是商业机会。所谓商业机会,就是可以实现某种商业盈利目的的突破口、切入点、环境、条件及时间窗口等,其本质是尚未满足的市场需求。创业机会是一种特殊的商业机会。用一个简单的函数公式可以表达创业机会与商业机会的密切关系:

$$创业机会 = f(商业机会, 创业者能力)$$

也就是说,创业机会是商业机会和创业者能力的函数,存在商业机会不足以保证创业机会同样存在,除非还具备相匹配的创业者能力。有许多商业机会的利用是有条件的,要求具有一定规模的资金、人才、技术等基础要素,不适合初创者进行创业,因此,这种商业机会也就不能成为创业机会。有很多看似前景很好的商业机会,不是创业者的"创业机会",恰恰相反,有可能是陷阱。

二、创业机会的分类

依据不同的标准,创业机会可以有不同的分类。最常见的是依据"目的-手段"关系对创业机会进行分类。

目的,就是计划服务的市场或可能满足的需求,表现为最终的产品或服务;手段,就是服务市场或满足需求的方式,表现为提供最终产品或服务的价值创造活动流程与体系。

1. 依据"目的-手段"关系明确程度划分

依据"目的-手段"关系明确程度划分,可以将创业机会划分为识别型、发现型、创造型三类,如表 5-1 所示。

表 5-1 依据"目的-手段"关系明确程度的创业机会分类

"目的-手段"关系	目的明确	目的不明确
手段明确	识别型创业机会	发现型创业机会
手段不明确	发现型创业机会	创造型创业机会

(1)识别型创业机会。

市场中的"目的-手段"关系十分明确,创业者可以通过这种关系来辨识机会。比如当供求之间出现矛盾冲突时,市场不能有效满足人们的需求,新的机会就出现了。常见的识别型创业机会大多属于这一类。

一个典型的例子就是现代快节奏的生活影响了年轻人的婚恋,这是"目的-手段"都比较明确的情况。婚恋网站利用中国的庞大人口和伴侣难寻的契机,结合科学心理分析,将生活背景、兴趣爱好、性格气质、学历知识水平、世界观价值观接近甚至相同的人搭配在一起,提高配对成功率。

(2)发现型创业机会。

"目的-手段"中任何一方的状况未知,等待创业者去发掘机会。比如阿里巴巴将网络技术和商业买卖融合到一起(手段明确),创造了网购消费方式(目的不明确),改变了我们的消费观念和消费方式。

(3)创造型创业机会。

在"目的-手段"都不明确的情况下,创业者想要建立连接关系的难度非常高。比如苹果、微软公司通过技术的创新为人们带来方便,创造了短时间内很多公司难以企及的核心竞争力。

作为创业研究与实践领域的核心概念,创业机会一直是广泛讨论的焦点。有些学者认为创业机会是独立于创业者而存在于外部环境中的一种客观现象;还有一些学者认为创业机会是创业者的主观感知,是创业者通过行动、再行动的不断探索,向市场提供全新的产品、服务或创造市场。由此,表 5-1 的三种创业机会被重新归类,区分为两大类型,即发现型创业机会和创造型创业机会,后者也被称为建构型创业机会。随着研究的深入,越来越多的观点认为,创业机会既可以被发现,也可以被创造,而且二者并不完全对立,发现机会与创造机会共同存在于创业实践中,并且可以相互转化。

2. 依据"目的-手段"关系中的目的性质划分

依据"目的-手段"关系中的目的性质划分，可以将创业机会划分为问题型、趋势型和组合型三类。

(1)问题型创业机会。

现实中存在许多未被解决的问题，由此带来的创业机会即问题型创业机会。问题型创业机会在日常生活中大量存在，比如，售后服务流程不完备、产品质量和性能不稳定、细分市场需求未完全满足等。在这些问题的解决过程中，存在各种各样的创业机会，等待创业警觉度高的创业者去发现与利用。

(2)趋势型创业机会。

人们在变化中看到未来的发展方向，预测到将来的潜力和机会。这种机会一般出现在经济变革、政治变革、人口变化、社会制度变革、文化习俗变革等多种情境中。比如当前，信息技术、新能源技术的飞速发展等正在给人类的生产生活带来全面且巨大的变化，能够及早发现并把握其中的变化趋势，就有可能成为未来的先行者和领导者。

(3)组合型创业机会。

将现有的两项以上的技术、产品、服务等因素组合起来，实现新的用途和价值而获得的创业机会即组合型创业机会。重新组合已经存在的多种因素，往往能够形成与过去功能大不相同或者效果倍增的功能。比如当今在很多领域被提倡的"跨界"，其实质就是设法开发或利用组合型创业机会。

3. 依据"目的-手段"关系中的手段方式划分

依据"目的-手段"关系中的手段方式划分，创业机会可以划分为复制型、改进型、突破型三种类型。三者分别是指创业机会所运用的手段是对现有手段的模仿性创新、渐进性创新和突破性创新。

(1)复制型创业机会。

模仿他人、他地的成功模式，运用复制手段满足当地的需求。

(2)改进型创业机会。

运用有限的"改进"手段，对业已存在的产品或服务稍做变化，满足顾客的需求。现实生活中的"山寨"版创业活动，大多来自改进型创业机会。

(3)突破型创业机会。

运用"创造性破坏"手段，改变现有的产品或服务，满足新的需求，比如基于互联网的新零售给传统的大规模零售行业带来的变化。"创造性破坏"能够抓住重大变革带来的机会，创造出新的经营模式，给行业带来颠覆式的发展机遇。

【延伸阅读】

创业机会的发现与建构：互联网企业内部创业

基于创业组织边界的差异性，公司创业分为内部创业和外部创业两种形式。内部创业是指在已有组织环境下的创新，在考虑组织资源约束条件下以实现产品开发、组织结构变化、新事物创建等活动，亦有学者将内部创业的概念界定为企业创业、企业风险投资或裂变创业等。

内部创业是互联网企业整合既有优势资源,增强灵活性,在激烈的市场竞争中获得并保持竞争优势的最为重要的成长方式。与传统产业不同,互联网生态瞬息万变,互联网创业类似一波波的科技大潮,新的创业机会不断产生。纵观中国互联网的成长史,既有腾讯控股有限公司(下文简称"腾讯")以微信对 Kik 的模仿跟进,亦有阿里巴巴集团(下文简称"阿里")以钉钉对微信的绝地反击,二者都是内部创业的绝佳范例。

1. 微信

2010 年 10 月,Kik Messenger 的发布引起互联网行业的广泛关注,张小龙团队敏锐地捕捉到这一机会,立项类 Kik 产品开发,用了不到 70 天的时间,完成了第一代产品开发。2010 年底,张小龙给马化腾发了一封邮件:"每个时代都存在划时代的产品,顺应移动上网的趋势,腾讯也应该推出自己的产品。"这封邮件启动了腾讯集团内的微信项目,"微信1.0"版本于 2011 年 1 月 21 日推出。

张小龙事后回忆说:"突然搭错了一根神经,写了这个邮件,就开始了。"而这根神经,并非偶然搭错。张小龙早期的工作经历、在腾讯从程序员到产品经理再到管理者的角色转换,与邮箱用户不断互动的工作体验,使他对互联网产品和用户形成了独到的见解。这些行业经验使张小龙对互联网市场环境、产品以及用户的思考和理解更具有前瞻性,因而能"搭错神经",敏锐地发现类 Kik 产品。而让微信脱颖于类 Kik 产品的,则是张小龙本身所具备的产品理念和产品使命感。

微信高度重视用户体验,并通过"1110 军令"进行用户体验管理,即每个产品经理必须阅读 1000 条用户反馈、阅读 100 个产品博客、做 10 个用户调查,微信团队的所有业务都以用户体验为依归,站在用户的角度思考问题,了解用户的使用习惯。服务主导逻辑强调企业与消费者的价值共创,消费者在产品开发、营销传播和运作改进等过程中产生重要影响。在张小龙看来,微信的起步与发展始终遵循用户体验、价值共创理念。

企业经历了创业初期阶段以后,处于市场引领地位时,创业机会取决于创业者的开放性与创造力想象。"朋友圈"功能的推出使微信由一款通信工具向社交平台转型,自此微信发生战略性转折,逐渐占据 IM 市场的领先地位,从"连接人与人"发展为如今的"连接人与服务",用一种开放式的创新理念重构一个"生态圈",打造用户想要的生活方式。

微信的内部创业路径被定义为复制型内部创业,这种创业路径的机会识别经历了微创新式复制向创新式生态圈的演化。在创业前期阶段,内部企业家的行业经验、创业警觉和产品使命对创业机会的识别与把握起到较为关键的作用;进入创业转折期后,内部企业家的开放和创新性思维格局则对创业机会的拓展起主导作用。

2. 钉钉

并非所有的创业机会都是客观存在的,某些创业机会的出现依赖于创业者创造性想象的能力和他们的实践能力。创业者迫于竞争压力,在对未知市场的观察、质疑和尝试过程中,利用与共创企业之间的二元关系拓展新的市场机会。

2014 年初微信的用户数量突破 3 亿,阿里的"来往"受到巨大压力,为了寻找突破口,陈航希望能够避开微信的直面竞争,在 IM 社交市场做一个区别于微信朋友圈的工作圈。项目启动一个月之后仍然没有任何进展,项目组不知道具体要做什么,连雏形都没有。在市场调研过程中,钉钉团队锁定了康帕斯公司作为第一家共创企业,在与老板史楠沟通中逐渐清晰了企业社交的痛点需求,明晰了钉钉的雏形。钉钉最初的创新功能,如"电话会议""已读未读""DING 一下"都是基于这一家企业的需求。钉钉另一个共创企业是复星集团,复星集团为钉钉提供了大集团的痛点。钉钉在与企业进行共创的过程中,深度挖掘企业人性化需求,并将其转化为产品功能。因此,与共创企业进行头脑风暴,挖掘痛点,提供解决方案,让钉钉在未知市场实现了创业机会的拓展。

钉钉的创始人陈航此前在阿里易淘事业部负责搜索业务,后在"来往"事业部工作半年多时间,一直致力于做出一款可以挑战微信的产品,但未能成功。创业失败能够促使创业者进行失败学习,对创业过程中所犯的错误进行反思,从而获得更深层次的见解,有助于创业者创造新的创业机会。陈航坦言"没有来往就没有钉钉",陈航在"来往"的失败经历迫使他"寻找一条和微信不一样的路"。对于创业者来说,产品使命是其进行创业活动中最重要和最为核心的角色,它直接影响到创业者如何认知和评估创业机会。陈航提出做一个区别于微信朋友圈的工作圈这个想法以后,团队内部很多人对"工作和生活混淆在一起"提出了质疑,但陈航坚持了自己的想法。陈航表示,团队最初开发钉钉时憋着一口气,"就是要开发出一款好产品",正是这份产品使命感塑造了钉钉的创新精神。创业激情将团队成员凝聚在一起,形成了鲜明的团队风格,使钉钉不断壮大。

在版本快速迭代的过程中,2015 年 5 月 26 日,钉钉 2.0 版本的发布迎来战略性转折点,钉钉企业用户数突破 30 万家,覆盖 100 多个行业、300 个城市。"钉钉跟阿里的基因不一样",陈航将钉钉的成功总结为产品导向的创业基因,并以完全开放、创新的态度规划钉钉转折后的发展方向。2015 年 8 月 31 日,钉钉对外正式发布了"C++"战略,宣布开放平台,开始走生态化发展之路,许多合作伙伴加入钉钉的生态圈。坚持快速迭代、用户价值共创模式,钉钉用一年的时间就完成了从产品到生态圈的升级。

——资料来源:刘静,苏敬勤:《互联网企业内部创业路径的动态演进——创业机会选择视角的纵向双案例研究》,经济管理,2019 年第 4 期.(有改动)

三、创业机会的来源

一切创业机会都来自"变化"。

德鲁克在《创新和企业家精神》一书中提出了机会的七种来源:出乎意料的变化、不一致性、过程及其需要、产业与市场结构变化、人口结构变化、认知和情绪变化、新知识。

蒂蒙斯认为,创业机会来源于七种情形:法规的改变、技术的快速变革、价值链或销售渠道的重组、技术的创新、现有管理、创业精神的领导、市场领导者受限。

布鲁斯·巴林杰(Bruce Barringer)指出商业创意和机会的三大来源:变化的环境趋势、尚未解决的问题、市场缝隙。

总体来看,创业机会来自客观环境的变化。本书认为,创业机会主要来源于以下三种情形的变化:宏观环境变化、技术变革、市场需求变化。

1. 宏观环境变化

(1)政治经济的导向。

1978 年,十一届三中全会召开,做出了把全党工作的重点转移到社会主义现代化建设上来、实行改革开放的战略决策,拉开了改革开放的序幕。改革开放鼓励非公有制经济发展,为经济的发展注入了新的活力,一大批创业者投身商海大潮,在活跃市场、增加税收、带动就业的同时也获得了不菲的经济回报。

2015年,李克强总理提出"大众创业、万众创新",激发了全民族的创业精神,在神州大地掀起了"草根创业"的新浪潮,形成"万众创新""人人创新"的新态势。创新创业逐渐成为全社会共同的价值追求和行为习惯。一大批"创客"应运而生,返乡创业成为一种潮流。

习近平总书记在党的十九大报告中明确指出:"我国经济已由高速增长阶段转向高质量发展阶段。"深化要素市场化配置改革,大力培育新动能,强化科技创新,大力降低实体经济成本。经济发展从追求速度转向质量、效益优先,给创业者指明了内涵式发展的方向。

(2)扶持创业的政策调整。

为了适应新时期经济发展的新要求,国家制定了相应的配套政策,旨在鼓励不同经济主体创新创业的热情。对于创业者来说,带来创业机会最多的是下面两个方面的政策变化。

首先,国家相继颁布有助于创业的财税金融政策。比如为了扶持农民专业合作社和龙头企业发展,国家对涉农资金补贴(如农机购置补贴)、金融信贷(农业产业园的贷款担保)、税收等都予以政策倾斜。又比如针对包含应届毕业生在内的青年创业者群体,国家近年也在不断推出新政策,对创业活动予以引导与支持。

其次,产业发展政策不断调整,经济结构布局的变化中孕育了无数生机。改革开放40多年来,在社会主义市场经济日益发展的过程中,我国产业结构一直在不断地调整,其合理化程度得到了明显改善。当前,从绿色生态文明到"一带一路",从双循环并举到战略新兴产业发展,从专精特新扶持到瞪羚企业培育,从供给侧结构性改革到加快形成新质生产力,总之,跟着扶持产业、朝阳产业、科技产业的导向性方向走,创业者能找到更多的机会。

(3)社会认知的变化。

人口的代际迁移,往往会形成不同的喜好、潮流和风尚。比如,1995年之后出生的"Z世代"消费者展现出比前辈更强烈的对中华传统文化的热爱。洛阳街头的汉服、纽约T台上的中国风,一齐向世人展示这一代中国青年的审美取向与情感需求。新的消费潮流意味着新的市场机遇,意味着创业机会的来临。

(4)人口结构的变化。

人口结构的变化表现在人口规模、年龄结构、就业情况、教育经历、收入变化等各个方面,每个方面的变化对产品服务的要求都会带来巨大的影响。比如,一方面,我国人口老龄化程度加深,养老产业有望迎来高速发展;另一方面,生育政策的调整,也会带动相关产业的调整,为经济发展赋予新的活力。

2. 技术变革

(1)新技术的应用。

一项技术的突破与应用会带来无限商机。新技术的出现也改变了企业之间竞争的模式或者产业生态,使得创办新企业的机会大大提高。

比如依托"互联网+"、大数据等,各行业创新商业模式,建立和完善线上与线下、境内与境外、政府与市场开放合作等创新创业机制。许多互联网创业公司,依靠便捷的通信与流量快速发展,微信公众号、手机游戏、移动社交平台、短视频平台等就属于这一类。以人工智能为应用基础的无人机、3D打印、机器人、AI大模型等行业,也是创业者的集聚区。

(2)流程的再造。

新技术带来了新工艺,虽然不是每种新技术的应用都会带来工艺流程的变革,但在新技术的应用中,大多实现了流程的优化,新技术为流程再造提供了可能性,进而能够提高企业的服务水平与竞争力。

比如依据大数据技术,对客户进行细分,有针对性地推荐关联性产品,不仅能够降低运营成本,而且可以提升客户满意度。创业者看到了这个机会,对原有客户的服务产品进行流程优化。比如在旅游体验产品中,依据大数据获取的"客户旅行地图"对业已存在的观光线路进行流程优化,收到了很好的效果,给创业者进行个性化服务提供了机会。

3. 市场需求变化。

(1)产业结构转型隐藏机会。

在我国产业结构调整转变的过程中,传统产业在转型中迸发出勃勃生机,新兴产业异军突起。比如纺织、机械、冶金、能源等行业经历转型的阵痛后获得了新生,战略性新兴产业迅速成长。节能环保、新一代信息技术、生物、高端装备制造、新能源、新材料和新能源汽车七个产业确立了重点方向和扶持政策。十多年来,聚焦这些行业发展的创业者纷至沓来,推动了这些产业的快速发展。

近年来,产业数字化发展成为发展大趋势。数据成为经济发展的关键要素,数字基础设施成为新的基础设施,供给和需求的界限日益模糊,数字化技术的成熟,推动供给侧和需求侧逐渐走向融合。在这一过程中,同样也隐藏着不少的创业机会。

(2)竞争态势变化产生机会。

如果为客户提供产品或服务的关键企业消亡,行业内相关企业将面临兼并重组,行业结构很有可能发生变化,竞争状态也就会随之改变。市场竞争加剧、减弱都可以给创业者带来机会。在垄断市场,若产品在质量与差异化等方面不能完全让消费者满意,找到满足差异化市场需求的解决方案即可为新入者带来创业机会。处于完全竞争市场,不断有企业退出市场,创业者如果能够逆势而上,也有可能收到意想不到的效果。

(3)缝隙市场挖掘发展机会。

许多小众需求往往不被主流企业关注,但对于创业者来说却是难得的机会点。这些缝隙市场进入门槛不高、所需资源不多,但存在稳定的消费者。例如孔夫子旧书网(kongfz.com)就是在网络时代成本大大降低的背景下,通过填补缝隙市场,在创业初期就获得了快速的发展。

第二节 创业机会识别

创业机会识别是创业企业产生可持续竞争优势的核心,是创业行为产生的先导。有价值的机会对创业者具有吸引力,并且与创业者所具有的资源和技能相匹配,促进创业行为的产生。反过来,这些资源和技能又能促进创业者识别有价值的机会,从而促进创业行为的产生。

一、创业机会识别的影响因素

创业机会的识别带有浓厚的主观色彩,创业者的个体因素具有重要作用,许多研究者从创业者角度探究创业机会的影响因素,分析创业者的社会资本、先前经验、社会化技能和创造性想象等与创业机会识别之间的关系。此外,有研究者认为创业机会识别是个体与环境的互动过程,外部环境因素同样不容忽视,亦有研究者从资源、制度、环境等角度分析影响创业机会识别与发现的因素。如图 5-2 所示。

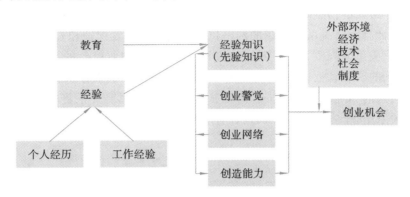

图 5-2 创业机会识别的影响因素

1. 个体因素

创业是由一系列的创业认知和创业行为组成的过程,是创业者识别、评估和开发创业机会的过程,理解创业的关键在于探查影响创业者认知结构、创业意图和创业行动的各种因素。

(1)经验知识(先验知识)。

在特定产业中的经验知识有助于创业者识别创业机会。创业者的教育背景、工作经验、个人的特殊经历均是其先验经验的来源。由于拥有某行业的工作经历,创业者个体更有可能识别该行业未被满足的细分市场需求。另外,创业经验也非常重要,一旦有过创业经验,创业者就更容易发现新的创业机会,这被称作"走廊原理",指创业者一旦创建企业,他就开始了一段旅程,在这段旅程中,通向创业机会的"走廊"将变得清晰可见。每个人都有自己独特的经验知识,这就构成了其有别于他人的知识走廊。调查发现,创业者创业前所担任过的职位多样性越高,行业经验相关性越强,越能收获更好的创业绩效。相对于创新性低的机会而言,创新性高的机会会更多地被经验多的创业者识别和开发利用。

(2)敏感性。

敏感性亦称作"创业警觉"。创业者的"第六感"能够使他们看到别人看不到的机会,因为他们比别人更"敏感"。这种敏感性很大程度上是一种习得性技能,拥有某个领域更多知识的人,会比其他人对该领域的创业机会更加敏感。培根说:"愚者等待机会、智者造就机会。"

(3)创造力。

创造力是成功创业者的重要性格特质。从某种程度上讲,创业机会识别是一个创造性思维的过程。在不同的现实背景下,那些具有前瞻性的创业者能够更容易形成新奇的想法或者有用的创意,在看似平凡的日常琐事中,他们更容易看到某些产品和服务的创新性改进方向。这似乎已经成为他们的一种习惯。

(4)社会关系。

创业者内部知识视角探索了其对机会认知的影响,如先前知识或经验、创造力和认知过程。上述视角往往忽视了个体与外部连接的关键资源,例如网络资源或社会资本,也即社会关系。社会关系是联系创业者和创业机会的桥梁与纽带,创业者需要通过自己的社会关系获得有关创业机会的信息。由于信息是根据每个人独特的社会环境产生的,社会网络能够帮助创业者建立跨人群信息走廊,可以缩小创业者之间的知识差距,降低不确定性。大量证据表明,高质量社会网络关系或优越的网络位置有助于创业者识别和开发创业机会。

创业者社会关系的规模大小、多样性、强度、密度等对创业机会的识别与把握产生重要影响。按照关系的亲疏远近,社会关系可以划分为强关系和弱关系。强关系以频繁相互作用为特点,弱关系的相互作用不频繁。研究显示,创业者通过弱关系更可能获得新的商业创意,因为在弱关系中,个人之间的意识往往存在较大的差异,往往可能使某人获得更差异化的信息,激发全新的创意。

2. 环境因素

影响创业机会识别的经济、技术、社会、制度等环境因素主要体现在创业机会本身的性质(显性与隐性)以及创业机会与个体的适配性情况。

(1)创业机会的显性和隐性。

由各种环境组合(比如政治经济、技术变革等)形成的创业机会瞬息万变、若隐若现,本身具有显性与隐性之分。有人认为相对隐性的机会比较容易通过创业者先前经验或知识识别,而相对显性和规范的机会则比较容易通过系统搜索识别。

(2)机会与个体的适配性。

创业者的创业愿望受经验知识的影响,所以他们偏好于有价值的并且与自己过往知识有关的创业机会。成功的创业项目大多表现出创业机会与创业个体良好的匹配性,很难想象距离个体先验知识和社会关系遥远的区域会产生好的创业机会。

二、创业机会识别过程

创业机会识别过程是创业者与外部环境(机会来源)互动的过程。创业者历经感受变化、发现差距、寻找出路三个阶段。如图 5-3 所示。

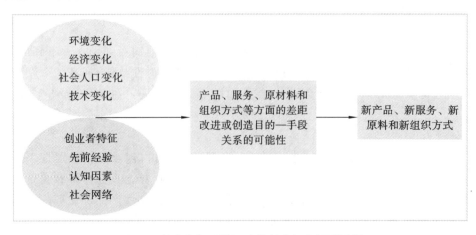

图 5-3 创业者与环境互动的创业机会识别过程

(1) 感受变化。

在这个过程中,创业者利用各种渠道和各种方式掌握并获取环境变化的信息,比如技术的进步、制度的变化等,结合创业者的认知经验对环境信息进行必要的分析判断。

(2) 发现差距。

根据环境变化的信息分析,结合目前市场的实际,发现现实世界中在产品、服务、原材料和组织方式等方面存在的差距或缺陷,找出改进或创造"目的—手段"关系的可能性。

(3) 寻找出路。

根据"目的—手段"关系的可能性,识别出可能带来新产品、新服务、新原料和新组织方式的创业机会。

三、创业机会识别方法

较常见的创业机会识别方法有以下五种,其中,有些来自自身的经验或者受到某种启发,另一些则往往比较复杂,需要借助外部专家等力量的支持。

1. 新趋势调查

指有意识地收集与未来可能的新趋势相关的信息。通常包括与客户、合作伙伴、相关专业领域的行家交换信息,也包括阅读相关出版物,利用互联网搜索相关数据等形式。大量获取信息对发现问题以及更加快速地切入问题是有帮助的。在调查中不断地问问题,同时又不断地获取信息,建立自己的直觉,创业者的"新眼光"也会随之不断发展。这是对现有成果或信息进行"淘沙"的直接方法。

2. 系统分析

从企业的宏观环境分析(政治、经济、技术、文化、社会、人口等)和微观环境(客户、竞争对手、供应商、销售商等)的变化中发现创业机会。借助市场调查、从环境变化中挖掘创业机会信息,这是创业机会发现的一般方法。

3. 问题分析

识别个人或组织的需求以及他们面临的问题,这些需求和问题可能很明确,也可能很含蓄。这需要全面了解客户的需求,以及可能用来满足这些需求的手段,"把烦恼转化为机会"。

4. 客户建议

越来越多的企业有意识地将客户纳入自己的创新体系,因为客户能识别"痛点",帮助企业发现创新和创业的机会。客户建议多种多样,最简单的,他们会提出一些诸如"如果那样不是会更好吗"的非正式建议。无论使用什么手段,"把怨言看作建议",商机就接踵而至了。

5. 创造需求

这种方法在新技术行业中最为常见。它可能始于在明确的市场需求中探索相应的新技术和新知识;也可能始于一项新技术发明的商业价值开发。这种创造需求的方法不仅难度大,而且风险也更高。同时,如果能够成功,其回报也更大。在这种情况下产生的创新在人类创新历史中具有主导性地位。

第三节 创业机会评价

一、基于创业者的评价

1. 创业者与创业机会的匹配

不管创业机会是自己识别到的还是他人建议的,也不管创业机会是偶然发现的还是系统分析调查发现的,首先要问自己的问题是:这个机会适合我吗?为什么应该是我而不是别人来开发这个机会?

并非所有机会都适合每个人。即使看到了有价值的创业机会,个人也可能因为缺乏相应的知识、技能、关系等放弃创业活动,或者把创业机会信息传递给更合适的人,或者是进一步提炼创业机会。当然,创业者往往不会拘泥于当前的资源约束,可以整合外部资源开发创业机会,但需要一定的资源整合能力。

并非所有的创业机会都有足够大的价值潜力,可以填补为把握创业机会而付出的成本,包括市场调查、产品测试、原材料等一系列与创业机会开发活动相关的成本,还包括时间精力,以及放弃更好的工作而产生的机会成本。研究发现,创业者的创业机会成本越高,所把握的创业机会的价值创造潜力也就越大,所创办的新企业的成长性也更好。

2. 创业者对创业机会的初始判断

认定创业机会适合自己,还要对创业机会进行评价。创业者对创业机会的评价首先来自他们的初始判断,简单地说,初始判断就是假设加上简单计算。这个创业机会应该具有四项基本特征:对消费者具有吸引力、能够在创业者目前的商业环境中实施、能够在现存的创业机会窗口中执行、创业者拥有资源和技能。

创业者对创业机会的初始判断有时看似很简单,但经常奏效。创业机会瞬间即逝,如果都要进行周密的市场调查,有时会难以把握创业机会,有时会在调研中发现很多困难从而失去创业激情。当然,假设加上简单计算只是创业者对创业机会的初始判断,如果能够辅以调查研究、对创业机会做进一步的评价,则会更为科学有效。

二、基于系统性的评价

创业机会的系统性评价主要是进行市场评价、条件评价、效益评价。

1. 市场评价

创业机会的市场评价主要可以从三个方面进行:产品定位、市场现状、成本收益。市场现状可以展开为市场结构、市场规模、预期占有率三个方面。具体的细则划分和参数如表 5-2 所示。

表 5-2 创业机会的市场评价细则

项目		细则	参数
产品定位		市场定位	明确?
		市场需求	清晰?
		市场细分	合理?
		用户反馈	流程?
		产品生命周期	阶段?
市场现状	市场结构	市场进入门槛	高低?
		供应商渠道	流畅?
		客户群体构成	合适?
		销售商体系	健全?
		替代性产品	替代性?
		市场竞争	激烈程度?
	市场规模	市场成熟度	成熟度?
		市场成长性	潜力大小?
		当前市场规模	规模大小?
	预期占有率	市场渗透性	良好?
		预期占有率	≥20%?
成本收益		成本构成	合理?
		价格策略	适应市场?
		规模效益	降低成本?

2. 条件评价

创业机会的条件评价一般包括创业资金、生产/服务技术、人力资源、行业经验、外部环境等五个方面。具体的细则如表 5-3 所示。

表 5-3 创业机会的条件评价细则

项目	细则	参数
创业资金	启动资金需求	满足?
	流动资金需求	满足?
	未来融资	难度和规模?
	运转能力	能否实现自主存活?
	扩张需求	能否实现滚动发展?
生产/服务技术	行业发展前景	良好?
	产业支持	有力?
	技术能力	先进?
	创新性	创新水平?

续表

项目	细则	参数
生产/服务技术	应用能力	转化水平？
	实现能力	生产水平？
人力资源	管理团队	能力？
	技术团队	能力？
	营销团队	能力？
行业经验	从业经历	经验水平？
	技术经验	经验水平？
	开发经验	经验水平？
	市场经验	经验水平？
外部环境	政策法规	允许？
	技术条件	可行？
	环保条件	可行？

3. 效益评价

所有创业机会，只有在市场上实现效益，才是真正意义上的创业机会。所以，具备了市场的必要性和条件的可行性之后，还要对创业机会的效益进行评价，如表5-4所示。

表5-4 创业机会的效益评价细则

创业机会的效益	参数
毛利率	≥40%
税后净利润	≥20%
损益平衡所需时间	1.5—2年？
投资市场回报率	≥25%
投资资本回报	可能性及回报率？
退出机制与策略	安排？

【延伸阅读】

蒂蒙斯创业机会评价指标体系

蒂蒙斯教授提出的创业机会评价指标体系，包含行业和市场、经济因素、收获条件、竞争优势、管理团队、致命缺陷问题、个人标准、理想与现实的战略差异等8个方面53项指标，被公认为是当前比较完善的创业者机会评价指标体系。一般来说，它更适用于具有行业经验的投资人或资深创业者对创业机会做出整体评价，但熟悉这一评价体系，对青年创业者更好地审视与选择创业机会大有裨益。

表 5-5 蒂蒙斯创业机会评价指标体系

评价维度	评价指标
行业和市场	1. 市场容易识别,可以带来持续收入 2. 客户可以接受产品或服务 3. 产品的附加值高 4. 产品对市场的影响力高 5. 将要开发的产品生命周期长久 6. 项目所在的行业是新兴行业,竞争不完全 7. 市场规模大,销售潜力达到1000万—10亿元 8. 市场成长率在30%—50%甚至更高 9. 现有厂商的生产能力几乎完全饱和 10. 在五年内能占据市场的领导地位,市场占有率达到20%以上 11. 拥有低成本的供货商,具有成本优势
经济因素	12. 达到盈亏平衡点所需要的时间在1.5—2年以下 13. 盈亏平衡点不会逐渐提高 14. 投资回报率在25%以上 15. 项目对资金的要求不是很大,能够获得融资 16. 销售额的年增长率高于15% 17. 有良好的现金流,能占到销售额的20%—30%以上 18. 能获得持久的毛利,毛利率要达到40%以上 19. 能获得持久的税后利润,税后利润率要超过10% 20. 资产集中程度低 21. 运营资金不多,需求量是逐渐增加的 22. 研究开发工作对资金的要求不高
收获条件	23. 项目带来的附加价值具有较高的战略意义 24. 存在现有的或可预料的退出方式 25. 资本市场环境有利,可以实现资本的流动
竞争优势	26. 固定成本和可变成本低 27. 对成本、价格和销售的控制较高 28. 已经获得或可以获得对专利所有权的保护 29. 竞争对手尚未觉醒,竞争较弱 30. 拥有专利或具有某种独占性 31. 拥有发展良好的网络关系,容易获得合同 32. 拥有杰出的关键人员和管理团队
管理团队	33. 创业者团队是一个优秀管理者的组合 34. 行业和技术经验达到了本行业的最高水平 35. 管理团队的正直廉洁程度能达到最高水准 36. 管理团队知道自己缺乏哪方面的知识
致命缺陷问题	37. 不存在任何致命缺陷

续表

评价维度	评价指标
个人标准	38. 个人目标与创业活动相符合 39. 创业家可以做到在有限的风险下实现成功 40. 创业家能接受薪水减少等损失 41. 创业家渴望创业这种生活方式,而不只是为了赚大钱 42. 创业家可以承受适当的风险 43. 创业家在压力下状态依然良好
理想与现实的战略差异	44. 理想与现实情况相吻合 45. 管理团队已经是最好的 46. 在客户服务管理方面有很好的服务理念 47. 所创办的事业顺应时代潮流 48. 所采取的技术具有突破性,不存在许多替代品或竞争对手 49. 具备灵活的适应能力,能快速地进行取舍 50. 始终在寻找新的机会 51. 定价与市场领先者几乎持平 52. 能够获得销售渠道,或已经拥有现成的网络 53. 能够允许失败

第四节　开发创业机会

找到了创业机会,并对其进行了多方面的评价,接下来就是要对创业机会进行开发,或者说对项目进行设计与论证。设计与论证的主要工作依次是选择细分市场、描述最终用户画像、估计市场规模、实现产品可视化、制定销售策略五个方面。

一、选择细分市场

1. 列举潜在的细分市场

一般情况下,创业者设想的目标市场比较模糊,为进一步明确目标市场,需要进行头脑风暴,列举所能想到的、尽量多的目标市场。进行市场细分的标准必须精确,可以按照行业、区域等特征寻找细分市场。

2. 评估目标用户群体

在列举的用户群体中,进行初步筛选并缩小范围,评估出 3 个感兴趣的目标用户群体。可以将支付能力、容易接触到产品(服务)、购买理由等作为评估标准。

3. 市场需求调查

直接与目标用户进行沟通,了解他们的情况,观察其行为模式。一般可以调查如下项目:

(1)具体对象是谁？用户数量多少？

(2)市场上类似产品或服务、用户选择的理由。
(3)产品给用户带来的价值。
(4)领先用户是谁?
(5)应用环境或条件如何?配套服务如何?

二、描述用户画像

弄清楚产品或服务的使用者、购买者、决策者与影响者等各种角色。

1. 用户特征描述

通过用户特征描述,可以排除干扰性用户,最终聚焦同质性较高的最终用户群体,只有他们才能为创业项目提供急需的现金流。一般关注其基础信息(性别、年龄、收入、地理位置、兴趣爱好、习惯等)以及与产品服务相关的信息(购买动机、价格敏感度等)。

2. 典型用户画像

典型用户画像可以让目标用户变得更加真实与清晰,可以准确回答关于最终用户的所有疑问。选取一个代表性用户,列出清单:
(1)生活状况:出生、成长、求学、婚姻状态等;
(2)工作状况:单位、工龄、薪资、培训、岗位、满意程度等;
(3)购买标准与偏好:价格区间、品牌、方便性、采购周期、采购频率等。

三、估计市场规模

估计市场规模,便于进一步评估项目的可行性,降低未来的经营风险。市场规模一般使用年销售额评估。

估计最终用户的数量并结合市场报告、调查资料等估算市场规模。单个用户愿意花多少钱购买产品或服务,总体的同类产品供给水平等都是可以参考的依据。当然,创业者往往在创业初期估计会比较乐观,可能给项目实施带来风险。因此创业者需要谨慎调整预期数据,比如对估计的数据进行折扣、挤压水分以降低风险。

四、实现产品可视化

创业者仅仅有一个产品或服务的想法或模型,用户究竟如何使用所提供的产品或服务,它能否让用户满意,很多细节还没有确定。所以,创业者需要对产品或者服务做一个具体描述,提供可视化的方案。

绘制产品模型图或服务流程图,在此基础上试制出产品初样,描述其各种特性或质量标准,说明它们实现的功能、为用户带来的收益。尝试着让用户免费使用或体验,为后期的运行收集用户的修改建议。

以可视化方式(电子图形化演示或初样)展现产品,便于和用户达成共识,让用户了解产品的具体形态和价值所在。

五、制定销售策略

1. 寻找试销对象

根据用户画像,验证他们购买产品的意愿。具体做法如下:

(1)找出若干名潜在用户。

(2)联系潜在用户,说明或介绍"产品使用方法""可视化产品""产品价值"等关键信息。

(3)了解用户的购买意愿,以及购买的方式、渠道、预付定金情况等。

2. 把握销售关键问题

创业者根据前期试销情况,决定具体的销售实施策略。主要解决的关键问题有:

(1)上市时机的把握。

(2)采用怎样的产品推广方式?

(3)如何说服目标用户购买?

(4)什么样的收费方式(定价)合适?

【延伸阅读】

1.《学生创新创业导论》慕课,https://www.xueyinonline.com/detail/235481245.

2. 中国政府网"双创政策库",https://www.gov.cn/zhengce/shuangchuangzck/index.htm.

【本章小结】

创业机会是"通过把资源创造性地结合起来去满足市场需求,进而创造价值的一种可能性";是创业者对各种要素可能的集成方式进行筹划,预期能够产生价值的清晰的"目的—手段"组合;是一种特殊的商业机会。创业机会是创业实践与创业研究的核心。

本章首先围绕创业机会的概念这一关键知识点,在明确其定义的基础上,辨析创业机会与创意、商业机会的联系与区别,再进一步阐述创业机会的特征、分类与来源。接下来,本章讨论了创业机会的识别,对创业机会识别的影响因素、识别过程及识别方法进行了比较详尽的介绍,这是本章学习的第二个重点。本章学习的第三个重点在于理解掌握创业机会评价的内容,主要包括判断创业者自身与创业机会的适配性、创业者对创业机会的初始判断等,以及从市场、用于创业的资源条件、成本收益等方面对创业机会进行系统性的整体评价。

结合当前研究与实践的发展,本章提供了内部创业、数字创业等拓展性学习内容,帮助学习者更好地了解创业机会领域的新知识与新动向。

【思考题】

1. 创意、商业机会、创业机会的关系是怎样的?

2. 创业机会有哪些特征?

3. 创业机会的类型和来源有哪些?

4. 如何识别创业机会?

5. 识别创业机会受哪些因素影响?

6.为什么有的人能看到创业机会,而另一些人则看不到?
7.如何评价创业机会?
8.试分析某个具体的创意能否成为一个创业机会,并进行简要评价。
9.如何开发一个创业机会?
10."数字经济"带来了哪些商业机会?

【参考文献】

[1] 杰弗里·蒂蒙斯,小斯蒂芬·斯皮内利.创业学(第6版)[M].周伟民,吕长春,译.北京:人民邮电出版社,2007.

[2] 张玉利,薛红志,陈寒松,等.创业管理(第5版)[M].北京:机械工业出版社,2020.

[3] 斯晓夫,吴晓波,陈凌,等.创业管理:理论与实践(第2版)[M].杭州:浙江大学出版社,2020.

[4] 黄远征,陈劲,张有明.创新与创业基础教程[M].北京:清华大学出版社,2017.

[5] 蔡莉,于海晶,杨亚倩,等.创业理论回顾与展望[J].外国经济与管理,2019,41(12):94-111.

[6] 蔡莉,鲁喜凤,单标安,等.发现型机会和创造型机会能够相互转化吗?——基于多主体视角的研究[J].管理世界,2018,34(12):81-94+194.

[7] 刘静,苏敬勤.互联网企业内部创业路径的动态演进——创业机会选择视角的纵向双案例研究[J].经济管理,2019,41(04):75-92.

[8] 刘志阳,李斌,庄欣荷.初创企业创业机会迭代机制研究[J].科学学研究,2019,37(03):500-516.

[9] 王渊,郑佳楠,姜玮玄.创业机会研究展望:基于文献计量的分析[J].科技管理研究,2021,41(19):141-148.

情景剧:创业机会从哪里来

第六章　创业者与创业团队培育

【名人名言】

　　此刻一切美好的事物，无一不是创新的结果。

——约翰·穆勒

（英国著名哲学家、心理学家和经济学家）

【学习目标】

　　1.了解创业者需要具备什么样的特质。
　　2.了解怎样寻找创业团队成员。
　　3.熟悉创业团队成员的角色。
　　4.掌握创业团队的类型。
　　5.掌握创业团队股权分配受哪些因素影响。

【开篇案例】

曾宪章博士的创业三重境界

　　《人民日报（海外版）》2016年12月22日第12版华商故事专栏对曾宪章博士的整版报道《30年创业的三重境界》，全面讲述了曾宪章博士感人的创业故事（图6-1）。

　　"非常孤独。"这是曾宪章开始创业时的感受。1980年，即便在他身处的美国硅谷，创业还是极少数人的选择。没有氛围，没有经验，一切全得靠自己摸索。谈起最初，曾宪章连说了三遍："千辛万苦。"

　　很长一段时间里，他一周工作7天，每天十几个小时。为了找到第一笔种子基金，他和同伴整整花了18个月；为了敲开西门子的大门，他在慕尼黑西门子公司门口被连挡数日。对于这个头顶美国加州大学洛杉矶分校博士学位的高材生来说，坐地铁去谈生意，敲门被拒绝，要接受这些碰壁和冷遇，并不容易。

　　更何况，他们自主研发的两款产品微电脑开发系统和影像扫描仪，拥有世界领先的技术。"开始有一种潜在的想法，我是做研发的，是高高在上的，做销售就是凭一张嘴。"曾宪章坦言，创业之初，自己一点也看不起市场营销，"任性"地和另两名创业伙伴埋首产品研发，将销售外包给别人做。但很快，残酷的市场现实敲醒了他们：只有能卖得掉的产品才是好产品。

图 6-1　关于曾宪章的相关报道

在那个创业还是新鲜事的年代,没有创业导师,也没有成功宝典,选择创业的年轻人得不到太多来自外界的鼓励和帮助。为了解决问题、打开市场,三人之中必须有一人"下海"学习经商。相对外向的曾宪章成了被选中的那个人。于是,工作之余,曾宪章多了一个新任务:每天晚上回学校上课,学习市场营销。"那段时间是蛮辛苦的。"忆起"回炉重造"的经历,曾宪章无奈地笑说,自己最初也是"心不甘情不愿",但一想到公司倒了就一无所有了,便只能咬牙认真学。

"学完之后就飞出去谈,谈完回来再思考,我就当作是教学相长。"渐渐地,曾宪章发现,老师有时甚至还会请他来讲授实际经验,而他也不再只是"技术宅",销售、财务、行政,都有所了解。再面对市场时,他更加自信从容了。

8年之后,曾宪章创办的全友电脑(Microtek)公司成功上市,是新竹科技园区的第一家上市公司;公司发明的台式扫描仪在扫描仪领域一度全球市场占有率第一。"我突然觉得,好像是一夜之间,我从无人知晓变得小有名气。"曾宪章说。

事实上,这个转变并不突然。如他所说,创新创业并非"灵光一闪",而是需要很多的务实积累。而在那8年,曾宪章做得最多事的就是,跌倒了,再爬起来。

创业时,曾宪章走在浪潮之巅;帮别人创业,他同样是走在最前面的领路人。清华紫光、TCL……这些如今国内大名鼎鼎的科技巨鳄,在早年发展的关键时期,都得到过曾宪章的帮助。

20世纪90年代,清华紫光的扫描技术获得全友电脑的技术转移,之后曾宪章又为他们引入现代化企业的行销理念,最终通过9年努力,清华紫光在1999年上市,成为当时中国最大的扫描仪公司。

这样的故事,曾宪章还有许多。这个说话慢条斯理的商人曾有一个颇为豪气的称呼——"科技游侠"。因为从1998年开始,他就放下自己的生意,将绝大部分精力投注于科技方面的公益事业,四处奔走,辅导各大高新区各类企业发展创新,培养了近百位高科技企业经营管理人才,成为许多中国年轻企业家和管理者的杰出导师。

——资料来源:根据作者与曾宪章博士访谈及张海霞iCAN《侠客行》资料整理。

第一节 创 业 者

一、何谓创业者

"创业者"(entrepreneur)一词的来源可以追溯到17世纪法国经济学家、财政学家、政治家让-巴普蒂斯特·萨伊(Jean-Baptiste Say)的著作。萨伊是第一位系统地探讨创业和企业家精神的经济学家,他在1800年出版的《政治经济学纲要》中首次提出了"创业者"的概念。萨伊对创业者的定义强调了他们在资源配置和市场过程中的角色,他认为创业者是那些将资源重新组合以满足市场需求的人,他们能够创造价值并推动经济增长。他将创业者视为一个重要的经济因素,认为创业者有助于促进资源的有效利用和创新的发展。

在19世纪和20世纪,经济学家和学者进一步拓展了对创业者的研究和定义,加深了对创业和企业家精神的理解。今天,创业者仍然被视为在商业、经济和社会创新中发挥关键作用的个人或团队。"Entrepreneur"这个词在国际上广泛使用,成为描述那些积极寻找商机、创造新价值、愿意承担风险并建立企业的人的通用术语。不同文化和国家的大众对创业者可能会有不同的定义和理解,但创业者作为经济和社会活动的推动者的角色是得到大众普遍承认的。创业者在整个创新创业活动中扮演着各种角色,如表6-1所示。

表6-1 创业者的角色和任务

角色	任务
创新者	创新思维,寻找新方法解决问题,开发新产品或服务,或者改进现有解决方案
冒险家	愿意承担风险,包括财务风险、市场风险和竞争风险,有勇气和决心去追求目标,即使可能面临失败
机会追求者	寻找市场机会,并努力利用这些机会来创造企业价值,敏锐地识别需求、趋势和竞争优势
决策者	做出重要决策,包括业务战略、团队招聘、资源配置和市场推广,决策能力对企业的成功至关重要
创业家精神	具有坚韧、自信和创造力等品质,愿意接受挑战,克服困难,不断学习和成长
创业团队领导者	领导和管理团队,以共同实现企业的目标

1. 创业者素描

从广义的创业概念理解,大多数人都可以成为创业者;从狭义的创业概念理解,当然不可能人人都成为创业者。学术界还研究了创业者的心理特征,发现创业者的心理特征比天生特质重要得多,而且这些心理特征或素质在一定程度上可以改变和培养。创业者区别于其他人的特征表现为以下6个方面(见图6-2)。

2. 创业者与职业经理人的区别

作为一个商业领域,创业者致力于理解创造新事物(新产品或服务、新市场、新生产过程

图 6-2 创业者特征

或原材料、组织现有技术的新方法）的机会是如何出现并被特定个体所发现或创造的,运用各种方法,利用或开发机会,然后产生各种结果。职业经理人则被雇用来控制、组织、指导整个业务活动或整个组织,或者部分业务活动或组织的某一部分。现实中,人们往往记住了创业者的名字,而对职业经理人是谁却没那么关心。例如,我们知道万科创始人王石的很多故事,但并不清楚哪些人在他的背后运营整个万科集团。创业者与职业经理人有什么区别呢？

有学者专门研究了创业者与职业经理人的特征,二者的区别如表 6-2 所示。

表 6-2 创业者与职业经理人的区别

特征变量	创业者	职业经理人
雇用关系	雇用者	被雇用者
创业与否	创业者（与所控制资源无关）	企业内创业
出资与否	出资或继承出资	不出资
承担企业风险	承担企业风险	与本人雇用契约有关的风险
所有权与控制权	同时拥有	无所有权,有一定控制权
担任企业主管与否	担任	不一定担任
创新功能	更强调	强调

创业者和职业经理人最重要的区别如下：首先,创业者从事的是开拓性的工作,通过他们的创业活动,实现了从 0 到 1 的变化；职业经理人则侧重于经营性活动,按照程序、制度开展工作,他们将 1 变成 10,将 10 变成 100。创业者发现机会,创造新事物,而职业经理人在维持现状的基础上,保持事物的持续发展和演进。其次,创业者承担财务风险,而职业经理人则不会也不可能承担此类风险。按照 1 号店创始人于刚的说法,职业经理人"是一个大螺丝钉,拧在那个地方让大机器可以高效运转",而创业者"是发动机,要用愿景、领导力和经验,去驱动企业的成长,要想各种方法,不断去创造价值"。

3. 构建个人创业策略

构建个人创业策略,即制订个人创业计划,这是学习创业知识和技能的第一步。制订计划可以从许多方面给创业者提供帮助,为此,创业者需要事先对个人创业计划进行评估。

（1）自我评价。根据创业的要求,现实、客观地评价自己的创业态度与行为是十分有用的,同时自我评价也是对管理能力、经验、技术以及需要建立的网络关系的评价。自我评价首先要从观察分析自我思想行为以及他人的评价中获取信息,其目的在于了解创业者及其团队存在的认知盲点,加强自我认识,强化既有的特长,弥补自身短板。一旦获取所需信息,自我评价的后续步骤就是分析所获取的信息、得出相应的结论,建立学习目标以获得创业的知识和经验,确定最终目标及要抓住的机遇。

(2)获取信息。第一步,历史分析。每个人的经历都会深远地影响其价值观、动机、态度和行为。创业者的价值观和动机会直接影响其创业态度与行为。分析个人的某些经历能够有效地理解以前的创业倾向,也能以此准确地预见以后的创业潜力。第二步,现状描述。一些创业态度及行为同创业者能否成功创业有关。这些态度和行为包括创业承诺、决心与坚持、主动性和责任感等。另外,对机会的追求导致各种各样的个人创业定位。第三步,获取有效反馈。从熟悉和值得信任的人那里搜集反馈信息等对提高创业业绩和成功概率有重要意义。

(3)综合分析。任何创业者都存在优点和缺陷,重要的是首先要认识自我的优点和缺陷,可以通过信息的收集来加强自我认识。创业者需要把自我素质和创业机会结合在一起进行综合分析,反映了在一定的相关创业态度、行为、技能、经验、技术和人际关系,以及一定的创业机会的要求下,创业机会与创业者素质之间的对应关系所引起的创业潜力和创业成功的可能性。

(4)确立目标。目标的确立是一个过程,也是处理现实问题的一种方法。确立有效的目标需要时间、自律、承诺、奉献以及实践。确立目标需要明确而具体,使之具有可计量性、阶段性和可行性;优先确定矛盾并提出解决方案;确定阻碍目标实现的潜在问题和障碍;具体说明实现目标的行为步骤;确定如何评估结果;制定进度表;确定实现目标的风险、所需资源和帮助;阶段性审核并及时修正目标。

二、创业能力

根据全球创业观察中国报告的研究,创业能力包括创业动机与创业技能两方面。

1. 创业动机

人们为什么要创办企业以及他们与非创业者(或创业失败的人)有什么不同,这一问题与创业者的动机密不可分。虽然对创业者心理特征的研究还没能得出一致的结果,但认识心理因素在创业过程中的作用还是很重要的。

人们选择创业的动机多种多样,调查发现,创业者最基本的创业动机有以下三个。

(1)自己当老板。这是最常见的原因,然而这并不意味着创业者与他人难以共同工作,或难以接受领导权威。实际上,许多创业者想自己当老板,或是因为怀有要拥有一家自己的企业的恒久梦想,或是因为在传统工作中变得很沮丧。自己当老板的动机本质上是追求自由。

(2)追求自己的创意。有些人天生机敏,当他们产生新产品或新服务的创意时,就渴望看到这些创意能实现。在现有企业环境下进行创新的公司创业者,常常具有使创意变为现实的想法。然而,现有企业经常阻碍创新。当这种情况发生时,由于员工对创意的激情和承诺,他们常决定带着未实现的创意离开受雇企业,开创自己的企业并将其作为开发自己创意的途径。

(3)获得财务回报。创业的财务诱惑在于它的上升潜力。很多功成名就的创业者从创建企业中获得了数以亿计的收入。但这些人坚持认为,金钱并非其创业的主要动机。

由此可见,尽管存在各种原因驱使人们去创业,但要想在变幻莫测、意外不断的漫漫创业征程中坚持下来,必须依从内心,选择自己真正感兴趣的事情。

2. 创业技能

(1)控制内心冲突的能力。创业者不允许先前所犯的错误损害自己的自信,必须设法控制无时不在的内心冲突。他们必须对自己的理论和假设有极大的信心,并将这种信心传达给其他人,同时又愿意随时抛弃这些理论和假设。

(2)发现因果关系的能力。创业者必须具有非同寻常的发现意外事件发生的真正原因的能力,从有限且混乱的数据中发现因果关系。

(3)应变能力。创业者必须拥有极高的应变能力,在应对资源短缺时,会掂量每一分钱,"将一分钱掰成两半花"。

(4)洞察力。有洞察力的创业者采取"全方位"视角,他们从别人的角度看世界,在获取信息时讲究技巧。

那么,创业者是天生的吗?还是后天培养的呢?大量事实表明,创业者先天具有某些素质,并可以在后天被塑造得更好,某些态度和行为可以通过经验和学习学到,被开发、实践或提炼出来。

三、创业者的社会责任与创业伦理

1. 创业者改变世界

我国的改革开放给创业者提供了创业机会,创业者又借助创业活动推动了经济发展。随着改革开放的深入,越来越多的人认识到创业成功带来的满足和喜悦,新创业者的复制、模仿、跟随接踵而来,创业者更趋于理性,创业成功也更需要知识、协作精神等。

2. 社会责任

创业者具备改变世界的能力,是创新以及经济与社会发展的重要力量。因此,创业者在创业过程中一定要成为遵守道德伦理并积极承担社会责任的典范,这是创业成功的重要保证,也是成功创业者的基本素质要求。《中华人民共和国公司法》(简称《公司法》)明确要求,公司从事经营活动,应当充分考虑公司职工、消费者等利益相关者的利益以及生态环境保护等社会公共利益,承担社会责任。

3. 创业伦理

创业者的目的是创富,"君子爱财,取之有道",创业者在创业过程中一定要遵守伦理道德,这是创业能够成功并持续发展的关键。

四、创业的压力与挑战

1. 风险与创业者

任何形式的创业都会涉及风险,因为创业者的显著特征之一就是有较高的冒险倾向。创业者面临的各种风险主要可以划分为以下四种基本类型。

(1) 财务风险。很多创业者会将自己的积蓄或资产的较大比例作为创业投入,这将导致创业者的财务风险。这些投入的积蓄或资产极有可能全部损失,甚至创业者还有可能被要求承担超出其个人净资产的连带责任,从而彻底破产。

(2) 职业风险。创业者在开始创业后会不断地问自己:一旦创业失败,自己能否再找到新工作?能否再回到原来的岗位?拥有稳定职位与较高薪资福利的企业高管在创业时主要考虑的是他们的职业风险。

(3) 家庭与社交风险。创业需要创业者投入大量的精力和时间,其中蕴含着家庭与社交风险,创业可能会影响创业者与周围人的关系,家庭成员将不能时常享受到完整的家庭生活,甚至可能带来难以弥补的情感挫伤。

(4) 心理风险。心理风险可能是影响创业者幸福的最大风险。财务遭受巨大损失的创业者,其受到的精神上的打击也非常严重,容易一蹶不振,或者很难马上恢复原来的状况。

2. 压力与创业者

创业初期,由于资源匮乏,创业者必须同时担任多种角色,例如销售员、招聘者、公司发言人以及谈判者,超负荷的工作出现失误在所难免,但他们又将为此付出代价。创办并运作一家企业需要投入大量的时间与精力,时常牺牲家庭和社交活动。最终,创业者有可能只能单枪匹马或是与仅剩的几名员工一起奋斗。当压力过重且无法缓解时,身心将受到严重的影响。若学会控制压力,压力也可以帮助创业者提高效率,改善业绩。下面是创业者应对压力的一些方法。

(1) 建立人际网络。经营企业会产生孤独感,排解的方式之一是与其他企业家一起分享自己的经历,倾听他人成功与失败的经验教训,缓解自身的压力。

(2) 彻底放松。很多创业者一致认为,使自己完全从工作中摆脱出来的最好方式便是给自己一个假期。倘若几天或几周的假期无法实现,短暂的休息还是容易做到的,这段放松的时间可以用来自我调整、缓解压力。

(3) 与员工交流。创业者与员工保持密切的关系,了解他们的想法。比如全公司集体出游、灵活的工作时间等。

(4) 授权。创业者必须懂得授权。通常授权难以实现的原因是他们认为自己必须时时刻刻、事无巨细地处理各项工作,而创业者要想缓解压力,必须进行适当的授权。

(5) 加强锻炼。对创业者的研究显示,体育锻炼的频率与企业的销售额和创业者个人目标之间存在一定的关系。

第二节 创业团队培育

一、创业团队的组成要素

当今世界充斥着丰富的技术、大量的创业者和充裕的风险资本,而真正缺乏的是出色的团队,如何创建一个优秀的团队将会是创业者最大的挑战。那么,如何有效地组建创业团队呢?

狭义的创业团队是有着共同目的、共享创业收益、共担创业风险的一群创建新企业的人，即初始合伙人团队；广义的创业团队则不仅包括狭义的创业团队，还包括与创业过程有关的各种利益相关者，如风险投资家、专家顾问等。

创业团队对初创企业的成功非常重要。一般而言，创业团队需要具备五个要素。

1. 共同价值观

共同价值观是创业团队的核心和基石，是创业团队的灵魂，也是维系创业团队发展的精神支柱；它对创业团队来说最为重要，具有导向、凝聚、约束和激励的作用，是创业团队的基因。

2. 目标及计划

创业团队应该有一个既定的共同目标，为团队成员导航。目标在初创企业的管理中常以初创企业的愿景、战略等形式体现。目标包括总目标以及各种实现总目标的计划。为了推动创业团队最终实现这个目标，需要再将总目标加以分解，即设定若干可行的、阶段性的子目标。这里的目标其实也包含了计划。

3. 团队成员

人是创业团队最核心的要素。两个及两个以上的人就能形成一个群体，当群体有共同奋斗的目标时就形成了团队。在一个创业团队里，不同的成员通过分工来共同完成创业团队的目标。

4. 团队定位与角色划分

创业团队的定位包含两层意思：一是创业团队的定位，包括创业团队在初创企业中处于什么位置，创业团队最终应对谁负责等；二是创业团队成员的定位，包括个体作为成员在创业团队中扮演什么角色等。

5. 权限划分

创业团队中，主导人物的权限大小与其团队的发展阶段和初创企业所处行业相关。创业团队内部的权限需要正确划分，以保证创业计划的顺利进行和各项工作的有效开展。在权限划分中，创业团队应该明确每个成员在企业运营中所拥有的权利和要承担的职责。所谓的明确，是指权限的划分不能重叠，也不能空缺，各成员的权限也应在创业过程中不断地调整。

二、创业团队的类型

创业团队并非一模一样，也不是一成不变的。依据创业团队的地位平等性和成员间依赖性的强弱，创业团队可以划分为不同类型，包括风铃形创业团队、环形创业团队、星形创业团队以及散点形创业团队。有些书中也将前三种类型称为领袖型创业团队、伙伴型创业团队和核心型创业团队。

1. 风铃形创业团队

风铃形创业团队是指存在一个"领袖"式的主导人物，但成员相互间的独立性较强的团队。团队中的"领袖"往往是在掌握了较强的技术或有较好的创意之后，寻找合伙人加入该创业团队的人。而在选择合伙人的时候，"领袖"会根据自己的判断选择适合的人作为自己的"支持者"。风铃形创业团队的特点如下。

(1)"领袖"的话语权较大。

(2)做决策速度较快。

(3)权力集中,导致决策失败的可能性增加。

(4)在"领袖"和"支持者"意见不统一时,"支持者"较为被动;但是,如果"支持者"离开团队,这种冲突对团队的影响相对较小。

(5)不易形成权力重叠。

(6)寻找团队目标的速度较快。

(7)团队的执行力非常强。

2. 环形创业团队

环形创业团队是由怀揣着共同的目标且相互依赖的成员组成的团队。这种创业团队没有一个明确的领导,常常是团队成员共同协商后,将创业理念厘清,最终组合在一起的。对于初创企业而言,每一个"伙伴"都要找准自己在团队中的定位,并尽到自己作为"协作者"的职责。环形创业团队的特点如下。

(1)团队中每个成员的话语权较平等,没有特定的"领袖"。

(2)做决策时往往大家相互讨论,因而做决策的速度较慢。

(3)做出错误决策的可能性较小。

(4)在各"协作者"的意见不统一时,各成员倾向于采用协商的态度来解决冲突;不过,一旦冲突升级,有成员离开团队,那么将对整个团队的结构产生很大的影响。

(5)由于团队成员的平等性,团队中容易形成权力重叠。

(6)寻找团队目标的速度较慢。

(7)团队的执行力较强。

3. 星形创业团队

星形创业团队集合了领导和成员相互依赖的特点。这种类型的创业团队中存在一个核心人物,他并不像"领袖"那样有着绝对的权威,而是在做决策的时候要充分考虑团队成员的意见。另外,团队成员之间是相互依赖的,成员的地位也是平等的。因此,核心人物更多的是负责协调和统筹等内部管理工作。星形创业团队的特点如下。

(1)核心人物的选择多数是由团队成员投票决定的,所以具有令人信服的领导地位。

(2)由于核心人物的存在,团队做决策的速度较快。

(3)由于核心人物考虑成员的意见,决策失误的可能性较小。

(4)当核心人物和普通成员发生意见冲突时,普通成员较为被动;且冲突升级时,普通成员可能会离队。

(5)不易形成权力重叠。

(6)寻找团队目标的速度比较快。

(7)团队的执行力非常强。

4. 散点形创业团队

散点形创业团队是指团队中不存在权威的领导,同时成员之间相互独立,工作中并不相互依赖的团队。由于上述特点,这种创业团队的内部存在较严格的规则以约束和聚合团队成员。这种类型的创业团队往往出现在创业初期,而且团队仅有一个模糊的创业目标。也就是说,这种团队提出的创业概念是笼统的、有待讨论的。随着创业理念日渐清晰,散点形创业团队往往会向其他类型发展。一个创业团队如果一直保持松散的状态,对企业的长期发展是很不利的。散点形创业团队的特点如下。

(1)各成员的话语权较为平等。
(2)团队做决策的速度较慢。
(3)做出错误决策的可能性较小。
(4)成员之间发生意见冲突时,往往会平等讨论,通过协商解决问题。
(5)有可能形成权力重叠。
(6)寻找团队目标的速度较慢。
(7)团队的执行力较弱。

创业团队的划分不是绝对的。由于领袖权限和协作程度不同,创业团队的"坐标"可以落在任何位置。因此,一个创业团队的类型有可能介于两种类型之间。

三、创业团队的组建

通常,先有一个创始人单独或两个联合创始人合作创办一个新企业,然后有其他合伙人陆续加入,与创始人组成一个创业团队。组建一个优秀的创业团队必须具备两个基石:一是构建优秀的团队心智结构,二是构建优秀的团队治理结构。优秀的团队心智结构通常具备四个特质:成员志同道合、能力卓越互补、行为风格匹配和相互信任尊重,这里重点讲一下行为风格匹配。

行为风格是指合伙人的行为方式——他们怎样思考、决策、沟通,怎样利用时间,怎样控制情绪应对紧张、压力等,怎样判断他人,怎样影响他人,怎样处理冲突等。为建立优秀的团队心智结构,创业团队需要具备多种不同行为风格的合伙人,并且这些行为风格互相匹配。TOPK方法为我们寻找行为风格互相匹配的创业团队合伙人提供了一个可操作的工具。

T、O、P、K四个字母分别代表四种动物:Tiger(老虎)、Owl(猫头鹰)、Peacock(孔雀)和Koala(考拉)。TOPK方法(见图6-3)的核心观点是:遵照"一个好汉三个帮"的智慧,如果一

当机立断、敢于冒风险、关注现在、工作导向型、注重结果、节奏快、易起摩擦

崇尚事实原则、深思熟虑、意志坚定、有纪律性、周密精确、速度缓慢、难通融

热情奔放、容易接近、擅于演讲、关注未来、喜欢竞争、思维跳跃、描绘蓝图

营造气氛、决策慢、避免风险、关系导向、善倾听、优柔寡断、寻求一致、随和真诚

图6-3 TOPK方法

个创业团队尽早拥有类似于这四种动物的行为风格的合伙人,那么这个创业团队能更快速地取得成功。例如,有人认为,1999年携程网组建时四个合伙人、创业团队成员,梁建章具有O(猫头鹰)型行为风格,季琦具有P(孔雀)型行为风格,沈南鹏具有T(老虎)型行为风格,范敏具有K(考拉)型行为风格。这种说法具有一定的主观性,仅供大家参考。

【延伸阅读】

阿里巴巴创业团队核心合伙人

2001年马云组建的阿里巴巴创业团队的四个核心合伙人能力卓越且互补,为阿里巴巴的快速成长和发展奠定了坚实的基础。阿里巴巴创业团队合伙人能力背景见表6-3。

表6-3 2001年阿里巴巴创业团队核心合伙人能力背景

姓名	职务	能力背景
马云	首席执行官	1988年从杭州师范学院(现杭州师范大学)英语专业毕业,获学士学位。同年,在杭州电子工业学院(现杭州电子科技大学)担任英语教师。1992年,与朋友一起成立了杭州最早的专业翻译社"海博翻译社"。1995年,在出访美国时首次接触互联网,回国后创办了网站"中国黄页"。1997年,受外经贸部邀请,负责开发其官方站点及中国产品网上交易市场。1999年,回到杭州创办阿里巴巴网站。
蔡崇信	首席财务官	在美国耶鲁大学获法学博士学位。先后在华尔街做了四年律师、担任纽约专门从事收购投资的Rosecliff公司副总裁和瑞典著名投资公司Investor AB副总裁。1999年,以Investor AB副总裁的身份到杭州考察阿里巴巴,并于同年加盟阿里巴巴。加盟后主持成立了阿里巴巴设在香港地区的总部,负责国际市场推广、业务拓展及公司财务运作。
吴炯	首席技术官	在美国密歇根大学获计算机科学学士学位。先后担任Oracle公司服务器技术部发展经理、Medicus Systems公司咨询顾问、RAD Technologies公司软件工程师。1996年4月,加入雅虎,主持公司搜索引擎和电子商务技术的设计、开发和应用,是具有强大功能、效率卓著的雅虎搜索引擎及其许多应用技术的首席设计师。1999年11月23日,作为唯一发明人,获得美国授予的搜索引擎核心技术专利。该技术现被广泛应用于雅虎拍卖、雅虎网上商店、雅虎分类广告、雅虎公告栏等十余项服务中。2000年,加盟阿里巴巴。
关明生	首席营运官	1969年毕业于英国剑桥郡工业学院,获学士学位,并先后获得拉夫伯勒大学和伦敦商学院的工程学和科学硕士学位。在美国通用电气公司工作达15年,历任要职,在业务开发、销售、市场、合资企业和国家级分公司管理方面卓有建树。在四年之内,将该公司医疗器械在中国的销售收入从0提高至7000万美元。先后在世界500强企业BTR Plc及Ivensys Plc担任中国区总裁,于2001年加盟阿里巴巴。

四、创业团队管理

1. 创业团队的协作

为了发挥出创业团队的互补优势,团队内部应该建立成员间相互合作和学习的重要机制。这既有利于创业的成功,又对减少和解决团队内的冲突有着正面积极的作用。正如很多创业案例所描述的,创业能否继续,在很大程度上取决于核心团队成员能否看到其他人的长处,并不断相互学习。因此,为了避免创业团队的冲突,在建立和管理团队的时候应该遵循如下原则。

(1)打造合作式创业团队,统一解读团队价值观。

创业团队内部的很多冲突是由于误解而产生的,而产生误解的原因可能是缺乏一套共同的沟通语言。有时创业团队内部的矛盾并不是因价值观的不同而引发的,而是各个成员对同一个价值观的认知出现偏差,再加上价值观没有统一的解读和分析,从而引发了团队成员的误解。意见不统一是创业团队内部非常常见的一种现象,而一个合作式创业团队会在不统一的意见中寻求团队合作的可能性。

(2)避免团队内部不适宜的竞争,制定切实可行的激励制度。

创业团队的激励制度包括荣誉和报酬等。荣誉包括团队成员的成就感和地位,甚至包括受到尊重和承认等感觉;关于团队成员的报酬,合理的分配是让团队成员忠于团队的必要条件。有效地利用荣誉和报酬两种激励制度,是维系创业团队正常运行的有效手段。

(3)确立团队的目标,适时调整团队构成。

团队的目标不宜太多,否则会令成员很难集中精力完成任务。在确立团队目标时,创业团队可以利用 SMART 原则(见图 6-4)。

图 6-4 SMART 原则

(4)构建良好的团队文化,组织必要的团队活动。

良好的团队文化是能够降低成员之间隔阂与矛盾的有效方法,对团队建设的正面效应表现在它能够令各成员更加尊重和信任彼此,团队成员之间的关系会因此变得更加协调,团队成员的工作态度会变得更加积极主动,将团队竞争力提升到一个全新的高度。团队活动是让团队成员之间互相了解的平台之一,正式组织或随意安排都可以,例如聚餐或其他娱乐活动等。还有一些特殊安排,例如为某位成员庆祝生日,为元老级别员工庆贺等。融洽的团队关系在关键时期具有重要作用,能帮助团队披荆斩棘、乘风破浪、共渡难关。

2. 创业团队冲突管理

创业团队在发展的过程中会遇到各种矛盾,创业冲突是不可避免的,因为全部团队成员对事物的意见不可能完全一致。一个创业团队如何处理冲突决定了这个团队能否成功创业。如何应对和解决冲突呢?创业冲突按照产生的后果,可分为障碍性冲突和建设性冲突。前者是指阻碍了创业愿景和目标实现的冲突;后者是指创业愿景和目标一致,而实现创业愿景和目标的途径、手段不同的冲突。建设性地解决创业团队的冲突是创业型领导的一项重要技能。在此,重点讨论如何管理创业冲突以有效实现创业愿景和目标。

面对创业冲突时,可以选择 5 种冲突管理风格之一解决冲突,如表 6-4 所示。不同冲突管理风格在解决创业冲突的行为时会产生不同的输赢结果。你倾向的创业冲突管理风格取决于你的性格和领导风格,并不存在适用于所有情境的最佳创业冲突管理风格。

表 6-4 冲突管理风格

较多考虑 他人的需求	随和型风格 • 消极行为 • 你赢我输		合作型风格 • 维权行为 • 你赢我赢	较多考虑 他人的需求
		谈判型风格 • 维权行为 • 你赢一些、我赢一些		
较少考虑 自己的需求	回避型风格 • 消极行为 • 你输我输		强制型风格 • 攻击行为 • 你输我赢	较少考虑 自己的需求

卓越的创业型领导鼓励解决创业冲突并在整个团队中建立合作氛围,鼓励所有团队成员学会如何与他人和谐相处。表 6-5 提供的模型可以用来帮助创业型领导提高管理创业冲突的技能。你可以用这个模型对他人提出的问题做出回应,并调停和解决创业冲突。

表 6-5 合作型创业冲突解决模型

	着手解决冲突		回应解决冲突		调停解决冲突
步骤 1	策划一份 BCF 声明。当你实施 B(行为)时,发生了 C(结果),而我感到了 F(感觉)	步骤 1	倾听并使用 BCF 模型解释冲突的结构	步骤 1	令各方用 BCF 模型陈述自己的意见
步骤 2	陈述自己的 BCF 声明,双方就冲突的问题达成一致意见	步骤 2	认同对方抱怨中的某些方面	步骤 2	各方共同认可冲突问题
步骤 3	询问或提出冲突的解决办法	步骤 3	询问或给出解决冲突的方法	步骤 3	商讨冲突解决方案

续表

	着手解决冲突		回应解决冲突		调停解决冲突
步骤4	达成协议,做出改变	步骤4	达成协议,做出改变	步骤4	达成协议,做出改变
				步骤5	采取后续行动,确保解决冲突

五、创业团队的股权分配

在确定好创业团队成员之后,创业者面临的一个关键问题就是股权分配问题。为建立优秀的团队治理结构,创业团队需要适宜地设计合伙人股权的进入、分配和退出机制。不存在适用于所有情境的最佳合伙人股权进入、分配和退出机制。合伙人股权的进入、分配和退出机制的设计需要遵循以下原则,以避免今后可能产生的冲突。

1. 公平开心原则

在讨论和制订合伙人股权的进入、分配和退出方案的过程中,需要最大限度地让合伙人感到公平合理、开心舒畅。这样,方案制订完成后每个合伙人都能够专心致力于创业活动,为实现创业愿景和目标共同努力奋斗。在讨论过程中,合伙人之间需要开诚布公地交流自己对股权分配、退出的想法和期望。

2. 股权进入原则

慎重将下述人员当成合伙人:短期资源承诺者、天使投资人、兼职人员和早期普通员工。

3. 一股独大原则

最大责任者、最可信任者、最佳决策者一股独大。通常情况下,创业团队的股权分配绝对不能搞平均主义,否则,会出现创业团队没有实际控制权人的局面,从而容易产生一种谁说了都不算的僵局。例如,1994年由蔡达标和潘宇海两位合伙人组建的真功夫创业团队,其股权结构是50%∶50%。2007年引进投资人,按照50亿元的估值释放6%的股权。蔡达标和潘宇海的股权比例仍是相等的47%∶47%。到2009年,合伙人之间产生了股权纷争。

4. 股份绑定原则

创业团队需要执行股份绑定、分期兑现的原则,按照合伙人在创业企业工作的年数或月数逐步兑现股权。任何合伙人必须在企业至少工作1年才可持有股份。股份绑定计划一般按4—5年期执行。例如,4年期股份绑定,第一年给其所持股份的25%,然后接下来每年兑现25%。

5. 留期权池原则

在创业初期预留合理期权池,以便给后续股权调整预留空间。

6. 股权稀释原则

在融资方案最终敲定之前,一定要将相关股权稀释、融资文件给独立、专业的律师审定,确保合伙人的权益。新的融资或新增合伙人将稀释原有合伙人的股份。

7. 退出回购原则

对退出的合伙人,一方面,可以全部或部分收回股权;另一方面,必须承认合伙人的历史贡献,按照一定溢价或折价回购股权。在什么情况下合伙人可以退出、什么情况下合伙人必须退出以及具体回购价格,一定要事先进行非常明确的约定。可在合伙人协议里明确约定股权的退出机制。

8. 动态调整原则

合伙人需要事先在合伙人协议里非常明确地约定动态调整股份的条款。特别是股份平均的创业团队需要尽快调整股份结构,以避免潜在的创业风险与冲突。

六、创业团队的领导

创业与战略管理的融合,使得创业团队的领导成为高度平衡的管理艺术。创业团队的领导者会面临交响乐团指挥或教练所面临的类似挑战。他们必须协调好拥有不同技能、天赋和个性的一大群人,使之成为一个优秀的团体。在许多情况下,他们还需要具备类似杂技人员那样的才能和敏捷度,必须在承受很大压力的情况下,让许多球同时保持置空状态,并且必须做到当球落下来的时候,正好落在另一个人的位置上。总之,创业团队的领导者要将其想象力、动机、承诺、激情、执着、正直、团队合作与洞察力注入企业。在面临两难抉择时,即使有一些不确定因素,即使有相反意见,也必须当机立断。企业的目标不应只是简单地成为富有企业家精神的组织,而是要从战略上具有创业属性,这就要求创业团队的领导者在创业和战略管理之间建立平衡和恰当的联结。卓越的创业团队必须有一个卓越的核心领导者,必须具有卓越的领导过程。这个核心领导者可能是创始人,也可能是创业团队发展到某一阶段时合伙人达成共识而推举的某个成员。

创业型领导是指创建一个愿景,以此召集和动员下属,并激发下属发现和实现具有战略价值创造的创业机会的一种领导行为和过程。创业型领导包含两个维度、五大作用和十九个特征,如表 6-6 所示。

表 6-6 创业型领导的维度、作用和特征

维度	作用	特征	含义
愿景设定	创设挑战	绩效导向	设定高绩效标准
		雄心壮志	设立高目标,努力奋斗
		见多识广	知识渊博,知晓信息
		洞察深邃	直觉超强
	肩负责任	充满愿景	树立愿景,憧憬未来
		战略预见	预见未来可能发生的事件
		建立自信	帮助他人获得自信,并对他们充满信心
	清除障碍	善于交际	深谙人际交往技能
		擅长谈判	能高效地与他人谈判
		令人信服	具有非同寻常的说服能力
		鼓励促进	给予他人勇气、信心或希望

续表

维度	作用	特征	含义
角色创建	建立承诺	鼓舞人心	激发他人的情感、信念、价值观和行为,激励他人为实现愿景而努力奋斗
		满腔热情	展示和传授浓厚的工作热情
		组建团队	促进团队成员共同工作
		持续改进	致力于持续改进绩效
	明晰界限	高效整合	将人和事整合成一个富有凝聚力的工作整体
		智力激发	鼓励他人开动脑筋去挑战其他人的信念、成见和态度
		积极进取	通常保持乐观自信
		果断决策	坚定快速地做出决策

【实践训练】

创业领导行为

请判定你自己实际或准备在创业过程中施展这类行为的情况,将数字1~5填写在每一个题项前面的横线上。

1——2——3——4——5
很少　　有时　　经常

1. 构建创业愿景,阐明它的实现路径,并相信下属能完成此愿景。
2. 树立具有挑战性但通过自己与下属的共同努力能实现的创业目标。
3. 采用多种影响策略激励下属为实现创业愿景和目标而努力奋斗。
4. 坚定快速地做出战略性决策,并愿意承担未来失败的责任。
5. 注重变革,坚持不懈地引领下属开展产品和服务的突破性创新。
6. 敢于竞争,为抓住机会而勇于赶超竞争对手采取创业行动。
7. 愿意承担风险,并有效管控风险。
8. 创造性地提出解决问题的方案。

将8道题的分数加总,以此判定你总体的创业型领导行为。你的分数越高则说明你施展了更多的创业型领导行为。将你的分数标注在下面的轴线上。

8——12——16——20——24——28——32——36——40
弱创业型领导行为　　　　　　　　　　　　　　　强创业型领导行为

【本章小结】

本章主要讲述了创业者和创业团队的培育。

创业者是将资源重新组合以满足市场需求,能够创造价值并推动经济增长的人。创业者区别于职业经理人,创业者有一些先天特质,但行业经验、管理经验都是可以通过后天获取的,可以有意识地积累。创业都会涉及风险,创业者实现了目标,通常也必须承受各种压力。

创业团队是有着共同目的、共享创业收益、共担创业风险的一群创建新企业的人,即初始合伙人团队,其外延还包括与创业过程有关的各种利益相关者,如风险投资家、专家顾问等。创业团队可以划分为不同类型,需要做好协作和冲突管理,构建优秀的团队心智结构和治理结构。在确定股权分配时要重视契约精神。创业团队的领导需要高度平衡的管理艺术。

【思考题】

1. 创业者是天生的吗？创业者的特质可以通过学习和教育获得吗？
2. 为什么要成为创业者？成为创业者的基本素质包括哪些？
3. 如何组建一个优秀的创业团队？创业团队经常包括哪些成员？
4. 怎样激励创业团队成员,创业面临矛盾和冲突时如何消除化解？
5. 你想成为一名创业者吗？为什么？

【参考文献】

[1] Leigh L Thompson. Making the Team[M]. 4th ed. Upper Saddle River: Prentice Hall,2011.

[2] 哈米尼亚·伊瓦拉."领导者"与"管理者"有何不同？[EB/OL].陈隆祥,译.FT中文网.[2015-11-09]. http://www.ftchinese.com/story/001064728.

[3] 琳达·福特.管理就这么简单[M].郝文杰,译.哈尔滨:哈尔滨出版社,2004.

[4] Job Robison.成功企业家的7种特质[EB/OL].创业邦.[2014-01-20]. http://www.cyzone.cn/a/20140120/248664.html.

[5] 杰弗里·蒂蒙斯,小斯蒂芬·斯皮内利.创业学(第6版)[M].周伟民,吕长春,译.北京:人民邮电出版社,2007.

[6] 张玉利,薛红志,陈寒松.创业管理(第5版)[M].北京:机械工业出版社,2020.

[7] 李家华.创业基础[M].北京:北京师范大学出版社,2013.

[8] Noam Wasserman. The Founder's Dilemmas:Anticipating and Avoiding the Pitfalls That Can Sink a Startup[M]. New Jersey:Princeton University Press, 2012.

[9] 克里斯托弗·F.阿川,罗伯特·N.罗瑟尔.卓越领导力:理论、应用与技能开发[M].郑晓明,赵子倩,译.北京:清华大学出版社,2010.

情景剧:创业团队如何组建？

第七章　创业融资与风险投资

【名人名言】

风险管理是对失败的预防,创新是对成功的追求。

——Peter Drucker

【学习目标】

1. 创业融资和风险投资的概念与内涵。
2. 创业企业需要融资以及风险投资在创业生态系统中的角色。
3. 不同类型的融资。
4. 融资之前需要完成的关键准备工作,如商业计划书、财务计划、市场分析等。
5. 确定融资需求和估算资金数量。
6. 明晰整个融资过程。

【开篇案例】

一提到王兴,很多人脑海里首先想到的一个词就是连环创业者,因为他是校内网、饭否网、美团网这三个中国知名网站的联合创始人,除此之外,他还有另外一层身份——大学生创业者,即在毕业之后,没有丰富的职业履历就开始创业的人。

他是人们口中的天才少年,没有参加高考就被保送到中国知名学府清华大学,毕业后拿到全额奖学金去了美国特拉华大学师从中国第一位获得MIT计算机科学博士学位的学者高光荣,随后归国创业,在前一两次不算成功的创业项目之后,王兴创立了校内网,并很快风靡大学校园。校内网于2006年10月被千橡互动集团以200万美元收购。2007年5月12日,王兴创办饭否网,就在饭否网发展势头一片良好之际,因种种原因被关闭,让王兴的事业受到挫折。之后连环创业者王兴于2010年3月上线新项目美团网,并脱颖而出,稳居行业前三,并先后获得红杉和阿里的两轮数千万美元的融资,这个连环创业者的事业逐渐走上正轨。2023年5月,美团单月流水已经突破10亿元。

——资料来源:https://www.yjbys.com/chuangye/gushi/anli/581426.html.
https://www.sohu.com/a/16612697_115469.(有改动)

想象一下,你是一名充满创意和激情的创业者,拥有一个充满潜力的初创企业,你的头脑中充满了创新的想法,但也面临着一个挑战:资金。从产品开发到市场推广,从招聘顶尖人才到扩大生产,所有这些都需要资金。这时,你开始思考如何获得所需的资金来实现你的创业梦想。

这正是创业融资的核心所在。创业融资是一项关键的活动,它可以为创业者提供所需的资源和资金来推动初创企业的发展。而在创业融资的广阔天地中,风险投资无疑是其中最引人注目的领域之一。

但是,创业融资并不仅仅是拿到一些资金,它涉及复杂的决策、战略规划以及与投资者之间的密切合作。在这个过程中,创业者需要回答并解决一系列重要问题:如何寻找适合的投资者?如何评估自己的企业价值?如何保护自己的股权?如何规划使用资金的最佳方式?这正是本章的核心内容,本章将帮助创业者了解创业融资与风险投资的方方面面。

第一节 创业融资

创业者在完成创意及各种准备活动之后必须通过各种渠道获得资金以支持和保证创业活动,了解创业融资是关键。

一、创业融资的内涵

创业融资是指新兴企业或初创企业在其生命周期中寻找外部资金以支持业务发展和扩展的过程。这些资金通常用于产品研发、市场推广、扩大团队、提升生产力、进一步研发等方面。创业融资的目标是帮助企业在竞争激烈的市场中生存和蓬勃发展。

虽然创业活动并不都需要大量资金,但缺乏必要的启动资金还是创业者创业中的主要障碍。寻找外部资金支持很困难,因此,创业融资成为创业过程中最大的难题之一。大部分创业企业都会通过自融资和外融资两种方式满足创业所需的资金。

自融资即自筹资金、自我融资、私人资本融资,是创业者自己出资或从家庭好友处筹集资金。外融资的方式较多,包括贷款、天使投资、债务融资、股权融资、企业家加速器等。

1. 创业企业需要融资的原因

创业者通常通过自筹资金、天使投资、种子轮融资、风险投资、债务融资等进行融资。

创业企业通常需要融资的原因包括以下几个方面。

(1)初期融资。

初创企业通常需要大量的初期融资来研发产品、建立基础设施和招聘团队。这些资金是用于启动业务、开发产品或服务、进行市场测试以及建立企业的基本基础。初期融资对于初创企业至关重要,因为它们通常处于最脆弱的阶段,需要资金支持来建立业务、验证市场需求并吸引更多的投资。

(2)资本需求。

创业企业需要足够的资金来开展业务、扩展市场份额和实现战略目标。不同类型的业务(例如,技术初创企业、制造业、服务业等)具有不同的资本需求。具体业务模型也会影响资本需求。早期阶段,需要资金来进行研发、样品制作、市场测试和产品改进等。运营期,需要包括员工薪资、租金、设备、供应链和物流等维持日常业务运营所需的资金。

(3)高风险性。

初创企业面临失败的风险,因此需要外部支持来平衡风险。多数初创企业在早期阶段会亏损,需要投入大量资金用于产品开发、市场推广和团队建设,由于市场的不确定性,在实现盈利之前可能需要一段时间。

(4)市场竞争。

市场竞争激烈,需要资金来助其快速进入市场、推广产品并建立品牌。创业者必须有有效地执行其业务计划、管理团队的能力,战略执行和业务运营的成功与否对企业的成功与否至关重要。

2. 创业融资过程

创业融资的过程通常包括多个阶段,从初期的筹资到后期接受大规模风险投资,创业融资通常涉及多个步骤。

(1)确定资金需求。

包括启动资金、运营资金和未来发展的资金需求。

(2)制订融资计划。

制订一份详细的融资计划书,包括业务模型、市场分析、竞争分析、财务预测、资金用途和退出策略等。这是创业者向投资者展示的关键文档。

(3)选择融资类型。

包括自筹资金、天使投资、种子轮融资、风险投资、债务融资、众筹等。不同的融资类型适用于不同的发展阶段和资金需求。

(4)寻找投资者或贷款机构。

可以通过与天使投资者、风险投资公司、银行、企业家加速器、投资机构或众筹平台建立联系来实现。互联网、行业活动和投资者关系是找到潜在投资者的途径。

(5)初步接触。

与潜在投资者建立联系,进行初步的沟通。包括通过电子邮件或电话沟通进行初步介绍,以便潜在投资者了解创业企业的业务。

(6)尽职调查。

用以评估业务的可行性、团队、市场机会和风险。

(7)谈判和协议。

一旦投资者表现出兴趣,对融资条件进行谈判并达成协议。这包括股权分配、估值、投资金额、退出条件、投资者权益等。

(8)法律程序。

在达成协议后,需要起草和签署正式的投资协议。这通常涉及律师的参与,以确保所有法律方面的问题得到妥善处理。

(9)融资完成。

一旦协议达成并完成法律程序,资金将转入企业账户,用于支持企业的运营和发展。

(10)监督和报告。

与投资者保持沟通,按照协议履行职责,定期报告业务进展和财务状况。

(11)执行融资计划。

利用融资的资金,按照计划执行企业战略,增加市场份额和实现业务目标。

(12)退出策略。

预先考虑和规划退出策略。投资者通常希望在一定时间内获得回报,可能包括企业的上市、并购、股权回购或其他形式的退出方式。

需要注意的是,创业融资过程可能会因不同的融资类型和市场条件而有所不同。成功的创业融资通常需要充分的准备、清晰的沟通和坚定的执行。在这个过程中,与专业人士合作,谨慎考虑融资选择,并与潜在投资者建立强大的合作关系是非常关键的。

二、创业融资的类型

创业者或初创企业寻找外部资金支持来发展和扩展业务。创业融资可以有多种不同类型的资金来源,这些资金可以用于各种用途,包括产品开发、市场推广、扩大团队、基础设施建设等。根据资金的来源和融资方式,通常有以下几种类型,不同类型的融资方式可以根据创业企业的需求和发展阶段来选择。

表 7-1 创业融资的类型

时间	类型	资金来源
初创早期	自筹资金	个人储蓄、信用卡借款、家庭资产抵押贷款
	天使投资和种子轮融资	成功的企业家、高净值个人、专业投资者
初创成功	A 轮融资	风险投资者、风险投资基金
后续阶段	B、C 及后续轮次融资	风险投资者、私募股权公司、其他投资机构
	首次公开募股(IPO)	公众融资
	后期融资	风险投资基金、私募股权公司、并购、大型机构投资者、战略投资者

1. 自筹资金(bootstrapping)

自筹资金,通常在初创企业的早期阶段使用,是一种常见的融资方式,用于启动业务、开发产品或服务、进行市场测试,是建立企业的基础。创业者不依赖外部投资或债务融资,使用自己的储蓄或资产来启动或发展企业,特别是当创业者缺乏外部投资机会或希望保持对企业的控制时通常自筹资金。

(1)自筹资金的形式。

①个人储蓄。

创始人使用自己的储蓄来启动业务。包括积蓄账户、投资账户或退休账户中的资金。

②个人资产。

创始人还可以出售个人名下的资产,如不动产、车辆或其他有价值的资产,以获得创业资金。

③亲朋好友的资金。

有时,创业者会向家人或朋友借款或与他们合作以获得启动资金。这种方式需要小心管理所获得的资金,以避免潜在的关系问题。

(2)自筹资金的优缺点。

①优点。

a.保持控制权:创业者可以保持对企业的完全控制,无需与投资者分享股权。

b.降低财务风险:没有债务和股权让渡,可以降低财务风险。

c.灵活性:创始人拥有绝对的控制权,可以自主决策,没有外部投资者的限制。

②缺点。

a.资金有限,可能限制企业的发展速度。

b.风险较高,创始人可能需要承担个人财务风险。

c.不适用于需要大规模投资的企业。

在使用自筹资金这种融资方式时,创业者需要仔细考虑资金需求和企业扩张计划。有些创业者可能会选择在初期使用自筹资金,然后在后期寻找外部投资以支持企业更大规模的发展。

2. 债务融资(debt financing)

创业企业也可以通过借款来融资,通常是通过银行贷款、债券发行或其他债务工具。这种类型的融资通常需要还本付息。企业借贷资金,并承诺在一定时间内偿还本金和利息。

(1)债务融资相关概念。

①债务工具:债务融资可以采用不同形式的债务工具,包括公司债券、商业贷款、抵押贷款等。

②利息:债务融资需要支付借款金额的利息,这是借款成本的一部分。

③期限:债务通常具有固定的期限,企业需要在规定的时间内还清借款。

④担保:债务融资可能需要提供担保物,以减轻借款人的风险。担保可以是企业资产、股权或其他财产。

(2)债务融资的优缺点。

①优点。

a.不涉及股权交换,创始人可以保持对企业的控制。

b.利息支出通常可在企业税务上扣除,可以获得税收优惠。

c.债务融资通常需要按期偿还,有助于维护财务纪律。

②缺点。

a.资格要求:获得债务融资可能需要符合一定的资格要求,包括信用评级、借款人信用记录等。

b.需要偿还本金和利息,可能影响现金流,增加财务压力。

c.可能附带一些限制和条款,如财务契约、担保要求等,会对企业的灵活性产生影响。

d.需要有可供抵押或担保的资产或信用。

e.长期债务可能导致企业长期偿还债务,限制了用于其他投资的资金。

债务融资是一种重要的融资方式,可以帮助企业筹集资金来支持其发展和增长。然而,创业者需要权衡债务融资的利弊,并确保能够按时偿还债务,以降低风险。通常,债务融资与其他融资方式(如股权融资)一起使用,以满足企业的不同资金需求。

3. 种子轮融资(seed funding)

种子轮融资对于创业者来说是一种重要的融资方式,通常是在初创企业启动初期,发生在天使投资之前,是创业旅程的第一步,有助于企业在市场上建立起坚实的基础。成功的种子轮融资会经过 A 轮融资(Series A Funding)、B 轮融资(Series B Funding)、C 轮融资(Series C Funding)等,随着企业的发展,可能还会有 D 轮、E 轮等后续轮次融资,用于进一步支持企业的发展。

(1)种子轮融资的主要内容。

①资金来源:通常来自天使投资者、天使投资网络、孵化器、企业家加速器、风险投资基金或个人投资者。这些投资者相信初创企业的潜力,并提供资金以支持其早期发展。

②股权和估值:投资者通常会获得一定比例的企业股权作为回报。此时企业尚未证明其商业模型的可行性,通常估值相对较低。

③风险和回报:种子轮融资涉及较高的风险,因为企业通常还没有实际收入和客户基础。成功的种子轮融资可以为企业提供所需的启动资金,以便在市场上立足并准备好后续的融资轮次。

(2)种子轮融资的优缺点。

①优点。

a.提供更大规模的资金,支持产品开发和市场推广。

b.可以吸引专业投资机构的兴趣,增加企业可见度。

c.通常涵盖更广泛的运营需求。

②缺点。

a.通常需要交换股权,可能导致股权稀释。

b.融资过程更复杂,包括尽职调查和法律文件。

c.成功获得种子轮融资需要一个有吸引力的业务计划和具有商业变现的潜力。

种子轮融资适用于各种不同类型的初创企业,包括技术初创公司、应用程序开发者、硬件制造商和服务提供商,它通常用于初创企业建立初期的市场存在感。

4. 天使投资(angel investment)

天使投资通常为早期阶段的初创企业提供资金以支持其发展和成长。天使投资者是个人投资者(被称为天使投资者)或小型投资团队,他们可能有各种不同的背景和经验,包括成功的企业家、前高管、专业投资者等,通常是高净值个体,具有财务实力和行业经验,他们愿意投资早期阶段的企业,希望获得股权或期权等潜在的高回报。天使投资的金额可以因投资者和企业而异,投资者可能会投资单独的项目,也可能参与投资圈投资。

(1)天使投资主要内容。

①资金用途:通常用于早期的种子轮融资,用于支持初创企业的产品开发、市场测试、样品制作、团队建设和初期市场推广等活动。

②风险和回报:通常涉及高风险,如果投资成功,回报也会非常高,因为天使投资者通常会获得企业的一部分股权,这些股权在企业的估值增长时会增值。

③战略指导:天使投资者不仅提供资金,还提供战略建议和导师支持。他们的行业经验和人际关系可以帮助创业者在业务发展过程中做出明智的决策。

(2)天使投资的优缺点。

①优点。

a.提供初期启动资金,有助于企业验证概念。

b.天使投资者通常具有行业经验和关系网,可以提供导师指导。

c. 相对灵活，不同于传统风险投资，投资者可能更容易与创始人建立紧密联系。

d. 高风险高回报。

②缺点。

a. 通常需要交换股权或期权，会减少创始人的股权比例。

b. 天使投资者数量有限，寻找合适的投资者可能需要时间。

c. 依赖个人投资者的财务能力和意愿，涉及高风险。

天使投资对于初创企业来说是一种重要的融资方式，尤其在早期阶段。它可以帮助企业获取资金、建立业务和团队，以准备更大规模的融资轮次。创业者通常需要通过网络、行业活动或投资者关系建立联系，以吸引天使投资者的兴趣。

5. 风险投资（venture capital，VC）

风险投资是许多初创企业获得资金、发展业务和实现增长的关键方式之一。通常发生在企业的成长阶段，风险投资是由专业投资机构提供的资金，用于帮助初创企业扩大规模、扩张市场和走向国际化、研发新产品或服务、强化营销和销售、拓展团队和人员、企业并购或收购等，实现战略目标和进一步发展。风险投资公司通常提供战略指导和支持，包括业务建议、行业联系和管理经验，以帮助企业实现其目标。

（1）风险投资的主要内容。

①资金来源：通常来自专业的风险投资公司。风险投资公司管理风险投资基金，吸引了投资者（有时是机构投资者）投入资金，再将这些资金投资于多个初创企业中。

②股权和估值：风险投资公司通常会获得企业的一部分股权作为回报。估值是在谈判中确定的，通常取决于企业的成长前景、市场机会和团队。

③风险和回报：风险投资涉及高风险，如果投资成功，企业的估值增长可能会带来显著的回报。

（2）风险投资的优缺点。

①优点。

a. 提供大规模资金，支持企业的发展和扩张。

b. 风险投资者通常具有丰富的经验和资源，可以帮助企业实现战略目标。

c. 成功的风险投资可以提高企业的估值，吸引其他投资者和合作伙伴，为未来融资创造更好的条件。

②缺点。

a. 通常需要交换大量股权，创始人的股权可能会被稀释。

b. 风险投资者通常要求高回报，因此需要关注长期盈利能力。

c. 融资过程时间较长，尽职调查严格，要求高。

d. 竞争激烈，获得风险投资通常需要竞争，不是所有初创企业都能成功融资。

风险投资适用于具有高增长潜力的初创企业，尤其是那些技术创新、市场规模庞大且竞争激烈的行业。这包括生物技术、清洁技术、互联网和移动应用等领域。

创业者需要与风险投资公司建立联系，通过提供具有吸引力的商业计划、团队和市场机会来吸引投资。成功的风险投资可以帮助企业迅速扩张，但也需要注意，与风险投资公司合作可能会涉及一些股权和决策方面的权衡。（风险投资的内容会在本章第二节进行更为详细的介绍）

6. 企业加速器(enterprise accelerator)

企业加速器是一种支持初创企业发展和增长的组织或项目。企业加速器通常提供资金、资源、导师支持、教育和培训，以帮助创业者加速其企业的发展。通常，创业者需要通过竞争进入企业加速器项目，时间为数月，创业者需要完成期限内的目标，以获得最大的收益。在此期间企业加速器可以帮助创业者建立有价值的行业联系，包括建立与其他初创企业、投资者、客户和供应商的合作伙伴关系。

(1) 企业加速器的主要内容。

①资金支持：企业加速器通常会向被选中的初创企业提供种子资金或初期投资，以支持其产品开发和市场测试。

②资源和基础设施：企业加速器通常提供共享的办公空间、设备、技术基础设施和资源，使初创企业能够更容易地进行研发和生产。

③导师和专业支持：企业加速器通常有一支导师团队，包括成功的企业家、行业专家和投资者，他们为创业者提供指导和建议，有助于创业者避免常见的错误，制定有效的战略，并建立有价值的联系。

(2) 企业加速器的优缺点。

①优点。

a. 有助于创业者在早期融资阶段获得所需的启动资金。

b. 提供技术基础设施、教育培训等资源，可帮助初创企业降低运营成本并提高效率。

c. 可以获得来自成功的企业家、行业专家和投资者的导师支持。

d. 孵化初创企业和帮助创业者准备好后续融资轮次。

②缺点。

a. 竞争激烈，需要通过竞争性选择，不是所有初创企业都能被选中。

b. 有限的时间期限会给创业者造成压力。

c. 可能的干涉：一些企业加速器可能对企业的战略和决策产生一定程度的影响，可能不适合所有创业者的愿望和需求。

d. 在某些行业可能不适用，特别是那些需要大量资本支持和长期研发的领域。

e. 不保证成功，成功仍然取决于创业者的能力、市场机会和竞争情况。

企业加速器可以为初创企业提供重要的支持和资源，帮助初创企业克服起步阶段的挑战，加速其发展，提高其成功的机会。但创业者需要在获得支持和让渡股权之间权衡。这些企业加速器在不同地区和行业中都有，每个加速器都有其独特的特点和要求，创业者应仔细研究并选择最适合的加速器。

【延伸阅读】

企业加速器是继企业孵化器之后我国各城市争相设立的一种服务于高成长型中小企业(瞪羚企业)的机构。美国被认为是企业加速器发展最为成熟的国家。自1999年美国西雅图成立全球第一家企业加速器以来，全球兴起了成立企业加速器的热潮。多个国家纷纷成立了企业加速器。2005年，我国第一家企业加速器——中关村永丰现代企业加速器MEA(modern enterprise accelerator)成立，多年来，上海、武汉、西安、苏州等地陆续成立了数十家企业加速器。企业加速器的运作模式多是政府主导，或政府与科技产业园区联合运作。企业加速器与企业的成长关系如图 7-1 所示。国内有代表性的企业加速器及其与企业孵化器、科技产业园的比较见表 7-2、表 7-3。

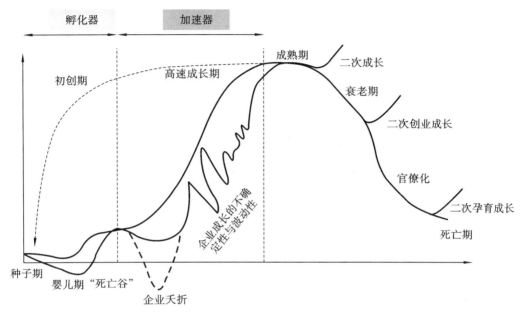

图 7-1　企业加速器与企业成长期的关系

表 7-2　国内有代表性的企业加速器一览表

名称	运作主体	建设情况
北京中关村永丰高新技术产业基地	公司与科技园区合作（国有控股商业化运作）	已建成
武汉光谷生物创新园	区政府与园区联合	已建成
广州开发区科技企业加速器	政府主导	已建成
深圳招商局科技企业加速器		
深圳软件与信息服务企业加速器	市政府与产业园区联合	已建成
深圳坪山生物医药企业加速器	区政府与产业园区联合	已建成
深圳龙岗区产业科技企业加速器	区政府主导	已建成
南京新城科技企业加速器	政府主导	已建成
江阴扬子江科技企业加速器-创智产业园	产业园区主导	已建成
苏州工业园区加速器中小企业服务中心	园区主导	已建成
无锡新区科技企业加速器	政府主导	已建成
上海大康企业加速器	政府与学校联合	已建成
上海漕河泾创新创业园	园区主导	一期已建成
上海漕河泾科技绿洲	园区企业联合	已建成
吉林省高新创业孵化产业园（加速器）项目	企业与园区联合	已建成
青岛高新区科技企业加速器	政府主导	已建成
贵阳高新创业服务中心（孵化器延伸）	政府主导	已建成

续表

名称	运作主体	建设情况
合肥科技企业加速器	政府主导	已建成
宁波高新区企业加速器	政府主导	已建成
中山市科技中小企业加速器	政府主导	已建成
西安瞪羚企业加速器	园区主导	已建成
厦门火炬（翔安）产业区科技企业加速器	政府主导	已建成

表7-3 国内企业孵化器、企业加速器与科技产业园的比较

类别	企业孵化器	企业加速器	科技产业园
服务对象	初创期的小企业	孵化毕业企业、高成长中小企业	规模及以上科技企业
功能任务	促进创新创业	加速成长，收获创新价值	高效率规模生产
服务模式	基本公共服务为主，创业培训与辅导，机会发掘和合作对接	政策引导下的市场化服务，定制化的战略指导、潜力挖掘，渠道拓展、网络联结	专业化的产学研联系，促进生产
服务场地面积	小，3000—30000 m²	较大，30000—100000 m²	大，100000 m² 以上
物理空间	主要是办公、研发的空间	多种类型的专业化空间：办公、实验、厂房、服务	主要是生产空间
入孵（驻）企业使用面积	300—1000 m²	1000—5000 m²	10000 m² 以上
入孵（驻）企业注册资金规模	一般在200万元以下	一般在200万—2000万元	一般在2000万元以上
器（园）内服务机构	孵化器管理公司，物业管理公司	加速器管理公司，物业管理公司，专业投资机构，专业中介服务机构	园区管委员或管理公司，物业公司、专业投资公司及银行、专业中介服务机构
入孵（驻）企业场地使用状况	租赁使用，不拥有产权	租赁使用，不拥有产权	永久使用（拥有产权）；租赁使用（不拥有产权）
入孵（驻）企业流动状况	企业毕业后应退出孵化器	企业毕业后应退出加速器	园内企业相对稳定
器（园）类别	分综合型和专业型两类，但专业型是共同的发展方向		

7. 首次公开募股（initial public offering，IPO）

首次公开募股是一种企业融资方式，通过将公司的股票首次在证券交易所上市交易以筹集资金。

(1)首次公开募股主要内容。

①发行股票:在首次公开募股中,公司会选择发行普通股,但也可以发行其他类型的股票。

②发行价格:发行股票的价格通常基于一系列因素,包括市场需求、公司的估值、行业趋势等。

③证券交易所上市:一旦成功进行IPO,公司的股票将在证券交易所上市,投资者可以在公开市场上自由买卖该企业股票。

④托管银行和证券公司:IPO通常需要托管银行和证券公司的协助,他们负责发行和销售公司的股票。

(2)首次公开募股的优缺点。

①优点。

a.大规模融资:IPO允许企业在公开市场大规模筹集资金,支持企业的扩张和发展。

b.提高知名度:上市公司通常更容易获得媒体和投资者关注。

c.股权流动性:股票上市后可以在公开市场自由买卖,提高了股权的流动性。

②缺点。

a.法规合规:IPO涉及复杂的法规和合规要求,需要花费大量时间和资金。

b.控制权让渡:上市后,创始人可能会面临股权分散和控制权下降的问题。

c.公开透明度:上市公司需要公开披露财务信息和业务运营情况,可能会暴露商业机密。

在发展到一定规模并满足一定法规要求后,一些初创企业可能选择通过IPO在股票市场募集资金。IPO是一种重要的企业融资方式,它可以帮助企业筹集大规模的资金,提高知名度,但也伴随着法规合规要求和股权分散的缺点。企业需要在决定进行IPO之前仔细考虑自己的财务状况、发展计划和市场条件。

【延伸阅读】

2020年,高瓴资本共投出26家IPO企业、2家科创板企业,拔得头筹。其次是红杉中国,投出22家IPO企业和2家科创板企业。整体来看,高瓴资本、红杉中国和深创投是中国VC/PE界的点金石(见图7-4)。

表7-4 2020年VC/PE投资机构IPO数量与科创版数量

机构	IPO数量	科创版数量
高瓴资本	26	2
红杉中国	24	2
深创投	22	9
达晨	16	8
盈科资本	14	6
鼎晖投资	13	6
金石投资	12	9
中金资本	12	5

续表

机构	IPO 数量	科创版数量
启明创投	12	4
君联资本	11	4
IDG	11	3
正心谷资本	10	4
中芯聚源	9	8
毅达资本	9	6
涌铧投资	9	6
同创伟业	9	5
礼来亚洲基金	9	3
前海母基金	9	1
国新基金	8	6
汉理资本	8	5
东方富海	8	4
冠亚投资	8	3
斐君资本	8	3
金通资本	8	3
新加坡政府投资	8	2
顺为资本	8	2

注：VC（venture capital）指风险投资，PE（private equity）指私募股权投资。
——资料来源：《中国科技金融服务深度调研与投资战略规划分析报告》。

每种融资方式都有其优点和缺点、适用的情况和限制，创业者应根据其企业的具体需求、发展阶段和风险承受能力选择最合适的方式。通常，初创企业在不同的发展阶段可能会使用多种融资方式，以满足其不同的资本需求。理解这些融资方式的特点和权衡利弊将有助于创业者做出明智的决策。

三、创业融资过程

创业融资的过程通常包括多个阶段，从初期的筹资到后期的吸引大规模风险投资，从寻找投资者到谈判和协议签署等。

1. 准备阶段

在寻求融资之前，创业者需要完成一系列关键准备工作，如商业计划书、财务计划、市场分析报告等以确保它们能吸引投资者的目光。

（1）确定资金需求。

确定融资需求和估算资金数量是创业融资过程中的关键步骤，需要根据企业的特定需求、目标和发展计划来进行精确的计算和分析,以确保能够获得足够的资金支持企业的发展和成功。

以下是确定融资需求和估算资金数量的步骤和考虑因素。

步骤一:明确资金用途。

明确需要融资的具体用途,例如产品开发和研发、市场推广和销售、运营和扩张、技术基础设施、储备资金等。

步骤二:制订财务计划。

制订详细的财务计划,包括收入预测、成本结构、现金流量预测等。这有助于确定融资需求的数量。

步骤三:考虑风险和不确定性。

考虑不同的风险因素和不确定性,包括市场变化、竞争压力、产品开发延迟等。为了应对这些风险,可能需要额外的资金储备。

步骤四:寻求专业意见。

如果不确定如何估算资金需求,可以考虑咨询会计师、财务顾问或业界专家,以获取专业意见和帮助。

步骤五:制定融资策略。

一旦明确了融资需求和估算的资金数量,就开始制定融资策略,这包括决定融资的类型(股权融资、债务融资等)和融资来源(天使投资、风险投资、银行贷款等)。

步骤六:建立弹性。

在估算资金需求时,考虑留有一些弹性,以应对未来可能发生的意外情况或机会,不要低估了资金需求。

步骤七:定期评估和调整。

资金需求是动态的,随着企业的发展和市场情况的变化而变化。定期评估和调整资金需求估算,以确保它与实际情况保持一致。

(2)制订融资计划。

一份详细的融资计划,包括融资的时间表和金额。编写融资计划书时,务必确保内容准确、详细、逻辑清晰,并反映公司的业务计划的可行性和吸引力。最好在编写之前咨询专业顾问或导师,以确保计划书吸引投资者或达到贷款机构的标准。

(3)准备资料。

准备好必要的文档,包括商业计划书、财务计划、市场分析报告等。

①商业计划书。

商业计划书是向投资者展示企业愿景和战略的关键工具,应该清晰、简明扼要,能够有效传达企业的业务模型和发展潜力。

②财务计划。

财务计划是关键的融资准备工作之一。包括收入预测、成本结构、现金流量预测、资产负债表等财务信息。投资者通常会仔细审查财务计划,确保财务数据可信且基于合理的假设。

③市场分析报告。

市场分析是证明业务模型和市场机会的关键因素,包括市场规模、趋势、竞争对手分析和目标受众的描述。

④团队和管理。

强调团队的强项和背景,以建立信任关系。确保团队具备适当的经验和技能,以执行计划并应对挑战。

⑤知识产权保护。

如果业务涉及知识产权(如专利、商标、版权等),确保它们受到适当的保护。这有助于降低知识产权风险,并增加企业价值。

⑥法律和合规性。

了解与融资相关的法律和合规性要求,并确保业务符合这些规定。可能需要法律顾问协助处理法律文件和交易方案。

⑦市场推广和品牌。

强调企业品牌价值,投资者关心企业的市场推广策略和品牌建设。清晰的市场推广计划有助于展示企业是如何吸引客户和逐步发展的。

⑧战略规划。

树立明确的战略规划,包括短期和长期目标,以及应对市场变化和竞争的策略。投资者想知道创业者有没有适应市场变化的计划。

在完成这些关键准备工作之后,创业者能够更自信地向潜在投资者展示自己的企业,并回答他们可能提出的问题。这有助于吸引投资和融资成功的机会。

【延伸阅读】

小微企业发展势头迅猛,成为我国社会经济发展的重要推力,但小微企业面临着融资难、融资贵、融资险的困境,已严重制约了其自身的发展,能否合理有效地解决融资相关问题是我国小微企业健康持续发展的关键。政府部门、金融机构和企业本身都要积极采取措施,减轻融资难度,降低融资成本,化解融资风险。

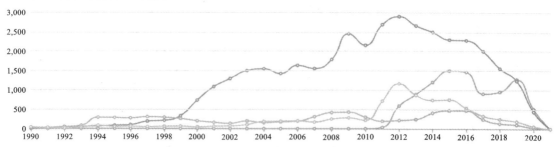

图7-2 我国小微企业融资方式的变化趋势(1990—2020)

2. 选择融资的类型

根据资金需求和业务特点,选择合适的融资类型。常见的融资类型包括自筹资金、天使投资、种子轮融资、风险投资、债务融资、众筹等。

3. 寻找投资者或贷款机构

可以通过与天使投资者、风险投资公司、银行、企业加速器、投资机构或众筹平台建立联系来实现。

4. 与投资者沟通

与潜在投资者建立联系,进行初步的沟通。包括向投资者介绍、与投资者会面、通过电话会议或电子邮件与投资者交流。

5. 尽职调查

投资者通常会进行尽职调查,以评估业务的可行性、团队、市场机会和风险。

6. 谈判和协议

一旦投资者表现出投资兴趣,双方可谈判融资条件并达成协议。协议内容包括股权分配、估值、投资金额、退出条件、投资者权益等。

7. 法律程序

在达成协议后,需要起草和签署正式的投资协议,通常需要律师参与,以确保所有法律方面的问题得到妥善处理。

8. 融资完成

一旦协议达成并完成法律程序,资金将转入企业账户,可用于支持业务的运营和发展。

9. 管理和报告

一旦融资完成,创业者需要有效管理和使用资金,并向投资者定期报告业务绩效。

(1)监督和报告。

与投资者保持沟通,按照协议履行义务,定期报告业务进展和财务状况。

(2)执行融资计划。

利用融资的资金,按照计划执行业务战略,增加市场份额和实现业务目标。

(3)退出策略。

预先考虑和规划退出策略。投资者通常希望在一定时间内获得回报,可能包括企业的上市、并购、股权回购或其他形式的退出方式。

整个创业融资过程需要耐心、坚持和专业的法律和财务支持。每个融资阶段都需要不同的策略和准备工作,以满足企业的不同资金需求。成功的创业者通常能够建立有效的融资计划,并与投资者建立紧密的合作关系,以支持企业的发展。

四、创业融资案例

在当今竞争激烈的创业环境中,成功获得融资是一项艰巨的任务,但也是创业者们追逐梦想的必经之路。接下来我们将介绍一些创业者的案例。这些案例不仅是启发,更是证明了坚持、创新和坚韧精神的力量。

1. 国外有代表性的案例

【延伸阅读】

Facebook

创始人：马克·扎克伯格

创始时的融资：最初是自筹资金，后来获得了一系列天使投资和风险融资。

成功故事：Facebook 于 2004 年成立，最初在哈佛大学推出。它通过天使投资和风险投资（首轮由 Accel Partners 领投）获得了资金。随后，Facebook 迅速扩展并于 2012 年进行了首次公开募股（IPO），成为全球最大的社交媒体平台之一。

Uber

创始人：特拉维斯·卡兰尼克、加勒特·坎普

创始时的融资：最初通过风险投资融资，获得了来自 Risk/BlackCar、First Round Capital 等风险投资者的支持。

成功故事：Uber 于 2009 年成立，改变了人们的出行方式，成为全球最大的共享出行平台之一。它吸引了大量的风险投资，包括首次公开募股（IPO），在全球范围内提供出行服务。

Airbnb

创始人：布莱恩·切斯基、乔·吉比亚、内特·布莱斯基

创始时的融资：最初通过天使投资融资，后来进行了多轮风险投资，包括 Andreessen Horowitz 等知名投资机构。

成功故事：Airbnb 于 2008 年成立，提供在线民宿预订服务。它通过风险投资融资，扩大了业务范围，成为全球最大的在线房源分享平台之一，并在 2020 年进行了首次公开募股（IPO）。

Tesla

创始人：埃隆·马斯克

创始时的融资：最初通过风险投资融资，以开发电动汽车技术。埃隆·马斯克自己也投入了大量资金。

成功故事：Tesla 于 2003 年成立，致力于电动汽车和可再生能源技术。它吸引了来自风险投资、政府补贴和首次公开募股的资金，成为电动汽车行业的领导者之一。

——资料来源：根据企业公开的注册资料和互联网资料整理

2. 国内有代表性的案例

我国近年来涌现出许多成功的创业融资案例，创业者在不同领域取得的成功，以及他们在融资方面获得的支持，反映了我国不同领域的创新和创业实力以及创业者的创业精神的活力和多样性。我国的创新生态系统不断壮大，为有创意和决心的创业者提供了丰富的机会。

【延伸阅读】

字节跳动（Bytedance）

创始人：张一鸣

创始时的融资:2013年9月,今日头条获数千万美元B轮融资。

成功故事:2012年3月成立,2016年在北京注册,其旗下拥有TikTok和抖音等知名短视频平台。2016年10月,投资印度最大的内容聚合平台Dailyhunt;12月,控股印尼新闻推荐阅读平台EABE;字节跳动在全球范围内取得了巨大的成功,并进行了多轮融资,使公司估值飙升。

美团点评(Meituan)

创始人:王慧文(联合创始人)

创始时的融资:2018年在香港进行了IPO,募集了超过40亿美元。

成功故事:由美团与大众点评于2015年10月8日合并成立,是一家中国领先的本地生活服务平台,拥有到店餐饮、酒店旅游、在线外卖和移动出行四大板块,其中在线外卖是公司估值最重要的支撑。2020年9月,美团点评正式更名美团。

滴滴出行(DIDI)

创始人:程维

创始时的融资:2012年12月,获得了A轮金沙江创投300万美元的融资;2013年4月,完成B轮融资,腾讯投资1500万美元。

成功故事:滴滴出行是涵盖出租车、专车、滴滴快车、顺风车、代驾及大巴、货运等多项业务的一站式出行平台,2016年8月与Uber中国业务合并。2021年6月11日,滴滴出行正式向美国证券交易委员会递交IPO招股书,6月30日,正式在纽交所挂牌上市,股票代码为"DIDI"。

小米(Xiaomi)

创始人:雷军

创始时的融资:2018年在香港进行了IPO,融资超过50亿美元。

成功故事:小米科技有限责任公司成立于2010年3月3日,是专注于智能硬件和电子产品研发、智能手机、智能电动汽车、互联网电视及智能家居生态链建设的全球化移动互联网企业、创新型科技企业。

小红书(Xiaohongshu)

创始人:毛文超、瞿芳

创始时的融资:2013年,拿到了真格基金徐小平等天使投资的启动资金。

成功故事:小红书是主打生活方式和消费决策入口的社交电商平台,该公司已经获得来自阿里巴巴和腾讯的大量投资。

猿辅导(Yuanfudao)

创始人:帅科

创始时的融资:2012年8月,获得IDG资本A轮融资1000万元;2013年8月,获得经纬中国、IDG资本B轮融资700万美元;2014年7月,获得经纬中国、IDG资本C轮融资1500万美元;2015年3月,获得华人文化产业基金、新天域资本、IDG资本、经纬中国D轮融资6000万美元;2016年5月,猿辅导获得腾讯D+轮融资4000万美元。2018年12月,猿辅导完成3亿美元F轮融资,投资方为腾讯(领投)、经纬中国、华平投资、IDG资本。

成功故事:猿辅导创立于2012年,是中国领先的在线教育平台,是K-12(覆盖学前和12

年基础教育)在线教育首个独角兽公司。顺利完成由 IDG 资本、高瓴资本、博裕资本、华平投资、腾讯等知名基金、巨头公司领投的多轮融资,估值超过 78 亿美元。

——资料来源:根据企业公开的注册资料和互联网资料整理。

这些案例展示了不同类型的融资方式如何帮助初创企业在不同领域取得成功。无论是通过天使投资、风险投资还是首次公开募股,融资都可以成为初创企业实现业务增长和扩展的关键因素。

第二节 风险投资

风险投资在创业生态系统中扮演着关键角色,它不仅为初创企业提供了资金,还推动了创新、经济增长、就业机会和社会福祉的提升。风险投资的成功有助于创造更加繁荣和有活力的经济环境。风险投资在现实中是指融资与投资相结合的一个过程,而风险这一概念不仅体现在投资上,也体现在融资上。从某种意义上说,风险投资过程中最重要的、最困难的不是投资方面,而是融资方面。在融资时,投资者购买的是资本,而风险投资家出售的则是自己的信誉、吸引人的投资计划和对未来收益的预期。投资时,他们购买的是企业的股份,用以换取企业的发展。退出时,他们出售企业的股份,回收投资,外加丰厚的利润,以及光辉的业绩和成功的口碑。将资本撤出后,他们会进行下一轮的融资和投资。

一、风险投资的内涵和特征

1. 风险投资的内涵

风险投资既是一种长期投资方式,也是一种创业融资的方式,是融资与投资相结合的一个过程,它通常由专业投资机构或个人投资者提供。风险投资的独特之处在于,投资者愿意承担高风险,帮助企业实现快速增长,并在成功时分享收益。风险投资对创新、经济增长和就业机会的推动发挥着关键作用。

2. 风险投资的特征

(1)高风险高回报:风险投资通常投资初创或具有高发展潜力的企业,这些企业的成功与否往往具有不确定性。

(2)长期投资:风险投资往往是一种长期投资,因为创业企业或初创企业需要时间来实现其潜力并取得成功。投资者通常需要耐心等待,直到企业获得成功并完成退出计划,如上市或被收购。

(3)提供资金和资源:风险投资者不仅提供资金支持,还可以为企业提供战略指导、行业经验和关键资源,如市场渠道、商业链条等。他们通常与企业合作,共同努力实现企业的增长和成功。

(4)少数股权投资:风险投资者通常通过购买企业的少数股权来参与投资。这意味着他们拥有一定程度的所有权,但不具备决策权。这种投资结构有助于保持创业者对企业的控制,并激励投资者积极支持企业的发展。

(5)退出策略:风险投资者在投资时通常会考虑退出的策略,以实现投资回报。常见的退出方式包括企业上市、被收购或者进行股权转让等。投资者希望在企业成功后将其投资转化为现金,实现投资回报。

风险投资是一种具有高风险高回报特征的长期投资,通过提供资金和资源支持创业或初创企业实现其潜力,同时希望通过退出战略获得投资回报。

二、风险投资的类型和来源

1. 风险投资的类型

风险投资有以下几种类型。

(1)股权投资。

这是最常见的风险投资形式,投资者以资金换取初创企业的股权。通常,投资者购买公司的股权,成为公司的股东。股权投资的形式包括种子轮、A轮、B轮等,每个阶段都伴随着不同数量的股权交换。

(2)股份期权。

在某些情况下,风险投资者可能获得公司的股份期权,而不是立即获得股权。这意味着他们有权在未来的某个时间点以较低的价格购买公司的股权。

(3)债务融资。

虽然不太常见,但有时风险投资也可以采用债务融资的形式,投资者提供贷款而不是购买股权。公司需要在未来偿还本金和利息。

(4)可转换债券。

这是一种混合形式,包括债务和股权元素。投资者提供贷款,但在未来有权将贷款转换为公司的股权。

(5)战略投资。

某些公司可能会接受来自大型公司的战略投资,这些投资旨在建立业务合作关系。战略投资者通常对公司的战略和市场有深刻的理解,可以提供业务上的支持和机会。

(6)定期支付。

有时,投资者可能会要求公司按照一定的时间表定期支付,而不是提供股权或股份期权。这种形式类似于贷款,但通常具有较高的灵活性。

风险投资的内容和形式因情况而异,取决于创业企业的需求、投资者的偏好以及交易条件。创业者需要仔细考虑哪种形式最适合业务需要,并与潜在投资者进行适当的谈判和协商。

2. 风险投资的来源

风险投资的来源多种多样,涵盖了不同类型的投资者和组织。

(1)天使投资者。

天使投资者是个人投资者,通常拥有丰富的创业经验和高净值。他们提供种子轮融资,帮助初创企业起步,通常以股权或股份期权的形式进行投资。

(2)风险投资基金。

风险投资基金是专门的金融机构,管理着来自多个投资者(有时是高净值个人、机构投资者、大公司等)的资金池。这些基金投资不同的初创企业,可以帮助初创企业在不同阶段扩大规模。

(3)公司孵化器和企业加速器。

公司孵化器和企业加速器是专门为初创企业提供支持和资源的组织。它们通常提供资金、导师指导、办公空间和市场准入等方面的支持,以帮助初创企业发展壮大。

(4)企业投资者。

一些大型公司通过企业投资部门投资初创企业,以获取新技术、潜在市场和创新。这种投资有助于建立战略合作关系。

(5)政府和政府机构。

一些政府机构和政府支持的基金会提供风险投资,以推动创新和经济发展。

(6)高净值个人。

除了天使投资者外,一些高净值个人也可能直接投资初创企业。这些个人通常拥有财务资源和行业经验。

(7)家族办公室。

一些家族办公室管理着家族财富,并投资不同类型的资产,包括初创企业。它们可以为企业提供长期的资金支持。

(8)众筹平台。

众筹平台允许个人和小型团队通过公众募资获得资金。虽然这种方式更倾向于产品预售,但它也可以被视为一种风险投资形式。

(9)社会性投资者。

一些社会性投资者,如社会风险投资基金和影响投资者,专注于支持社会和环境方面的初创企业,以实现社会影响和可持续发展目标。

风险投资的来源多种多样,投资者的类型和动机各不相同。初创企业通常会从多个渠道筹集资金,以满足其发展和扩张的资本需求。这种多样化的资金来源有助于推动创新和经济发展。风险投资通常在不同的阶段进行,每个阶段都有不同类型的投资者和资金来源。

三、投资者如何评估和选择潜在的投资机会

投资者在评估和选择潜在的投资机会时通常会考虑多个因素,以确保他们的投资具有潜力和可持续性。

1. 团队

团队是初创企业的核心。投资者会评估团队的背景、经验、专业知识和能力。他们寻找有才华、坚定、有领导力和适应力的创始团队。

2. 市场潜力

投资者关心市场的规模、增长趋势和潜在机会。他们希望投资的公司能够满足市场需求,并具有扩大市场份额的潜力。

3. 产品或服务

投资者会评估公司的产品或服务,包括其创新性、竞争优势和市场差异性。他们关注产品的可行性和市场接受度。

4. 商业模式

投资者关注公司的商业模式,包括如何获取客户、销售渠道、收入模式和盈利潜力。他们希望看到可持续的盈利能力。

5. 市场竞争

投资者会研究市场上的竞争格局,了解公司的竞争对手、替代品和市场份额分布。他们关心公司如何在激烈的市场竞争中脱颖而出。

6. 财务状况

投资者会审查公司的财务状况,包括财务报表、收入、支出、现金流和利润。

7. 市场进入策略

投资者希望了解公司的市场进入策略,包括如何扩大市场份额、渗透新市场和建立合作关系。

8. 法律和合规性

投资者要确保公司合法合规,没有法律问题或知识产权纠纷等。

9. 退出策略

投资者考虑投资时,通常希望了解公司的退出策略,包括首次公开募股(IPO)、并购或私募股权交易的可能性。

10. 社会和环境因素

一些投资者关心公司的社会责任、社会影响和可持续性发展。

11. 尽职调查

通过与公司的管理层会面、分析数据和研究市场来验证投资机会。

12. 风险评估

风险评估包括市场风险、执行风险、竞争风险等。他们希望了解公司面临的风险并确定公司将如何管理和面对风险。

13. 投资条件

最后,投资者将考虑投资的条件,包括股权结构、估值、融资金额和退出条款。

综合考虑这些因素,投资者将做出是否投资的决策。不同的投资者可能会重视不同的因素,具体取决于他们的投资策略和偏好。同时,初创企业也需要积极与潜在投资者合作,提供清晰的信息和战略愿景,以吸引投资。

四、主要风投机构

风投机构,即风险投资机构,是专门为初创企业和创新项目提供资金和支持的机构。主要的风投机构包括但不限于以下几家。

1. 国际市场上的风投机构

(1) Sequoia Capital。

Sequoia Capital 总部位于美国加利福尼亚州,在全球范围内投资了许多知名的科技公司,如 Apple、Google 和 Airbnb 等。

(2) Kleiner Perkins。

Kleiner Perkins总部位于美国硅谷,成立于1972年。投资领域涵盖了科技、生物技术、清洁技术等多个领域。

(3)Andreessen Horowitz。

Andreessen Horowitz总部位于美国加利福尼亚州,成立于2009年。投资了许多知名科技公司,如Facebook、Twitter和Lyft等。

(4)Accel Partners。

Accel Partners总部位于美国加利福尼亚州。投资领域包括软件、互联网、金融科技等。

(5)Index Ventures。

Index Ventures总部位于瑞士,成立于1996年。投资了许多知名的科技公司,如Dropbox、Slack和Elasticsearch等。

(6)Greylock Partners。

Greylock Partners总部位于美国加利福尼亚州,成立于1965年。投资领域包括互联网、软件和移动通信领域。

2. 中国市场上的风投机构

(1)IDG资本。

IDG资本是中国顶级风投机构,成立于1992年,关注中国及全球科技行业的早期和中期阶段的投资,投资领域包括互联网、人工智能、医疗科技等。

(2)软银中国。

软银中国是软银集团在中国的风投基金,投资重点包括互联网、人工智能、物联网等领域。

(3)启明创投。

启明创投是中国著名的风投机构之一,关注互联网、消费升级、文化创意等领域。

(4)清控紫荆。

清控紫荆是中国领先的风投机构之一,投资范围包括生物医药、新能源、高端制造等。

(5)红杉资本中国。

红杉资本中国是一家全球领先的风险投资公司,在中国有强大的投资能力和影响力,关注互联网、科技、消费等领域。

(6)高瓴资本。

高瓴资本是一家总部位于中国的顶级投资公司,投资领域包括互联网、金融科技、医疗健康等。

以上述组织为代表的风险投资机构具有广泛的影响力和投资实力,它们为初创企业提供了重要的资金和资源支持,推动科技创新和发展。

【本章小结】

本章主要讲述了创业融资与风险投资。

创业融资是指新兴企业或初创企业在其生命周期初始阶段寻找外部资金以支持业务发展和扩展市场的过程。虽然创业活动并不都需要大量资金,但缺乏必要的启动资金还是创业者创业过程中的主要障碍。大部分创业企业都会通过自融资和外融资两种方式满足资金的需求。

自融资即自筹资金、自我融资、私人资本融资,是创业者自己出资或从家庭好友处筹集资金。外融资的方式较多,包括贷款、天使投资、债务融资、股权融资、企业加速器等。融资通常需要充分的计划、商业模型和策略,以吸引投资者并确保成功。

风险投资既是一种长期投资方式,也是一种创业融资的方式,是融资与投资相结合的一个过程,它通常由专业投资机构或个人投资者提供。

【思考题】

1. 创业融资和风险投资的关系是什么?
2. 为什么创业企业需要融资?风险投资在创业生态系统中的角色是什么?
3. 简述创业融资的过程。
4. 创业融资的类型有哪些?各自的特点及优缺点有哪些?
5. 我国企业加速器的主要运作模式及发展的趋势如何?
6. 融资之前需要完成哪些关键准备工作?
7. 风险投资的来源是什么?
8. 简述风险投资的决策过程。
9. 从国内外成功和失败的创业融资及投资案例中可以得到什么启示?

【参考文献】

[1] 中国政府网."双创"政策[EB/OL]. https://www.gov.cn/zhengce/shuangchuangzck/.

[2] 中关村永丰加速器网站[EB/OL]. http://www.yfcy.com.cn/kj.php.

[3] 胡舒芬. 大学毕业生创业融资机制创新研究——基于创业融资需求[J]. 经营与管理, 2014(12):4.

[4] 张岗岗, 杨烨军, 李子贤, 等. 大学生创业融资渠道研究综述[J]. 经济研究导刊, 2014(32):2.

情景剧:钱从哪来?
创业融资

第八章　商业模式与商业计划书

【名人名言】

能正确地提出问题就是迈出了创新的第一步。

——李政道（诺贝尔物理学奖获得者）

【学习目标】

1. 了解商业模式的构成要素有哪些。
2. 熟悉商业模式的设计方法有哪些。
3. 熟悉商业模式的设计过程。
4. 了解为什么要撰写商业计划书。
5. 掌握商业计划书的内容有哪些。
6. 掌握如何撰写商业计划书。

【开篇案例】

小米模式创新记

2010年，北京小米科技有限责任公司（简称小米）成立，初始定位是软件公司，但为了迎合市场，公司业务逐渐从软件转向硬件。

2011年，小米发布了一款全新的手机后，在同行业中占有了一席之地，之后小米不断研发智能电视等硬件设备。小米的商业模式和传统手机厂商完全不同，小米采取轻资产运营模式，自己负责研发、设计、售后服务等，生产、物流配送环节外包，减少了固定成本投入和摊销。

2012年，小米开始确立"铁人三项"战略，充分把握互联网时代红利，不断改进，依托互联网彻底将软硬件分离的颠覆模式，摸索出适用于自己的独特的开放式商业模式。在产品研发和设计上，小米用户的参与度非常高，小米研发人员和用户共同推进产品的开发。在存货和供应链管理上，小米借鉴"按需定制"的戴尔模式的供应链管理，力图实现零库存，按需定制。小米的销售方式也与传统手机厂商不同，以电商渠道为主，除了自己的电商网站小米商城外，小米也在京东、淘宝等电商平台销售产品。

2012—2016年，小米进入开放式商业模式初级阶段，表现为"软件＋硬件＋互联网"。2013年，小米利用互联网开始建立生态链企业并不断维护"米粉"的黏性，打造粉丝经济。

2015年,MIUI(小米手机的系统)全球用户超过一亿位。

2017—2018年,小米进入开放式商业模式成长阶段,表现为"硬件+新零售+互联网"。2017年,小米为了继续拓展版图,将目光瞄准海外,同时打造互联网生态圈,从"企业—客户"的单方面体系演变成"企业—客户—平台"三者甚至多者的互通互联。2018年,小米在香港上市,是港交所成功改制后的第一例使用不同投票权(WVR)架构的公司。

2020年,小米在AIoT(人工智能物联网)市场中,遥遥领先于其他知名品牌,小米手机设备生产突破一亿台,入围全球前四名。

如今,小米提前布局"智能手机+人工智能物联网"双重战略,在全球消费板块,小米在物联网平台上所展现的消费品大约有两亿台。与小米连接的生态链公司数量已超五百家,产品涉及智能设备、家居用品、游戏、实时通信、运动健康、新能源电动车等领域。

目前,小米已领跑互联网行业,其表现出的强大的持续创新能力使其成为业界称赞和竞相效仿的成功典范。

——资料来源:根据互联网资料整理。

第一节 商业模式

一、商业模式的定义

商业模式(business model)一词最早出现于1957年的一篇论文,但直到20世纪90年代,随着互联网的出现和快速发展,才被广泛使用,并且被越来越多的学者和企业家重视,成为当代管理学研究和讨论的热点之一。管理学家Peter F. Drucker曾说,现代企业之间的竞争,不是不同产品之间的竞争,而是商业模式之间的竞争。

商业模式是将创业机会的潜在价值明确化的有力手段。有关商业模式的讨论很多,却并没有形成统一的定义,商业模式区别于管理模式、网络模式、新型商业业态等,商业模式虽然包含盈利模式,但盈利模式只是商业模式中的一小部分。通过商业模式的构建,创业机会的潜在价值与组织的运作流程得到了有效的配合,使得创业者能够通过系统的思维方式思考创业机会的开发过程。因此,创业者的一个主要任务是探索并建立与创业机会相适配的商业模式。

实际上,只要能回答以下三个问题,并清晰地解释解决问题背后的商业逻辑,就可以设计出自己的商业模式。

问题1:Peter F. Drucker之问——谁是用户?用户需要什么?

问题2:管理者之问——如何通过商业活动获得经济效益?企业能够为用户提供价值的潜在逻辑是什么?

问题3:创业者之问——我们凭什么创业?如何才能创业成功?

对上述问题的回答,实质上就是阐明通过相关活动为用户创造价值、传递价值和获得价值,进而使投资者和企业获取利润的商业运行逻辑。企业活动本质上是价值发现和价值创造活动,即如何为客户创造价值?如何为企业创造价值?如何在企业和客户之间传递价值?

创业者需要不断构思自己的商业模式并将其记录下来,时时追问自己:客户愿意购买我们的产品吗?如果客户乐意购买,我们能生产出这样的产品吗?如果凭我们的能力无法生产这样的产品,应该寻求谁的帮助?我们的商业模式是否真的能吸引利益相关者?如果合作伙伴的参与动力不足,如何激励他们?我们的利益相互一致,还是相互背离?我是否能吸引足够数量的合作伙伴?收入能覆盖成本吗?

由此可见,在发现价值、创造价值和传递价值的过程中,需要梳理和调整各种商业元素,以此来设计或创新商业模式。那么,商业模式有哪些构成要素呢?

二、商业模式的构成要素

由于学者们对商业模式定义的差异,以及不同企业所处发展行业和发展阶段不同,时代背景不一样,对商业模式构成要素的研究也存在很大的差异。

Alexander Osterwalder 和 Yves Pigneur(2010)在综合了各种研究的共同点的基础上,提出把商业模式分为9个关键要素:客户细分、价值主张、渠道通路、客户关系、收入来源、核心资源、关键业务、重要伙伴以及成本结构,见图8-1。在此基础上,他提出了商业模式画布,使商业模式的设计和执行更易于操作,受到全球创业者和企业家的青睐。

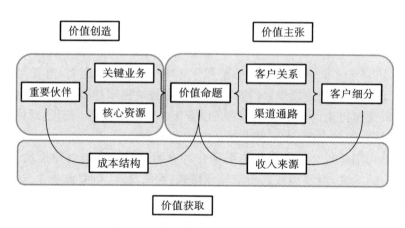

图8-1 商业模式的9个关键要素

(来源:Alexander Osterwalder 和 Yves Pigneur)

Ash Maurya(2013)研究了商业模式画布以后,根据自己的创业经验提出,商业模式画布更适合既有企业和已经开始创业的企业,对于类似大学生这样的群体来说并不是特别合适。例如,对于还没有开始创业的大学生以及处于创业初期阶段的创业者来说,几乎没有任何外部合作伙伴,也没有多少外部资源,更没有实际的业务活动,尚未形成有效的客户关系。因此,Ash Maurya以精益创业理论为指导,在商业模式画布的基础上提出了"精益画布"。他认为,创业者必须认识和理解的商业模式要素有问题、解决方案、关键指标、独特卖点、门槛优势、渠道、客户群体分类、成本分析和收入分析这九项。

三、商业模式的设计方法

1. 在模仿中设计商业模式

每个创业者都想为自己的企业设计一个独特、全新的商业模式来颠覆产业内现有企业的商业模式,但商业模式创新是非常有挑战性的。实际上,很多企业都是在模仿、改进现有商业模式的基础上收获了巨大的成功,比如腾讯、百度。已有的独特的商业模式也会面临其他企业的快速模仿,利用相似的商业模式开展竞争。通常,模仿其他企业的商业模式的方法有两类,包括归纳全盘复制和借鉴提升。

2. 在竞争中设计商业模式

企业在竞争中设计商业模式通常有三种。

(1)强化自身的良性循环。

企业可以通过调整商业模式来打造新的关键要素之间的良性循环,从而让自己更有效地与对手展开竞争。

(2)削弱竞争对手的良性循环。

一项新技术或新产品能否颠覆行业规则不仅取决于该技术的内在优势,也取决于它与其他竞争对手之间的互动。

(3)变竞争为互补。

拥有不同商业模式的竞争对手也可以成为价值创造的合作伙伴。

3. 在试错中调整商业模式设计

商业模式设计通常基于现实对各构成要素及其子要素进行分析和检验,对企业所依赖的关键性假设提出一些"如果……会怎么样"的问题。商业模式设计框架可以帮助创业者追踪所有"创业假设",在现实世界中不断试验,试出符合市场现实的商业模式,循环往复。从某种意义上说,商业模式创造过程就是科学方法在管理上的应用,从一个假设开始,在实施过程中检验,并在必要时加以修订。

4. 其他设计方法

(1)逆向思维法。

通过对行业领导者商业模式或行业内主流商业模式的研究学习,模仿者有意识地实施反向学习,即市场领导者的商业模式或行业内主流商业模式是怎样的,模仿者则反向设计商业模式,直接切割对市场领导者或行业内主流商业模式不满意的市场份额,并为它们打造相匹配的商业模式。

(2)关键因素法。

通过对关键成功因素的识别,找出实现目标所需的关键因素集合,确定商业模式设计的优先次序。

(3)相关分析法。

在分析某个问题或因素时,将与该问题或因素相关的其他问题或因素进行对比,利用相关分析法,分析其相互关系或相关程度,找出相关因素之间规律性的联系,研究如何降低成本,达到价值创造的目的。例如,亚马逊通过分析传统书店,在网上开办电子书店;eBay 的网上拍卖也来自传统的拍卖方式。

(4)价值创新法。

通过价值要素的构建、组合等设计新的商业模式,这在互联网企业表现尤为明显。例如,盛大网络最先创建网络游戏全面免费、游戏道具收费的模式,开创了网络游戏行业新的商业模式——CSP(come-stay-pay)。至今大部分网络游戏公司依旧沿用这一商业模式运营。Airbnb 和 Uber 创建的通过共享资源而获取收益的模式,也成为现今流行的一种商业模式。

四、商业模式的设计工具

1. 商业模式画布(business model canvas)

(1)客户细分。

用来描述一个企业想要接触和服务的不同人群或组织。主要回答以下两个问题:我们正在为谁创造价值?谁是我们最重要的客户?

一般来说,可以将客户细分为五种群体类型:

①大众市场:价值主张、渠道通路和客户关系全都聚集于一个大范围的客户群组,客户具有大致相同的需求和问题。

②利基市场:价值主张、渠道通路和客户关系都针对某一利基市场的特定需求定制,常常在供应商—采购商的关系中找到。

③区隔化市场:客户需求略有不同,客户细分群体之间的市场区隔有所不同,所提供的价值主张也略有不同。

④多元化市场:经营业务多样化,以完全不同的价值主张迎合完全不同需求的客户细分群体。

⑤多边平台或多边市场:服务于两个或更多的相互依存的客户细分群体。

(2)价值主张。

用来描绘为特定客户细分群体创造价值的系列产品和服务。如图 8-2 所示,需要回答以下问题:

图 8-2 价值主张

价值主张的简单要素主要包括:

①新颖:产品或服务能满足客户从未感受和体验过的全新需求。

②性能:改善产品和服务性能是传统意义上创造价值的普遍方法。
③定制化:以满足个别客户或客户细分群体的特定需求来创造价值。
④设计:产品因优秀的设计脱颖而出。
⑤品牌/身份地位:客户可以通过使用和显示某一特定品牌而发现价值。
⑥价格:以更低的价格提供同质化的价值,以满足价格敏感客户细分群体。
⑦成本削减:帮助客户削减成本是创造价值的重要方法。
⑧风险抑制:帮助客户抑制风险也可以创造客户价值。
⑨可达性:把产品和服务提供给以前接触不到的客户。
⑩便利性/可用性:使事情更方便或易于使用可以创造客观的价值。

(3)渠道通路。

用来描述企业如何与其细分客户群体接触、沟通,从而传递其价值主张。如图8-3所示,主要回答以下问题:

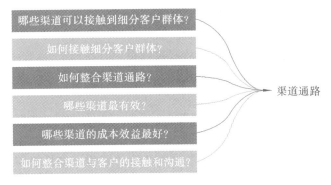

图 8-3　渠道通路

企业可以选择通过自有渠道、合作伙伴渠道或两者混合来接触客户。自有渠道包括自建销售队伍和在线销售;合作伙伴渠道包括合作伙伴店铺和批发商。

(4)客户关系。

用来描述企业是如何沟通、接触客户细分群体而建立的关系类型。如图8-4所示,主要回答以下问题:

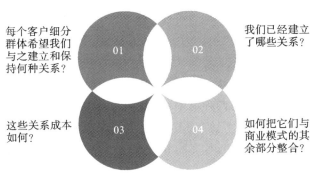

图 8-4　客户关系

(5)收入来源。

用来描述企业从每个客户群体中获取的现金收入(需要从收入中扣除成本)。如图8-5

所示,主要回答以下问题:

01 什么样的价值让客户愿意付费?
02 他们现在付费购买什么?
03 他们是如何支付费用的?
04 他们更愿意如何支付费用?
05 每个收入来源占总收入的比例是多少?

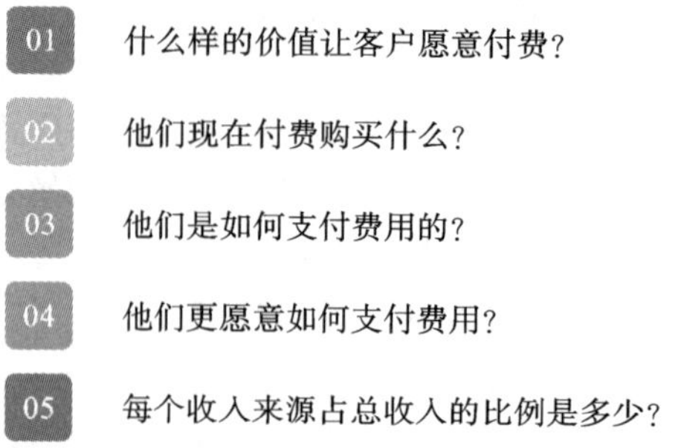

图 8-5 收入来源

一般来说,收入来源可分为七种类型:
①资产销售:销售实体产品的所有权获得收入。
②使用消费:通过特定的服务收费。
③订阅收费:销售重复使用的服务收费。
④租赁收费:通过暂时性排他使用权的授权收费。
⑤授权收费:通过知识产权授权使用收费。
⑥经济收费:提供中介服务,收取佣金。
⑦广告收费:提供广告宣传服务,获得收入。
(6)核心资源。

用来描绘让商业模式有效运转所必需的最重要的因素。如图 8-6 所示,主要回答以下问题:

图 8-6 核心资源

一般来说,核心资源可以分为四种类型:
①实体资产,包括生产设施、不动产、系统、销售网点和分销网络等。
②知识资产,包括品牌、专有知识、专利和版权、合作关系和客户数据库等。
③人力资源。
④金融资产。
(7)关键业务。

用来描绘为了确保其商业模式可行,企业必须做的最重要的事情。如图 8-7 所示,主要回答以下问题：

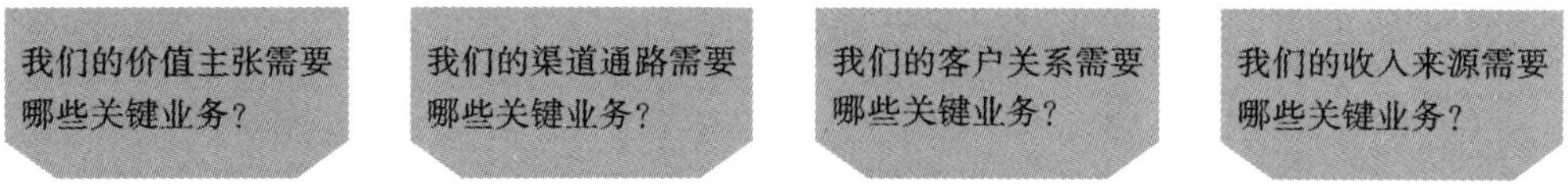

| 我们的价值主张需要哪些关键业务？ | 我们的渠道通路需要哪些关键业务？ | 我们的客户关系需要哪些关键业务？ | 我们的收入来源需要哪些关键业务？ |

图 8-7　关键业务

一般来说，关键业务可以分为三种类型：

①制造产品：与设计、制造及交付产品有关，是企业商业模式的核心。

②平台/网络：网络服务、交易平台、软件甚至品牌都可看作平台，与平台管理、服务提供和平台推广有关。

③问题解决：为客户提供新的解决方案，需要知识管理和持续培训业务。

（8）重要伙伴。

用来描绘让商业模式有效运作需要的供应商与合作伙伴的网络，如图 8-8 所示，主要回答以下问题：

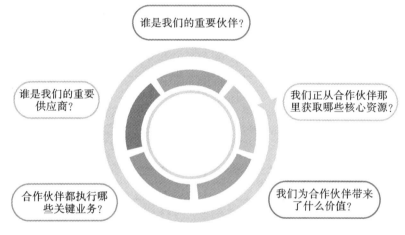

图 8-8　重要伙伴

一般来说，重要伙伴可以分为四类：

①非竞争者之间的战略联盟关系。

②竞争者之间的战略合作关系。

③为开发新业务而构建的合作关系。

④为确保可靠供应的采购商—供应商关系。

（9）成本结构。

用来描绘运营一个商业模式所引发的所有成本，如图 8-9 所示，主要回答以下问题：

Ⓐ 什么是商业模式中最重要的固定成本？

Ⓑ 哪些核心资源花费最多？

Ⓒ 哪些关键业务花费最多？

图 8-9　成本结构

2. 精益创业(lean startup)

(1)精益创业——探索商业模式的工具。

硅谷创业家 Eric Ries 提出的精益创业理论为人们提供了一种探索商业模式的工具。对初创企业来说,精益创业由三个部分构成。

①基本的商业计划。在精益创业的框架里,再完美的商业计划也仅仅是假设,需要创业者不断地去验证。

②用户开发。用户开发与产品开发是同步的,甚至要早于产品开发。用户居于核心地位,产品根据用户需求来开发。

③精益研发。在用户和产品开发的过程中,科学试错、快速迭代,以最小的成本找到可行的商业模式。

(2)精益创业的逻辑框架。

精益创业的逻辑框架包含客户探索、客户验证、客户生成和企业建设等一系列反馈循环活动,如图 8-10 所示。

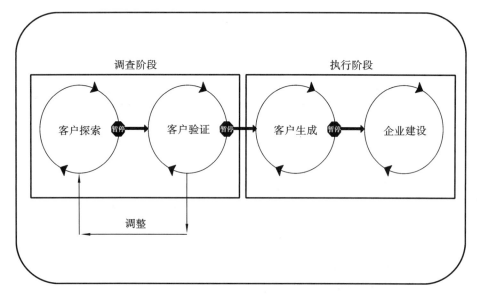

图 8-10　客户开发流程图

(来源:Steve Blank,《创业者手册》,机械工业出版社,2014 年)

①第一个循环客户探索。基本任务是定义客户痛点假设和解决方案假设。要善于发现客户痛点,并观察客户痛点的大小以及持续性。

②第二个循环客户验证。关键任务是验证客户的痛点假设和解决方案假设。客户验证可以通过三个步骤完成:

a. 设计最简单可行的产品(MVP)。设计一个具有最核心功能的产品或方案,这个产品虽不完美却是天使客户渴望得到的。天使客户的特征是:有急切的痛点感受,愿意购买早期产品,愿意反馈中肯的建议,也愿意四处推广产品。

b. 数据测度与收集。在 MVP 的基础上,收集数据来验证 MVP 的实际效果,即有多少客户真的需要这个产品。

c.学习与迭代。不管多伟大的产品,都是通过不断迭代产生的。

③第三个循环调整转型。如果客户验证阶段没有通过痛点假设和解决方案假设验证,那么就要回到第一个循环客户探索,直到通过验证、找到可行的商业模式。

如图 8-11 所示,精益创业有三大法宝。

图 8-11　精益创业三大法宝

3.精益画布(lean canvas)

(1)精益画布的基本要素。

Ash Maurya 研究了 Alexander Osterwalder 的九要素框架后,根据自己的创业经验,以精益创业理论为指导,提出了精益画布。精益画布虽然只有一页纸,但非常实用,是帮助早期创业企业从 0 到 1 阶段的最佳工具。Ash Maurya 认为,创业者必须关注和研究的商业模式要素有问题、解决方案、关键指标、独特卖点、门槛优势、渠道、客户群体分类、成本分析和收入分析九项,如图 8-12 所示。

①问题。要基于解决客户的问题进行创业。

a.列出 3 个最需要解决的市场问题。

b.列出现存备选方案。你的产品没出现时,客户是如何解决这类问题的?

②客户群体分类。问题和客户群体的匹配是商业模式设计的核心,通常应该放到一起考虑。

a.针对每个目标客户群体,阐述他们最需要解决的 1—3 个问题。

b.找出其他可能与目标客户进行互动的客户。

c.锁定潜在的早期客户,尽量细分目标客户群体,细化典型客户特征。

③独特卖点(核心价值)。这是商业模式设计最重要也是最难的部分。对创业者来说,迎接的第一个挑战不是卖产品,而是得到潜在客户关注。因此,独特卖点必须精炼,与众不同,有打动人的新意。当然,独特卖点不需要也不可能一开始就很完美,而需要逐步完善。

a.找出你的产品的不同之处,从首要解决的问题出发寻找独特卖点。

b.针对早期客户做设计,避免产品平庸化和大众化。

c.专注产品的最终成效,即产品能为客户带来什么好处。

d.认真选择常用于营销、宣传品牌的词语,并高频率使用。

e.明确地阐述你的产品是什么,客户是谁,为什么选择你的产品。

问题 最需要解决的三个问题 1	解决方案 产品最重要的三个功能 4	独特卖点 用一句简明扼要但引人注目的话阐述为什么你的产品与众不同，值得购买 3	门槛优势 无法被对手轻易复制或买去的竞争优势 9	客户群体分类 目标客户 2
	关键指标 应该考核哪些东西 8		渠道 如何找到顾客 5	
成本分析 争取客户所需花费 销售产品所需花费 网站架设费用 人力资源费用等 7			收入分析 盈利模式 客户终身价值 收入 毛利 6	
产品			市场	

图 8-12　精益画布九大要素

④解决方案。针对每个问题提供相对简单的方案，先只制作一个最小可行产品。

⑤渠道。如果企业的商业模式需要大量客户才能成功，从一开始就考虑好渠道的扩张问题，要尽早把渠道建立起来并进行测试。

⑥收入分析。创业初期的产品是一件最小可行产品，是否适合一开始就收费销售呢？这是很多创业者都感到很困惑的一个问题。收费是检验商业模式风险的最重要的部分，只有将产品真正销售给客户，客户愿意为该产品付费，才能真实地检验商业模式的可行性。

a. 价格是产品的一部分，通过客户对价格的态度，调整产品和商业模式。

b. 什么样的价格适合什么样的客户，商品的价格也决定了客户群体细分。

c. 让客户付费购买产品也是一种初级形式的商业模式验证。

⑦成本分析。列出从产品制作到推向市场的过程中会发生的各种支出，准确预测企业将来会产生哪些开销是很困难的，应该把重点放在当下。例如：

a. 访谈 30—50 个客户需要多少成本？

b. 制作并发布最小可行产品需要多少成本？

c. 现在的资金消耗率是多少？用固定成本和变动成本来分析。

然后，把收入分析和成本分析结合起来，计算盈亏平衡点，以此估算需要花多少时间、精力和金钱才能达到这个平衡点，从而帮助创业企业确定商业模式的优先顺序。

⑧关键指标。任何一个企业，总能找到少数几个关键指标来评估经营状况，不仅能衡量企业的发展，也可以帮助企业找出客户生命周期中的重要时段。

⑨门槛优势。在商业模式中，人们常常把"首创"称为优势，其实，首创很可能是劣势。

因为开辟新市场(风险控制)的艰难重任落在了创业者的肩膀上,而紧紧跟随的后来者随时都有可能将其全套招数收入囊中,除非创业者能不断超越自我和跟风者,而这需要真正的"门槛优势"。要知道,福特、丰田、微软、苹果等都不是首创者。真正的门槛优势必须是无法轻易被复制或者购买的。门槛优势涉及多个要素,如图8-13所示。

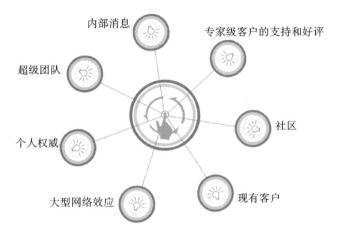

图8-13　门槛优势

(2)制作精益创业画布的原则。

①快速起草一张画布。不要在第一版画布上消耗太多的时间。制作画布是为了把你脑海里所想的东西迅速记录下来,然后确定哪个部分风险最大,再让他人来验证你的模式。

②部分内容空着也没关系。别总想着要给出"正确"的答案,要么马上写下来,要么就空着。空着的部分可能是商业模式中风险最大的部分,应该从这里开始进行验证。像"门槛优势"这样的部分可能需要多花点时间才能找到,可以随着时间的推移来逐步完善。

③尽量短小精干。画布的空间限制可以让你把商业模式的精华部分提炼出来,目标是只用一张纸来描述你的商业模式。

④站在当下的角度思考。写商业计划书,需要花大力气来预测未来,不过准确预测未来是不可能的,创业者需要以非常务实的态度来制作画布,根据目前的发展阶段和掌握的情况来填写内容。

⑤以客户为本。精益创业画布以客户为主要驱动力,在描述商业模式时,只需要围绕客户做文章就足够了。有时,仅仅调整一下客户群体,商业模式就会发生翻天覆地的变化。

【延伸阅读】

M共享单车的精益画布

M共享单车是H公司研发的互联网短途出行解决方案,人们通过智能手机就能快速租用和归还一辆M共享单车,用可负担的价格来完成一次几公里的市内骑行。M共享单车为解决最后一公里的问题提供了不同的商业模式,让我们一起来看看M共享单车的精益创业画布(图8-14)。

问题	解决方案	独特卖点	门槛优势	客户群体分类
最需要解决的三个问题 客户方面： 1.开车堵、打车贵、走路远 2.固定车桩不方便 3.自己买自行车维护管理麻烦 政府方面： 1.城市拥堵治理 2.改善民生，提倡绿色出行 1	产品最重要的三个功能 1.智能锁，能够无线接收开锁信息，并实时定位 2.不需要固定充电和还车地点 3.通过手机App控制 4 关键指标 应该考核哪些东西 1.单车投放量 2.用户活跃度 3.单车开锁率 4.单车故障率 8	用一句简明扼要但引人注目的话阐述为什么你的产品与众不同，值得购买 1.扫码借车，无需固定车桩 2.车多，触手可得 3.外观洋气 3	无法被对手轻易复制或买去的竞争优势 1.专利 2.工艺 3.后台：红杉，腾讯 9 渠道 如何找到客户 1.市区投放车辆 2.社交媒体传播 3.福利活动、红包现金等 5	目标客户 1.一二线城市 2.上班族、大学生、年轻人 3.政府公共部门 2
成本分析 争取客户所需花费、销售产品所需花费、网站架设费用、人力资源费用等 车辆成本、运营资金 7			收入分析 盈利模式、客户终身价值、收入、毛利 押金、预付、月卡季卡、广告 6	

图 8-14　M 共享单车的精益画布

——资料来源：根据网络信息整理。

五、设计商业模式的流程框架

在此参照商业模式的九大要素描绘、构建商业模式的流程框架。

1. 客户细分

（1）描述客户的轮廓。

对客户的轮廓要有一个大致的描述，一开始不用精准，后期可以再调整。描述他们的年龄、性别、婚姻状态、居住地区、收入水平、兴趣、习惯以及其他常用的服务等。在此引入用户画像的概念，其又被称为用户角色（persona）。一个令人信服的用户画像要具备 7 个要素（图 8-15）。

①P 基本性，指该用户画像是否基于对真实用户的情境访谈。

②E 移情性，指用户画像中包含姓名、照片和产品相关的描述，该用户画像是否能引发同理心。

③R 真实性，指对那些每天与客户打交道的人来说，用户画像是否看起来像真实人物。

④S 独特性，每个用户画像是不是独特的，彼此之间很少有相似性。

⑤O 目标性，该用户画像是否包含与产品相关的高层次目标，是否包含关键词来描述该目标。

图 8-15 用户画像的 7 个要素

⑥N 数量,用户画像的数量是否足够少,以便能记住每个用户画像的姓名,以及其中的一个主要用户画像。

⑦A 应用性,是否能使用用户画像作为一种实用工具进行决策。

(2)详细列出客户的问题。

一项项地列出客户可能有的问题,可能有几十个,要把有可能成立的逐一列出来。

(3)确认并厘清重要问题。

跟符合客户描述的人聊天,确认每个客户问题的存在。

(4)调查市场。

去看类似的、即将被取代的产品在市场上的表现,有哪些可能的竞争性产品、市场够不够大、上下游关系会不会难以切入等。

2. 价值主张

描绘为特定客户细分创造价值的系列产品和服务。

创业团队可采用头脑风暴法来思考可能的价值主张,基本做法如下:

(1)明确主题。首先建立一个明确的讨论主题,对主要问题进行清晰的描述。

(2)制定规则。避免在一开始就拒绝或批评某些创意,影响大家的积极性。

(3)创意数量。统计每次头脑风暴产生的创意数量,激发参与者的积极性,检验讨论的流畅性,将创意进行往复比较。

(4)建设和跳跃。头脑风暴主持者在开始时要营造轻松、舒缓的交流气氛,让参与者保持跳跃的思维。

(5)空间记忆。将不断涌现的创意写在白板上,有助于记忆和对问题进行深入讨论。

(6)精神热身。让所有参与者净化大脑,进入一种更轻松友好的氛围,专注在当前的会议上,可采用快节奏的文字游戏或集体运动等。

(7)具体化。除了文字记录、画草图、列图表,采用更具体、形象的方法开阔思路。比如用纸张、卡片、一次性筷子等随手能找到的物品制作一些模型,来表达创意思路,模拟消费行为,从中找到灵感。

3. 渠道通路

描绘如何沟通接触客户细分群体而传递价值主张。

企业可以选择通过自有渠道、合作伙伴渠道或两者混合来接触客户。自有渠道包括自建销售队伍和在线销售,合作伙伴渠道包括合作伙伴店铺和批发商。

4. 客户关系

描绘与特定客户细分群体建立的关系类型,可分为以下几种:

(1)个人助理。基于人与人之间的互动,可以通过呼叫中心、电子邮件或其他销售方式等个人助理手段进行。

(2)自助服务。为客户提供自助服务所需要的全部条件。

(3)专用个人助理。为单一客户安排专门的客户代表,通常是向高净值个人客户提供服务。

(4)自助化服务。整合了更加精细的自动化过程,可以识别不同客户及其特点,并提供与客户订单或交易相关的服务。

(5)社区。利用客户社区与客户或潜在客户建立更为深入的联系,如建立在线社区。

(6)共同创作。与客户共同创造价值,鼓励客户参与全新和创新产品的设计与创作。

5. 收入来源

描绘从每个客户群体中获取的现金收入(需要从创收中扣除成本)。收入来源可分为以下几种。

(1)资产销售。销售实体产品的所有权。

(2)使用收费。通过特定的服务收费。

(3)订阅收费。销售重复使用的服务。

(4)租赁收费。暂时性排他使用权的授权。

(5)授权收费。知识产权授权使用。

(6)经济收费。提供中介服务收取佣金。

(7)广告收费。提供广告宣传服务。

6. 核心资源

描绘让商业模式有效运转最重要的因素。核心资源可以分为:

(1)实体资产。包括生产设施、不动产、系统、销售网点和分销网络等。

(2)知识资产。包括品牌、专有知识、专利和版权、合作关系和客户数据库。

(3)人力资源。在知识密集型产业和创意产业中,人力资源至关重要。

(4)金融资产。金融资源或财务担保,如现金、信贷额度或股票期权池。

7. 关键业务

描绘为了确保其商业模式可行,必须做的最重要的事情。一般来说,关键业务可以分为以下几种。

(1)制造产品。与设计、制造及发送产品有关,是企业商业模式的核心。

(2)平台或网络。网络服务、交易平台、软件甚至品牌都可看成平台,与平台管理、服务提供和平台推广相关。

(3) 问题解决。为客户提供新的解决方案,需要知识管理和持续培训等业务。

8. 重要伙伴

描绘让商业模式有效运作所需的供应商与合作伙伴的网络。

9. 成本结构

描绘商业模式运转所引发的所有成本。

商业模式是动态的,定位、兴趣点和视角不一样,向各个要素中添加的内容也会不一样,于是就有了不同的商业模式。

在创业活动的启动过程中,商业模式的起点是创业机会,终点则是商业计划书。下一节我们将讲述如何撰写商业计划书。

第二节 商业计划书

一、商业计划书的重要性

商业计划书(business plan)也称为创业计划书,描述了创建一个新企业或完成一个新项目需要的所有相关因素,是由创业者准备的书面文件,也是商业计划的书面呈现。商业计划书描述了创业企业(创业团队)目前的情况以及对未来的预期,包含了创业活动推进的各个环节的细节和对未来成长空间的理性预测。它为新企业提供了一种向潜在投资者、供应商、商业伙伴和关键职位应聘者展示自身的机会,可以让创业者通过深度、系统的思考来提高创业成功的概率。

1. 商业计划书的用途

总体来看,商业计划书的主要用途包括:

(1) 寻求外部投资。

(2) 确保整个团队(包括新的、潜在的成员)明确组织目标。

(3) 厘清业务概念、近期目标和所提议的战略。

2. 商业计划书的准备工作

开始制订商业计划前,有许多事情要做。要学会问问题,同时也要问对问题。创业者需要问自己三个创业的根本问题:

(1) 我们发现的问题是什么,有什么方案解决?

(2) 需要哪些资源,如何才能实现?

(3) 要想成功,需要怎样的团队?

商业计划书的一个非常重要的目标是要吸引各种各样的利益相关者,说服他们相信创业项目发展的潜力,向潜在员工、现有员工、资助组织、服务商等传递和展示企业的愿景和使命。

二、商业计划书的要素

商业计划书的读者可能包括外部的供应商、分销商、主要客户、董事会成员、外部咨询机构、会计服务机构等,他们在阅读商业计划书时关注的重点也不同。作为融资的重要工具,商业计划书一般具备几个特定的构成要素。这些构成要素形成了投资者的评判依据。表8-1列举了投资者在评价商业计划书时所关注的指标。

表8-1 商业计划书的评价指标

指标	描述
创业者/管理团队	创业者和团队成员的背景、经历、业务记录,他们的个人品质(例如奉献精神和热情),管理团队的技能/职能范围
战略	企业的总体运营思路和战略
运营(企业各职能部门的实践)	企业如何组织各职能部门生产和销售产品(与生产、销售过程相关的各项事宜)
产品/服务	产品/服务的属性,也就是它的概念设定、独特性、辨别度。同时也包括产品/服务的质量、规格和性能、外观、款式和美学风格、人体工程学特征、功能和灵活性
市场	市场的潜力和成长性、已经显示出来的市场需求、竞争特征/水平,以及进入门槛
财务事项	(1)企业的财务结构(也就是成本和定价、收入来源和财务预测);(2)企业股份/资产的价值;(3)可能的回报率和可行的退出策略
与投资者的匹配度	(1)投资者的背景、技能,以及行业、市场、技术等方面的知识与投资机会之间的关系;(2)投资者的偏好(也就是说这个项目是否属于投资者想要进入的行业或市场)
商业计划书的结构	商业计划书本身所包含的整体内容
其他	上面的分类中所不包含的其他内容

一般来说,根据创业所处的不同时期,对商业计划书篇幅长短和精细程度有不同的习惯性要求,如表8-2所示。

表8-2 不同商业计划书类型的对比

类型	宣传期的商业计划书	融资期的商业计划书	运营期的商业计划书
篇幅	5页之内	5—20页	20页以上
适用情况	发展早期	筹集资金 企业运行蓝图	内部参阅 运营指导
用途	测试创业项目吸引力,吸引早期利益相关者,提高投资者约见概率	筹集资金,提升投资者的信心	分析将面临的问题和现状,规划安排,减少弯路和错误
侧重点	企业商业模式、核心竞争力、团队优势和核心财务数据	产品或服务的特点、核心竞争优势、商业模式、营销规划、核心团队、财务预测分析、资本退出方案	详尽的组织管理计划、企业整体发展规划、营销计划、财务计划等

三、商业计划书的撰写原则

企业的商业计划书往往是投资者或者其他利益相关者对企业的第一印象,一份优秀的商业计划书的确需要花费创业者很多时间和精力,它是潜在投资者接触创业项目的第一步,因而值得努力去做好。商业计划书看上去像一份规范的商业文件,并且要遵循以下原则:

1. 真实完整,用数据说话

商业计划书内容的真实性是前提,所有数据应有合理的出处,支撑论据要合情合理,一定要确保数据的真实性。

2. 内容完整,突出重点

一份好的商业计划书至少要包括以下内容:摘要、产品与服务、团队和管理、市场预测、营销策略、生产计划、财务规划、风险分析等,确保不遗漏任何关键信息。尽量少用专业领域的术语,一定要突出企业独特价值。

3. 结构合理,格式清晰

商业计划书在呈现形式上要求条理清楚、叙述流畅,遵循一定的常规结构。投资者期望很容易就找到关键信息,创业者需要仔细琢磨商业计划书的装帧与格式,使它看上去鲜明醒目,又没有过分装饰。

4. 慎用模板,突出特色

模板要选择性使用,对于内容相对固定的企业组织结构设计、财务报表格式等可以借鉴应用,而对于体现创业项目差异化的部分,如产品或服务描述、竞争分析、营销计划、商业模式等,一定要自己撰写,以突出创业项目的特点和优势。

四、商业计划书的内容

商业计划书的主要内容随撰写人不同或行业不同而有很大的差异,尽管商业计划书类型各异,一份完整的商业计划书应包括以下组成部分。

1. 封面

商业计划书的封面除了要设计简洁、美观外,还要包含一些必要的信息,如企业的名称、创业者的联系信息,如企业地址、联系电话、企业网址、电子邮箱、阅读者保密警示等。如果创业者已经有独特的商标,可以把商标融合到封面设计中,凸显企业的品牌和文化。

2. 执行摘要

执行摘要是一种简短而热情洋溢的陈述,被比拟为"电梯推销",要求在很短时间内激起别人的兴趣,并使他们的兴趣足够浓厚以致想知道更多的信息。执行摘要需要说明企业解决了哪些未被解决的问题,或者本企业创业机会的优势在哪儿,以及本企业为什么可能会成功。

3. 目录

投资者阅读商业计划书时,往往喜欢采用"查找式"的跳读方式,而不是从头读到尾。建立一个目录能帮助投资者更容易找到自己感兴趣的信息。

4. 公司概述

公司概述一般包括公司名称、注册时间、公司规模、公司性质、技术力量、项目介绍、员工人数、目前的财务状况、所有权结构、组织结构等。若创业者的企业和项目还处在创意阶段,没有落实到注册公司的行动阶段,则要阐述公司的使命和愿景。此外,还要展示创业者在创业历程中所取得的成就,列举创业发展中重要的、具有里程碑意义的事件。投资者比较常用的做法是根据里程碑事件来考察企业状况。

5. 创业团队描述

创业团队通常包括企业创建者和关键管理人员。商业计划书应该提供创业团队每个成员的简介,并阐述该成员为何能够胜任,为何能对企业成功做出特殊贡献。创业企业中能干的、有经验的、上进心强的高层管理人员对企业的成功极其重要。

6. 产品或服务介绍

这一部分着重介绍创业项目的卖点,新产品或服务提供了什么?迎合了消费者的何种需求?或者填补了哪一部分市场的空缺?为什么是独特和有价值的?将来是否具有产生利润的潜力?产品或服务处于该过程的哪个阶段,待开发还是已被充分开发正准备生产?如果正准备生产,预期成本以及制造产品或提供服务的时间表是什么?在描述的过程中要避免采用过于专业的术语。

7. 市场分析

这部分内容包括:

(1) 解释企业解决了什么问题,或者实现了哪些未被满足的需求。

(2) 说明存在适宜的目标市场。这不同于行业介绍,而是本企业预选择的目标市场。

(3) 说明现实客户很可能花钱买这种产品或服务。

(4) 设定基本的销售预期。在大多数情况下,商业计划书应该说明潜在的销售收入,这取决于详细的财务预算、竞争者分析,以及获取潜在客户的相关信息。

8. 竞争分析

竞争分析包括竞争者、竞争环境和竞争优势分析。

9. 商业模式

商业模式是商业计划书的重要部分,也是投资者极为关注的部分。商业计划书要用简要的语言描述创业项目从开始到经营,再到盈利的一个完整的商业逻辑。如何设计商业模式,可以参照本章第1节。

10. 市场营销计划

市场营销计划是产品或服务到达用户的有效桥梁,是为了能在未来控制和应对市场环境的变化,获得持续的客户和销售额。市场营销计划主要包括以下几个部分:产品构思及设想、市场调研、市场定位和用户选择、营销策略制定、销售预测。

11. 生产运营计划

生产运营是选择厂址、购买原材料、组织生产产品或服务的过程。生产运营计划需要介绍的内容和详尽程度取决于创业者的产品或服务。撰写生产运营计划时,创业者需要思考:新产品或服务的成本结构是怎么样的?如何保证产品或服务的质量?如何保证原材料或物料的供应?

12. 财务计划部分

财务计划是从财务角度支持和说明商业计划书,为潜在投资者提供一份清晰的规划蓝图。风险投资者期望从财务计划部分判断企业未来经营的财务预期,作为判断自身投资风险的一个依据。

首先,财务计划部分需要提供企业拥有的资产和负债等方面的估价;其次,用预编收入表说明基于损益的预期运营成果;再次,现金流量表按未来一定年限编制,表明预期现金流入、流出的数量和时间安排;最后,盈亏平衡分析表说明为补偿所有成本所需要的销售水平,成本包括随生产量变化的成本(如按产量计提的固定设备折旧、直接人工、直接材料等),以及不随生产量变化的成本(如利息、工资、租金等)。

13. 公司管理

投资者在对商业计划书进行风险评估时,公司的性质、管理制度、组织结构、股权划分、薪酬体系都会影响其判断。高素质的管理人员和良好的组织结构是公司管理的重要保障。这部分需要介绍公司成立相关的所有要素,包括组织结构,可以附上组织结构图、各部门的职能和职责范围、各部门的负责人及主要成员等。

14. 企业文化

企业文化又称组织文化,是组织的价值观、信念、意识、符号、处事方式等组成的特有的文化形态。在商业计划书中,创业者需要明确企业的愿景、使命与核心价值观。

15. 风险预测及应对

创业之初,不可避免要承担风险,包括市场风险、财务风险、法律风险等。创业者在开始阶段会对要承担的风险和可能获得的利益进行评估,只有面对的风险是其所能承担的,创业者才会投入创业实践中去。

商业计划书除了预测企业良好发展的方面,还要充分考虑发展的不利因素,或是新产品开发中容易出错的地方。当危机真正出现时,承认危机是面对问题并勇敢解决问题的第一步。

16. 资本退出

创业企业发展到一定阶段,存在创业者与投资者的退出及投资回报问题。在商业计划书中,创业者应该提供资本退出方案,需要将退出方案呈现给投资者,什么时候他们的投资可以退出,届时能够获得多少回报。资本退出的形式有首次公开上市(IPO)退出、并购退出、回购退出和清算退出等。创业者在提出资本退出方案时需要注意:企业面临的风险及其带来的影响是什么?面对风险,企业应采取怎样的应对方案?初创企业首选的退出方式有哪些?每一项的投资回报率是多少?

17. 时间表和里程碑

商业计划书正文的最后部分应该说明:主要活动何时实施、关键里程碑何时达到?从投资者观点看,这个部分表明创业者的确仔细关注了企业的运营,并且已经为企业的未来发展制订了清晰的计划。

18. 附录

鉴于商业计划书的正文应该相对简短,只提供重要信息,项目的许多其他信息最好包含在附录中。

【本章小结】

本章主要讲述了商业模式与商业计划书。

商业模式是企业创造价值的核心逻辑,是将创业机会的潜在价值明确化的有力手段。商业模式的众多构成要素之间具有很强的逻辑关系,一个成功的商业模式是其每个构成要素协调一致发挥作用的结果。企业可以在模仿、竞争中设计商业模式,在试错中调整商业模式设计。商业模式设计工具有商业模式画布、精益创业、精益画布等。创业者可通过对商业模式的九大要素描绘来构建流程框架。

商业计划书是由创业者准备的书面文件,描述创建一个新企业或完成一个新项目需要的相关因素和各个环节的细节,对创业活动未来成长空间的理性预测,为新企业向潜在员工、现有员工、资助组织、服务商等提供了一种展示自身的机会,以获得各种资源支持。商业计划书的撰写应真实完整、重点突出。

【思考题】

1. 商业模式要解决的核心问题是什么?
2. 列举熟悉的三家企业,分析其商业模式的优势和劣势,并提出相应的完善建议。
3. 选择一种商业模式设计工具和设计方法,设计你们团队创业项目的商业模式。
4. 商业计划书是写给谁看的?
5. 如果把商业计划书压缩到三页以内,你觉得应当如何撰写商业计划书?
6. 根据你们团队的创业项目,合理分工,完成一份完整的商业计划书。

【参考文献】

[1] 亚历山大·奥斯特瓦德,伊夫·皮尼厄.商业模式新生代[M].王帅,毛心宇,严威,译.北京:机械工业出版社,2011.

[2] Ash Maurya.精益创业实战(第2版)[M].张玳,译.北京:人民邮电出版社,2013.

[3] 魏炜,朱武祥.发现商业模式[M].北京:机械工业出版社,2013.

[4] 王伟毅,李乾文.创业视角下的商业模式研究[J].外国经济与管理,2005,(11):34-42+50.

[5] 克里斯·安德森.长尾理论[M].乔江涛,石晓燕,译.北京:中信出版社,2012.

[6] 埃里克·莱斯.精益创业[M].吴彤,译.北京:中信出版社,2012.

[7] 杰弗里·蒂蒙斯,小斯蒂芬·斯皮内利.创业学(第6版)[M].周伟民,吕长春,译.北京:人民邮电出版社,2007.

[8] 张玉利,薛红志,陈寒松.创业管理(第5版)[M].北京:机械工业出版社,2020.

[9] 安德鲁·查克阿拉基斯,史蒂芬·史宾纳利,杰弗里·蒂蒙斯.我是这样拿到风投的:和创业大师学写商业计划书(原书第2版)[M].梁超群,杨欣,王立伟,译.北京:机械工业出版社,2015.

[10] 王卫东,黄丽萍,等.大学生创业基础[M].北京:清华大学出版社,2015.

[11] 邓立治.商业计划书:原理与案例分析[M].北京:机械工业出版社,2015.

[12] 史蒂夫·布兰克,鲍勃·多夫.创业者手册:教你如何构建伟大的企业[M].新华都商学院,译.北京:机械工业出版社,2013.

情景剧:你的创业计划书写好了吗?

第九章　新企业创建与管理

【名人名言】

　　企业家终究是会老的,但公司要持续活下去,它应该依赖于一个有自我应对能力的机制而不是一个人。

——拼多多CEO　黄峥

【学习目标】

1. 了解企业的概念及常见组织形式。
2. 掌握新企业注册的办理流程。
3. 了解创业涉及的法律问题及知识产权。
4. 了解新创企业成长阶段的特点及问题。

【开篇案例】

龚杰:立足气象行业的创业之路

　　龚杰,武汉华信联创技术工程有限公司创始人、总经理。

　　从中国地质大学(武汉)硕士研究生毕业后,龚杰一直致力于GIS平台的研发、气象行业信息化研发和研发管理工作。2014年7月,龚杰参与创办了气象行业第一家混合所有制企业——武汉华信联创技术工程有限公司,并担任总经理职务。在公司创立之初,龚杰深知组建团队的重要性,在寻找人才方面投入了大量的精力和时间。创业筹备阶段,他进行了"三顾茅庐"式的走访,邀请优秀成员"出山",挖掘得力干将助力公司的运营。最初,公司没有负责市场的专职人员,所有项目的前期沟通、谈判、合同签订等工作基本都由龚杰一人领头完成。那段日子,他在老板、普通员工、市场销售、项目经理、技术支持、售后客服等角色间随机切换,半夜一两点接到客户方电话是常事,但不管面对什么棘手的问题,每次他都能快速地给出有效的解决方案。凭借专业的技术和用心的服务,公司在业界的口碑越来越好,市场份额逐渐扩大。

　　质量和创新永远是企业发展的不竭动力,这一点龚杰认识得很清楚,且在公司的经营管理中也落到了实处。公司每年投入大量研发经费进行技术研发及创新,也取得了很好的成绩。目前,公司在气象大数据、气象预报一体化、气象服务等方面的应用研究均处于全国领先地位。项目及产品较之前涉及更多的领域,包括气象行业的防灾减灾预警、气候变化应对、交通、旅游、电力、石油管道、流域、能源等,已经构成了具有竞争力的平台产品及服务体系。其中,"华信联创专业气象服务产品"获得了"武汉市优秀创新产品""湖北省优秀软件产品"等荣誉。

在龚杰的带领下,团队从最初的不到10人发展到如今的50余人,公司的市场从最初的华中地区扩展到全国23个省市地区(直辖市、自治区),公司业绩实现了快速稳步的增长。近年来,公司已形成了具有竞争力的平台产品及服务系统。华信联创综合应用大数据、云计算、移动互联、人工智能等现代信息技术,实现气象部门信息化工程,整合信息资源、数据资源,再造业务和数据流程,促进气象信息服务产业化和商业化应用,为铁路、水利、交通、旅游、能源、电力、石油管道、保险、烟草、航运等部门提供专业气象服务产品近100种。公司还通过了国家高新技术企业认证、CMMI3认证、知识产权管理体系、双软认证及ISO9001、ISO27001、ISO20000等体系认证,并获得授权发明专利1项、受理专利12项、著作权40项。

——资料来源:武汉互联网党建《情系气象大胆创业勇作为》。

启示:创业的过程,是从预判到落地、验证和试错的过程,是对创业者的管理经验和管理智慧的双重挑战。随着创业过程的不断推进,创业者还将面临各种无法预测的困难和挑战。因此,在创办企业之前,要多学习创业相关的知识和管理经验,从而有针对性地应对可能出现的各种挑战。

第一节 企业的基本概念及组织形式

一、企业的基本概念

企业是社会发展的产物,企业既是生产的一种技术组织形式,又是一种社会组织形式。企业一般是指以盈利为目的,以实现投资者、客户、员工、社会大众的利益最大化为使命,运用劳动力、资本、土地、信息技术等各种生产要素向市场提供产品或服务,实行自主经营、自负盈亏、独立核算的具有法人资格的社会经济组织。

企业是市场经济活动的主要参与者,在社会主义市场经济体制下,各种类型的企业并存,它们共同构成了社会主义市场经济的微观基础。

二、企业组织形式

企业的组织形式反映了企业的性质、地位、作用和行为方式;规范了企业与出资人、企业与债权人、企业与政府、企业与企业、企业与职工等内外部的关系。在我国,按照投资者的出资方式和责任形式,企业主要有三大类基本组织形式:个人独资企业、合伙企业和公司制企业,其中,公司制企业是现代企业中最主要、最典型的组织形式。许多人说到创业,就想到创办公司,但企业并不等同于公司,公司只是企业的一种组织形态。按照我国相关法律规定,公司包括有限责任公司和股份有限公司,具有企业的所有属性。根据大学生创业的特点,下面介绍四种大学生创业常涉及的组织形式。

1. 个体工商户

个体工商户虽然在本质上是非"企业形态",但是很多创业者选择的一种创业方式。个体工商户是指有经营能力并依照《个体工商户条例》的规定,经工商行政管理部门登记,从事工商业经营的公民个体。按照相关法律法规,自然人或以个人为单位,或以家庭为单位,均可以申请办理个体工商户。个体工商户须在工商行政管理部门核准登记,并取得营业执照,才能进行经营活动。个体工商户对其经营的资产和合法收益享有所有权。个体工商户可在银行开设对公账户,可申办贷款,申请商标,与雇佣者签订劳动合同及带学徒、请帮工等,且还享有刻印章、起字号的权利。个体工商户的债务责任,根据我国相关法律规定,属于个人经营的,以个人财产负担;属于家庭经营的,以家庭财产负担。

2. 个人独资企业

个人独资企业是指依照《中华人民共和国个人独资企业法》的规定,由一个自然人投资,财产为投资人个人所有,投资人以其个人财产对企业债务承担无限责任的经营实体。与个体工商户的性质一样,个人独资企业也是以个人或家庭的财产进行投资,属于个体经济,个人承担无限责任。但是,个人独资企业所依据的法律不同,个人独资企业可以设立分支机构,可以上市,可以对外以企业的名义从事相关法律活动;而个体工商户对外从事相关法律活动更多只能以经营者的名义进行。

3. 合伙企业

合伙企业由两个以上的投资人(包括自然人、法人、其他组织)通过订立合伙协议,共同投资设立,是合伙人按照企业的性质及合伙协议的约定处理合伙事务、承担企业债务的经营实体。合伙企业分为普通合伙企业和有限合伙企业两大类。普通合伙企业由普通合伙人组成,合伙人对合伙企业的债务承担无限连带责任。有限合伙企业由普通合伙人和有限合伙人组成,普通合伙人对合伙企业的债务承担无限连带责任,有限合伙人以其认缴的出资额为限对合伙企业的债务承担责任;在有限合伙企业中,由普通合伙人行使合伙事务的管理权,有限合伙人不参与合伙事务的管理。

合伙企业的投资者,可以是自然人,也可以是法人或其他组织,这是合伙企业与前两种组织形式的一个明显区别。也就是说,如果创业者要创办一个合伙企业,他既可以找亲朋好友,也可以找一家公司或者其他组织合伙创办企业。需要注意的是,国有独资企业、国有企业、上市公司以及公益性的事业单位、社会团体不得成为普通合伙人,但可以作为有限合伙人。

4. 有限责任公司和股份有限公司

《公司法》所称的公司,是依据《公司法》在我国境内设立的有限责任公司和股份有限公司。公司是企业法人,有独立的法人财产,以其全部财产对公司债务承担责任。有限责任公司属于"人资两合"型公司,公司的运作除了依靠资本的投入,股东之间的信任基础也是重要因素,股东以其认缴的出资额为限对公司承担责任;股份有限公司属于完全的"资合"公司,能够快速实现资本的集中,股东以其认购的股份为限对公司承担责任。

不同的企业组织形式,其法律基础、法律地位、责任形式、投资人、财产归属、出资转让、利益分配和解散程序都不尽相同,具体差异比较如表9-1所示。

表 9-1 不同企业组织形式的比较

比较对象	有限责任公司	股份有限公司	合伙企业	个人独资企业	个体工商户
法律基础	公司章程		合伙协议	无章程或协议	
法律地位	企业法人			非法人	
责任形式	股东以认缴出资额为限承担有限责任	股东以认购股份为限承担有限责任	普通合伙人承担无限连带责任;有限合伙人承担有限责任	无限责任	
投资人	50个以下股东出资	2—200个发起人,股东人数无限制	2人以上	1人	
成立日期	营业执照签发之日				
财产归属	公司所有(法人财产权)		合伙人共有	投资者个人所有	
出资转让	股东之间可以自由转让;对外转让股权,须经股东过半数同意;同等条件下,其他股东享有优先购买权。2个以上股东均主张优先购买的,应协商确定购买比例,协商不成则按照股权转让时各自的出资比例确定	公司成立1年内,发起人不得转让公司股份。公司公开发行股票前已经发行的股份,自公司股票在证券交易所上市交易之日起1年内不得转让。股东可以自由转让其持有的股份,无需经其他股东同意	除合伙合同另有约定,合伙人对外转让其在合伙企业的财产份额的,须经其他合伙人一致同意。合伙人对内转让其在合伙企业财产份额的,须通知其他合伙人	投资人可自由转让财产	
利益分配	按照出资比例分配;另有约定除外	按股东认购的股份比例分配	有约定从约定;无约定协商确定;协商不成的,按照合伙人实缴的出资比例分配;无法确定出资比例的,平均分配;有限合伙企业不得将全部利润分配给部分合伙人,另有约定的除外	投资者个人所有	
解散程序	清算—注销—公告		清算—注销	注销	

三、企业组织形式的选择

创业者在创立企业时首先要选定拟创办企业的组织形式。如何选择适合的企业组织形式,通常还需要从以下几个方面考虑。

1. 税收

企业组织形式的不同,对应的税负也不尽相同。创业者在选择企业组织形式的时候,一定要充分考虑税收的问题。例如,我国法律规定,公司制企业和合伙企业实行不同的纳税规定。其中,公司制企业需要缴纳的税种包括增值税、附加税费、企业所得税和个人所得税及其他根据企业经营活动和所在地税收政策缴纳的税种。国家在企业环节对公司征收税费,公司的税后营业利润再分配给投资者,个人投资者还需缴纳个人所得税。非公司制企业需要缴纳的税种包括增值税、附加税费以及根据经营活动和所在地税收政策缴纳的税种。例如,合伙企业的营利利润不需要征收企业所得税,只征收合伙人分得收益后的个人所得税。个体工商户需要缴纳的税种包括增值税、附加税、个人所得税。国家对股份有限公司有相关的税收优惠政策,此外,对于一些特殊行业或者国家当前鼓励发展的行业,如高新技术企业、专精特新企业和小微企业,也出台了系列税收优惠政策。

2. 拟投资的行业

若创业者即将投资的行业是一些相对特殊的行业,则必须依照法律规定采用特殊的组织形式。如律师事务所、会计师事务所只能采取合伙形式而不能采取公司制形式,而对于银行、保险等金融行业,法律则要求必须采用公司制形式注册登记。因此,根据拟投资行业确定可以采取的企业组织形式是首要考虑的要素。

3. 创业者风险承担能力

所谓的风险承担能力,指的是创业者创业失败所需承担的责任及其债务偿还的能力,创业者在创业前需要认真评估不同企业组织形式对应需承担的法律及债务风险。商业环境中存在各种各样的经营风险,企业组织形式与创业者日后所需要承担的责任大小息息相关。其中,公司制企业的股东仅以其出资额为限对公司承担责任,公司以其全部的资产对公司的债务承担责任,因此,公司制企业的有限责任制度是企业风险控制的关键制度;普通合伙企业和个人独资企业,合伙人或投资人则不以其出资额度为限承担责任,而是要对企业承担无限责任。

4. 企业经营的考量

公司组织具有法人人格后,除了能成为交易主体,另一个意义在于使企业能够永续经营。比如合伙主要由自然人组成,自然人存在生命限制,除非不断补入新合伙人,否则,合伙企业的寿命也是有限的。法人则不同,除有法定解散事由或者决议解散外,原则上是可能永远存在的,公司并不受股东死亡、破产等事由的影响。因此,企业的经营期限也是选择企业组织形式中值得考虑的因素之一。

5. 企业的控制和管理方式

企业的管理方式与创业者的理念相关。按公司章程,公司一般设董事会作为公司的经营决策和执行机关,即集权化管理。集权化与分工化的管理是公司组织的特色,它们均有一个正式的管理架构;而合伙企业并无集权式管理的设计,原则上每一个合伙人都享有平等的权利,在管理上是"均权"的。

6. 资本和信用的需求程度

企业组织形式的选择还与创业者对资本和信用的需求大小有关。一般来说,投资人如已具备一定资本,对企业的规模要求不大或者是初创期因条件受限无法扩大,那么合伙制企业或者有限公司的组织形式更适合;如果投资人创业需要的资金较大,且其进入的行业对企业规模要求也较大,则更适合采取股份制公司的组织形式;如果投资人不准备扩张企业规模,同时也愿意以个人信用作为企业信用的基础,那么可以采用独资企业的形式进行创业。

7. 权益转移的自由度

理论上,股份有限公司尤其是上市公司股东持有的股份(即投资权益)是可以自由转让的,即所谓股份的流通性。但实际中,这个原则也有例外,如发起人所持有的股份在一定期间内不得转让,此外,股份有限公司的高管人员转让股份也受到一定限制。一般来说,公司股东所享有的权益转移自由程度较合伙关系的合伙人高。

此外,还可从业主或投资者的数量、创业资金的多少、经营管理的需要等多方面进行比较与分析。

第二节 新企业的注册

一、企业注册的前期准备

创业者如果已经选择好企业的组织形式,那么就可以开始办理注册新企业的相关手续了。在注册企业之前,还需要进行哪些材料准备呢?

1. 确定企业的股东(投资人)

股东是企业的出资人,即投资者,注册企业前要确定股东。可以成为企业股东的包括有权代表国家投资的政府部门、企业法人、具有法人资格的事业单位和社会团体、自然人等。

2. 确定企业名称

创业者需要按照法律法规对企业名称的相关规定为企业取名。以公司为例,公司名称一般由四部分组成:行政区划、字号、行业(非必须填选)、组织形式。如:武汉(行政区划)+嘀嗒(字号)+信息技术(行业)有限责任公司(组织形式)。企业的名称具有唯一性,且在登记主管机关辖区内,企业名称不得与已登记注册的同行业企业名称相同或相近。因此,在申请企业名称预先核准(即企业核名)前,最好预先取好3—5个企业名称,并确定好其优先级顺序。

3. 确定企业的经营范围

经营范围是指国家允许企业法人生产和经营的商品类别、品种及服务项目,反映企业法人业务活动的内容和生产经营方向,它规定了企业法人业务活动范围的法律界限,是企业法人民事权利能力和行为能力的核心内容。根据《企业经营范围登记管理规定》(2015年8月

27日国家工商行政管理总局令第76号公布)中的规定如下：

(1)经营范围是企业从事经营活动的业务范围,应当依法经企业登记机关登记。

申请人应当参照《国民经济行业分类》选择一种或多种小类、中类或者大类自主提出经营范围登记申请。对《国民经济行业分类》中没有规范的新兴行业或者具体经营项目,可以参照政策文件、行业习惯或专业文献等提出申请。

企业的经营范围应当与章程或者合伙协议规定相一致。经营范围发生变化的,企业应对章程或者合伙协议进行修订,并向企业登记机关申请变更登记。

(2)企业申请登记的经营范围中属于法律、行政法规或者国务院决定规定在登记前须经批准的经营项目(以下称前置许可经营项目)的,应当在申请登记前报经有关部门批准后,凭审批机关的批准文件、证件向企业登记机关申请登记。

(3)企业登记机关依照审批机关的批准文件、证件登记前置许可经营项目。批准文件、证件对前置许可经营项目没有表述的,依照有关法律、行政法规或者国务院决定的规定和《国民经济行业分类》登记。

(4)企业的经营范围应当包含或者体现企业名称中的行业或者经营特征。

4. 确定股东的出资

股东出资是指股东在公司设立或者增加资本时,为取得股份或股权,根据协议的约定以及法律和章程的规定向公司交付财产或履行其他给付义务。我国《公司法》规定,股东可以用货币出资,也可以用实物、知识产权、土地使用权、股权、债权等可以用货币估价并可以依法转让的非货币财产作价出资;但是,法律、行政法规规定不得作为出资的财产除外。因此,股东(发起人)可以自主约定其出资的比例、出资的方式和出资的期限。《公司法》还规定,注册资本登记制度为认缴登记制。工商行政管理部门只登记股东(发起人)认缴的注册资本总额,公司无须提交验资报告,不再将实缴资本作为登记事项。对公司最低注册资本不设要求,也就是大众口中所说的"一元钱也能注册公司",但是需要提醒大家,需要在营业执照上注明的经营期限之前交清注册资本。当然,法律、行政法规及国务院相关决定对公司注册资本实缴有另行规定的除外。

特别需要注意的是,上述所说的注册资本认缴登记制,是指注册公司的环节无需提交验资报告,并不等于不用按照约定缴付出资。若股东任一方未按约定实际缴付出资,那么公司和已按时缴足出资的其他股东是可以追究其违约责任的。若公司发生债务纠纷导致破产清算,股东即便未缴足出资,也必须根据其认缴的出资数额承担相应的责任。认缴数额越大,其承担的责任越大,因此,投资者还是应当根据企业从事的生产经营活动,合理选择相符的注册资本规模,以取得交易对象的信任。

5. 确定企业的组织机构

若创办的企业是公司的组织形式,则需要对公司的组织结构进行明确。《公司法》对公司的组织机构的相关要求如下：

(1)有限责任公司股东会由全体股东组成。股东会是公司的权力机构,依照《公司法》行使职权。

(2)(有限责任公司)股东会会议由董事会召集,董事长主持。

(3)有限责任公司设监事会,其成员不得少于三人。规模较小或股东人数较少的有限责任公司,可以不设监事会,设一名监事。董事、高级管理人员不得兼任监事。

注意，公司法定代表人是指依据公司章程确定的董事长（执行董事或经理）；高级管理人员是指公司的经理、副经理和财务负责人。控股股东是指其出资额占有限责任公司资本总额超过百分之五十或者其持有的股份占股份有限公司股本总额超过百分之五十的股东；以及出资额或者持有股份的比例虽然低于百分之五十，但依其出资额或者持有的股份所享有的表决权已足以对股东会的决议产生重大影响的股东。

6. 制定公司章程

对于新创办的公司而言，公司章程是指公司依法制定的、规定公司名称、住所、经营范围、经营管理制度等重大事项的基本文件，也是公司必备的规定公司组织及活动基本规则的书面文件。

公司章程是股东共同一致的意思表示，它载明了公司组织和活动的基本准则，是公司的宪章。公司章程的基本特征是具有法定性、真实性、自治性和公开性。公司章程肩负着调整公司活动的责任。公司章程作为公司组织与行为的基本准则，对公司的成立和运营都具有重要意义，是公司成立的基础，也是公司赖以存续的灵魂。

公司章程是注册公司的主要文件之一，它由股东共同制定，经全体股东一致同意，由股东在公司章程上签名盖章。各市场监督管理部门网站上可以找到公司章程的范本，创业者可以参考范本制定自己的公司章程。

二、企业注册的流程步骤

注册企业是创业的第一步，创业者首先需要明确注册企业的流程，再结合自身条件有计划地做相应的准备。2016年6月30日，国务院办公厅发布了《关于加快推进"五证合一、一照一码"登记制度改革的通知》（国发办〔2016〕53号）文件，从2016年10月1日起实施"五证合一、一照一码"登记制度，"五证合一"后公司的营业执照、组织机构代码证、税务登记证、社会保险登记证和统计登记证可一次性办下来，从而大大节省了办理证件需要花费的时间，也提高了工商行政管理部门的办事效率。当前，创业者可以通过登录地方政府的市场监督管理局网站，或者各省、市、地区政府官网页面的"一业一证"服务专栏，方便快捷地在线上办理企业注册。

注册公司的具体流程如下。

1. 申请公司核名

公司注册名称通过后，还需填写公司基本信息，包括企业所在地、注册资金、经营范围和股东信息等。提交成功后，由工商行政管理部门颁发"企业名称预先核准通知书"，有效期为6个月。

2. 提交相关材料

提交的材料包括公司章程和场地使用证明等，可选择线上和线下两种方式进行资料提交，线下提交可提前在网上进行预约，需5个工作日左右（多数城市不需要提前预约）。申请人可以通过互联网登录系统填写联合申请书，可大大节省现场办理需要花费的时间成本。需要准备相关材料提交商事登记部门，由商事登记部门统一受理，真正实现"一表申请""一门受理"。所需时间大概为3—5个工作日。

3. 部门审核

市场监管登记窗口在承诺时间(内资 2 个工作日,外资 3 个工作日)内完成营业执照审批手续后,将申请资料和营业执照信息传至平台;质检窗口收到平台推送的申请资料和营业执照信息后,要在 0.5 个工作日内办理组织机构代码登记手续,并将组织机构代码发送至平台;税务、统计和人力社保等部门窗口收到平台推送的申请资料、营业执照和组织机构代码信息后,要在 0.5 个工作日内分别办理税务登记证、统计登记证和社会保险登记证相关手续,并分别将税务登记证号、统计登记证号和社会保险登记证号发送至平台。

4. 现场领证

经商事登记部门审核通过后,商事主体申请人即可携带准予设立登记通知书、本人身份证原件,到工商行政管理部门领取营业执照,即营业执照、组织机构代码证、税务登记证、统计登记证和社会保险登记证,"五证同发"(实际上就是一张证件)。所需时间:3—5 个工作日。

5. 企业刻章

取得企业营业执照后,法定代表人需携带营业执照原件、身份证原件,到指定的部门进行刻章备案。若法定代表人不能到场领取,还需携带一份由法人代表亲笔签名或盖章的"刻章委托书"前往领取。领取到的公司印章包括公章、财务章、合同章、发票章、法人代表人名章。所需时间:1 个工作日。

6. 申请领购发票

根据上面的步骤取得相应的证书和印章后,携带上述材料到当地的税务部门申领发票,同时注意每个月按时向税务部门报账。

以上 6 个步骤都完成后,意味着新创办的企业即可开始营业。

第三节　新企业涉及的法律问题

创业之路充满着不确定性,创业者不仅要提升技术和管理水平,还应培养法律风险管理能力及防范意识,从创业之初就要依法依规开展经营管理,规范创业团队以及企业行为,同时要学会运用法律来保护团队和企业的相关利益。创业者需要初步了解的相关法律问题梳理如下,必要时可再详细查阅或咨询法律顾问。

一、新企业创办的合同管理及法律问题

在企业创办及经营管理的过程中,需要使用合同来规范和确认相关利益主体的权利与义务,从而保护自身权益。《中华人民共和国民法典》(以下简称《民法典》)第三编合同中规定了多种合同类型,其中与新创企业经营活动相关的常见合同类型包括买卖合同、租赁合同与技术合同,以及《中华人民共和国劳动法》(以下简称《劳动法》)中所规定的劳动合同。

1. 买卖合同

买卖合同是出卖人转移标的物的所有权于买受人,买受人支付价款的合同。

其中买受人应当承担给付价款、按约定受领标的物以及及时检验标的物和妥善保管的义务;出卖人应当按约定交付标的物,并将标的物所有权转移至买受人。

买卖双方作为合同的当事人,需秉持诚信原则,在签订合同的过程中,相关注意事项见表9-2。

表 9-2 合同当事人订立合同过程中的注意事项

序号	要点	注意事项
1	审查主体资格	合同双方的主体资格必须适格
2	明确标的物信息	合同标的物必须明确具体。对于标的物的规格、型号、质量、数量、单价、生产厂商等信息应在合同中明确规定
3	明确标的物交付的时间、地点等	收货人一般在合同中都有约定,但在实际情况中由于各种原因,收货人可能发生变化,以致真正的收货人与合同约定的收货人不是同一人,一旦由于买受人不按时付款或者因其他原因产生了纠纷,问题的严重性就凸显。通常为防范法律风险,避免不必要损失,交付问题可采用两个应对举措:一是标的物交付前与买受人进行书面确认,得到买受人具体收货人书面通知;二是标的物交付后及时与买受人进行书面确认回复,以免交付后产生纠纷时买受人矢口否认
4	约定风险承担方式	标的物毁损、灭失的风险,在标的物交付之前由出卖人承担,交付之后由买受人承担,但是法律另有规定或者当事人另有约定的除外(《民法典》第604条)
5	约定验收方法	根据合同类型以及标的物种类确定不同的检验方式,法律有规定的从其规定,没有规定的由双方约定。例如:可对标的物的验收标准、检验地点、检验方法、检验数量、检验人员等进行约定
6	约定运输方式	对于需要运输的标的物,合同中应当规定包括运输方式的选择、起运时间的设定、在途货物风险的承担等内容
7	约定付款方式	合同应当对付款的币种、方式、付款时间、期限、付款主体进行约定
8	约定违约责任	合同中可以对各方的违约责任进行约定。例如:约定违约金、赔偿金、责任的承担方式、管辖法院等内容
9	重视发票的约定	例如:增值税发票可用于抵扣税款,直接关系到企业的收益

2. 租赁合同

租赁合同的内容一般包括租赁物的名称、数量、用途、租赁期限、租金及其支付期限和方式、租赁物维修等条款。租赁合同在签订中需要注意的事项见表9-3。

表 9-3 租赁合同签订过程中的注意事项

序号	要点	注意事项
1	确认租赁物的权属	确认出租人是否对租赁物拥有完全产权,租赁物是否权属清晰,审查是否存在挂靠或者质押等情况

续表

序号	要点	注意事项
2	审核出租方主体资质	出租人分为自然人和法人两种。以个人名义签署的租赁合同有成本低、容易管理等相对优势,但存在一定的管理风险。以法人名义签署租赁合同的,需加强对出租方营业执照、租赁资质及管理能力的审查
3	明确租赁物的基本情况	合同中可以对租赁物的质量、规格、数量、用途等进行规定,如设备租赁,合同中应明确其使用功能相关的各项基本技术指标
4	约定合同价格条款	约定价格中应包括各种费用,并单独列出其他需要单独收费的项目。明确租赁物的租金、起算时间和支付时间、支付方式等;约定租赁物的修缮、维护费用承担方等内容。而且必须充分考虑可能面临的各种不可预见因素及其会产生的必要的费用
5	约定保修条款	出租方有适租义务,要负责租赁物的维修、保养服务,承担相应的费用;并且应明确设备发生故障时出租方应当在合理期限内修复租赁物,以最大限度减少因故障造成的经济损失
6	约定合同解除与违约责任条款	租赁合同中除法定解除事由外,双方当事人可以约定解除事由及违约责任。如出租方没有按约定时间交付租赁物,或者交付了却验收不合格,或者无法修复投入使用,承租人有权要求解除合同,退还已支付租赁费用,要求出租方支付合同约定的违约金

3. 技术合同

技术合同是技术型创新企业常用的合同类型,是当事人就技术开发、转让、许可、咨询或者服务订立的确立相互之间权利和义务的合同,应采用书面形式。技术合同的组成部分一般包括与履行合同有关的技术背景资料、可行性论证、技术评价报告、项目任务书、项目计划书、技术标准、技术规范、原始设计和工艺文件,以及其他技术文档。技术合同的价款、报酬或者使用费的支付方式可采取一次总算、一次总付或者一次总算、分期支付,也可采取提成支付或者提成支付附加预付入门费等方式。表 9-4 是根据技术合同的分类,列举的不同类型技术合同的特点及注意事项。

表 9-4 不同类型技术合同特点及注意事项

序号	合同类型	特点及注意事项
1	技术开发合同	技术开发合同是当事人之间就新技术、新产品、新工艺、新品种或者新材料及其系统的研究开发所订立的合同。包括委托开发合同和合作开发合同两种。开发完成的技术秘密成果的使用权、转让权以及利益的分配方法,由当事人约定
2	技术转让合同和技术许可合同	技术转让合同包括专利权转让、专利申请权转让、技术秘密转让等合同。技术许可合同包括专利实施许可、技术秘密使用许可等合同。合同可以约定实施专利或者使用技术秘密的范围,但是不得限制技术竞争和技术发展

续表

序号	合同类型	特点及注意事项
3	技术咨询合同	技术咨询合同包括就特定技术项目提供可行性论证、技术预测、专题技术调查、分析评价报告等
4	技术服务合同	技术服务合同是当事人一方以技术知识为对方解决特定技术问题所订立的合同,不包括承揽合同和建设工程合同。技术服务合同的受托人应当按照约定完成服务项目,解决技术问题,保证工作质量,并传授解决技术问题的知识

4. 劳动合同

劳动关系是创业者在创业过程中一定要关注和学习的事项。创业者应当熟悉《劳动法》,正确处理劳动关系,严格签订劳动合同,避免劳资纠纷。《劳动法》规定,员工享有平等就业和选择职业、获取劳动报酬、休息休假、劳动安全保护的基本权利和义务;劳动者每日工作时间不超过 8 小时,平均每周工作时间不超过 44 小时;我国实行最低工资保障制度,男女同工同酬;当用人单位与劳动者发生劳动争议时,当事人可以通过协商解决,协商不成的可以依法申请调解、仲裁和提起诉讼。此外,创业者更要关注《劳动合同法》相关规定,依法合理雇工,优化企业人力成本构成,为企业赢得竞争优势。

企业劳动合同涉及的内容包括主体条款、期限、试用期、工作内容、工作地点、劳动报酬、工时、休息、劳保、劳动条件、职业危害、社保、劳动纪律、规章制度、培训、商业秘密保护、经济补偿、赔偿责任、合同的解除与变更终止、劳动争议、特殊用工等。

关于试用期与劳动合同解除等问题,新创企业就合同期限进行约定的同时,建议还可就试用期进行约定,以便更好地观察新员工的工作能力和个人素质。试用期是指在建立劳动关系、签订劳动合同之后,由合同双方约定相互考察期,在考察期满时,双方根据具体情况做出是否履行或者解除劳动合同的决定。在劳动合同解除方面,可参照《劳动合同法》中解除劳动合同、解除合同程序、人员裁减、劳动合同终止以及相关的经济补偿的内容规定来操作。

二、新企业创办时的知识产权管理及法律问题

知识产权是一种基于创新成果的法定权利,是新创企业获得独特竞争优势、以小博大的重要资源。新创企业涉及的知识产权类型众多,下面将重点梳理商标、专利和商业秘密相关的法律法规,创业者可初步了解如何做好相关的法律风险防范。

1. 商标注册及保护

新创企业在进行商标、商号、域名、App、微信公众号等形象标识物设计时,一定要避免未来商标侵权、商号争议、域名被抢注等困扰,建立完整体系的无形资产架构,将传统品牌方式(商标、商号)与网络品牌方式(域名、App、微信公众号等)有机结合起来,塑造企业的个性及其影响力。

商标(trade mark)是用来区别一个经营者的品牌与其他经营者的品牌的标记。商标有利于培植富有个性的产品形象和市场形象,从而取得竞争对手所不及的特定优势。商标注册是在我国取得商标专用权从而获得法律保护的必要前提,新创企业对其使用或准备使用

的商标应及时申请注册,否则该商标只能是未注册商标,得不到法律的有效保护。

域名。随着电子商务的加速发展,网络品牌的影响力越来越大,也使域名成为重要的无形资产,甚至被称为"网上商标"。好的域名在进行设计的时候,不仅要考虑作为经营者的商业标识物,与商标、商号等商业标识进行良好关联,还应与消费者的认知逻辑一致。足够简单的中文拼音,如淘宝(图9-1),京东(图9-2),国美(图9-3);或者是全英文逻辑,如亚马逊(图9-4)等均是较好的设计理念。

图 9-1 淘宝域名

图 9-2 京东域名

图 9-3 国美域名

图 9-4 亚马逊域名

近年来,我国不少知名企业的商标被国内外企业或个人抢注为域名,企业只能与其进行谈判,以高价赎回。针对恶意抢注的情况,《中国互联网络域名管理办法》等法律法规有相关规定,但是事后补救的手段具有很大的局限性。因此,新创企业应注意及时将自己的商号或商标在网络空间申请域名注册,这样可以有效防止他人抢注。

App也是网络品牌的一种类型,是新创企业品牌形象展示与品牌推广的主要媒介。新创企业必须加强对App知识产权的保护意识,对App的商标、专利和版权进行全面保护。否则,公司投入巨大成本研发出来的App,有可能还未进入市场就面临侵权问题。例如2014年,嘀嘀打车App由于涉嫌侵犯"嘀嘀"商标,接连被杭州、广州的两家公司诉至法庭,无奈之下,嘀嘀打车App只能更名为滴滴打车,企业为此付出的代价还包括一笔8000余万元的高额赔偿。

2. 专利申请及保护

专利是由国家颁发专利证书授予专利权人在法律规定的期限内,对其发明创造享有的专有权利(又称垄断权或独占权)。新创企业申请专利的好处,一是通过合法权利发布,达到防止他人使用的目的;二是通过申请专利向投资人、潜在合作者以及客户传递信号,获得竞争优势;三是通过转让、许可等经营方式,从专利中获利,如IBM在过去十年仅专利许可费获利就高达上百亿美元;四是自己不使用,只是为了阻止竞争对手产品或技术的商业化。《中华人民共和国专利法》(以下简称《专利法》)明确专利先申请原则,对专利的及时申请作出了规定。

在我国,专利包括发明专利、实用新型专利和外观设计专利三种类型。发明专利是指对产品、方法或其改进所提出的新的技术方案;实用新型专利是指对产品的形状、构造或者其结合所提出的适于实用的新的技术方案;外观设计专利是指对产品的形状、图案或者其结合以及色彩与形状、图案的结合所作出的富有美感并适于工业应用的新设计。新创企业应根据发明创造的特点,结合不同要求进行选择,甚至可采用组合的方式,在实践中同时申请两种或以上的保护形式,从而使各种专利申请形式取长补短,并在实践中延长专利的保护期限。

专利侵权也是新创企业常常会面临的问题。若新创企业作为侵权方,被对方起诉时,要通过收集与该专利技术有关的技术资料和现有文献,了解原告专利申请人、公开日和授权日等专利法律状况,并剖析双方技术特征要素,采用合理的策略应对。若新创企业作为被侵权方,要积极运用专利诉讼策略,有力遏制与制约竞争对手,保护自己的专利权利,制止侵权行为,获得赔偿。

第四节　初创企业成长初期的特点及存在的问题

一、初创企业成长初期的特点

作为一家刚刚注册成立的新企业,其成长阶段的初期被称为培育期,处于培育期的企业也被称为初创企业。在培育期,企业的生存能力弱,产品市场占有率还很低,管理不够规范,市场地位也不够稳定,容易受到既有企业的威胁,面临的风险较大。但是,这一阶段的企业又往往较有活力,富有创业精神。初创企业特点如下。

1. 组织的临时性

初创企业的组织是一个寻找可升级、可重复和可盈利的商业模式未达目的而组建的临时组织;需要确定商业模式、产品市场组合、可重复性销售模式以及聘用管理人员,才可能过渡到成熟企业。

2. 学习成本高

特别是对于创新程度较高的初创企业,因为没有可供借鉴和参考的模式和样板,必须摸索着开展试验和试错,在新角色到位和任务执行期间,甚至要付出高昂的学费。

3. 稳定性低

初创企业为取得尽可能好的绩效,花费时间精力界定新角色、建立员工关系、制定薪酬体系,而创造一些新的岗位和方法来运作新企业又往往会受现有资源的制约,处理不当容易陷入恶性循环的死胡同,影响业绩表现。

4. 交易成本高

由于初创企业内部的成员还处于磨合期,成员之间尚未建立起坚实的信任基础;新员工为了适应新企业的价值体系、组织目标和行为规范,需要不断调整自己的态度和行为。在企业外部,与外界环境中的其他组织打交道时,往往会有较长的适应期,这也导致新创企业的交易成本非常高。

5. 社会联系弱

初创企业运作之初,与客户、供应商等利益相关者之间尚未确立稳定的联系,这也是导致很多初创企业在市场竞争中败给既有企业的主要原因。

二、初创企业面临问题的应对

创业从无到有,没有人告诉你该怎么做、如何才能做好,只能不断试错,摸着石头过河。一家新企业创立和诞生时,年轻的创业者要同时面临来自企业内部和外部的挑战,因此培育期是企业生命周期中最危险、失败率最高的阶段。从企业内部来看,新创企业自身拥有的资源还很有限,缺乏成熟的发展战略和完善的组织机构,抗风险能力较弱;从企业外部来看,新创企业对客户、供应商、政府等利益相关者的影响力也很有限甚至不被认可。为此,初创企业要重点关注以下两个问题的应对。

1. 构建新企业的合法性

企业在初创期,是否具有生存能力在很大程度上取决于利益相关者对企业的主观感知而不是实际的财务绩效。如何建立起利益相关者对新企业合法性的感知,这对初创企业来说极其重要。一般来说,初创企业可以通过依从、选择、操纵和创造这四种途径来获得利益相关者对其合法性的认知。当然,不同的获取途径,对企业能力的要求也不相同,此外,初创企业的行业属性和组织形式也会对其获取途径的选择产生影响。创业者需要综合考虑自身资源和能力条件、企业所处行业的特征、外部环境的宽容程度等,选择适合自身发展的合法性获取途径。事实上,很多创新事物的发展都经历了合法性从无到有的过程,例如滴滴打车作为一家典型的平台型企业,初期着力加强管理合法性、规范合法性和认知合法性,最终成为"互联网+"领域和共享经济新创模式下的代表。

2. 保障稳定的现金流

企业发展需要现金流。现金流不仅有助于企业当前的成长,还能为企业未来的成长做准备。企业若没有充足的现金就无法运转,严重时甚至会危及企业的生存。尤其是成长潜力大的新企业,它们在初创期会消耗大量资金,在最初几年通常会出现亏损,特别是在第二年和第三年,亏损的程度往往会加剧。初创企业由于在此阶段还未壮大,几乎不可能靠所拥有的知识资本进行再融资。在没有后续资金的支持下,新企业会在早期耗尽全部资金而不得不终止经营。这也是很多初创企业在最初五年里失败的主要原因之一。

在企业的初创阶段,需要有效降低现金流压力。首先,需要增加应付账款和减少应收账款,以避免出现现金被无效占用或现金发生断流的局面。控制成本开支,当资产能产生效益时,才花钱购置。其次,企业要重视对管理成本的控制。在节流的同时重视开源,全力寻求增加收入的途径。具体的四个有效措施包括:控制好每个运营环节、战略性地削减成本、放弃一些客户来提高利润、根据市场变化修订方案。

【本章小结】

1. 企业常见的组织形式包括个体工商户、个人独资企业、合伙企业、有限责任公司和股份有限公司。每种组织形式都有其优点也有不足之处,创业者需要结合自身实际以及创业的预期成效选择最合适的组织形式。

2. 创业者在生产经营活动中要了解和关注合同管理及法律问题、知识产权管理及法律问题,要学会运用法律来维护团队和企业的相关利益。

3. 初创企业在成长初期富有创业精神和勇气,但也处在企业生命周期最危险、失败率最高的阶段,面临企业内部和外部的风险与挑战,要构建企业的合法性和保障稳定的现金流。

【思考题】

1. 创办企业前需要做好哪些准备?
2. 创办企业需要了解哪些法律法规?
3. 初创企业需要做好哪些问题的应对?

【参考文献】

[1] 亚历山大·奥斯特瓦德,伊夫·皮尼厄.商业模式新生代[M].王帅,毛心宇,严威,译.北京:机械工业出版社,2011.

[2] 赵博思.创业的真相[M].浙江:浙江大学出版社,2018.

[3] 布拉德·谢尔曼,莱昂内尔·本特利.现代知识产权法的演进:英国的历程(1760—1911)[M].金海军,译.北京:北京大学出版社,2006.

[4] 吴延兵.中国哪种所有制类型企业最具创新性?[J].世界经济,2012,35(06):3-25+28-29+26-27.

[5] 吉姆·柯林斯.从优秀到卓越[M].俞利军,译.北京:中信出版社,2009.

[6] 吉姆·柯林斯,杰里·波勒斯.基业长青(珍藏版)[M].真如,译.北京:中信出版社,2009.

情景剧:如何寻找 VC,和投资家面对面

第十章　新企业如何开拓市场与产品

【名人名言】

哪里有用户的痛点,哪里就有创业者的机会。

——2022年雷军年度演讲《挫折的馈赠》

【学习目标】

1. 理解新企业开拓市场和开发产品的概念及特点。
2. 了解新企业开拓市场和开发产品的基本流程。
3. 了解新企业开发产品的影响因素。
4. 了解新企业开拓市场的策略。
5. 了解新企业开发产品的管理模式。

【开篇案例】

及时图——高精度实时无人机测绘系统开创者

武汉大学测绘遥感信息工程国家重点实验室的钟智超等人在由共青团中央、教育部、人力资源和社会保障部、中国科协、全国学联和北京市人民政府等共同主办的第十三届"挑战杯"中国大学生创业计划竞赛(见图10-1)获得国赛银奖。"及时图—高精度实时无人机测绘系统开创者"项目直面无人机测绘行业存在的"非实时传输、非实时处理、依赖控制点"三大

图10-1　"及时图"项目入选第十三届"挑战杯"中国大学生创业计划竞赛创新创业成果展

问题,率先提出"无人机实时测绘"构想,创新性地提出了免像控高精度实时位置重建方法、三角网顶点实时动态更新策略和动态三维构网方法、结构感知高清晰三维纹理重建方法,大幅提升了测绘效率、降低了测绘成本、改善了实时地图的非平面场景扭曲现象。据此,项目率先形成了面向国土测绘、应急救灾、军事地形感知三大领域的无人机实时测绘系统。项目已在武汉、北京进行了应用示范。项目团队在(2022年)9月泸定大地震发生后,第一时间为灾区提供核心震区的数字正射影像地图和震后首个高精度实景三维模型,并在四川省应急指挥中心平台展示和应用。

——资料来源:根据武汉大学新闻网《武汉大学再夺"挑战杯"国赛优胜杯》整理。

新创企业开拓市场和产品同样不可能一蹴而就。没有深入的市场调研、创新的思维方式和精准的决策能力,市场和产品开拓只能是空中楼阁。被誉为"创业教父"的史蒂夫·布兰克(Steve Blank)教授曾强调:市场的开拓和产品的创新,是通过巧妙整合资源,满足客户需求(或期望、痛点)并创造价值的潜力。成功探索市场机会,对产品进行科学、实用、系统的规划和开发,是新企业成功的基石和先导。市场在哪里?产品该如何设计和推广?新企业对这些问题的洞察与实践至关重要。

第一节 新企业如何开拓市场

一、新企业市场开拓概述

1. 概念

新企业市场开拓是指刚刚成立或初次进入市场的企业通过制定并执行一系列策略,以拓展业务范围、赢得客户和建立品牌的全过程。市场开拓是新企业战略的重要组成部分,是新企业实现可持续发展的关键之一,其主要目的是通过扩大市场份额、提高品牌知名度和增加销售额等方式,提升新企业的收入和盈利能力。

新企业市场开拓通常需要进行市场调研、产品定位、渠道拓展、品牌推广等工作,要求新企业具备一定的市场洞察力、创新精神和营销能力。同时,市场开拓也需要企业具备足够的资金、人力和资源支持,以保证市场开拓计划的顺利实施和持续发展。

2. 意义

新企业市场开拓是一项至关重要的战略活动,直接影响企业的成长和长期成功。市场开拓对企业的重要意义具体体现在以下几个方面。

(1)实现业务增长。

新企业市场开拓是实现业务增长的关键战略,为企业提供了直接的销售和收入增长机会。进入新市场,企业能够打开新的销售渠道和市场,吸引新的客户和消费者,最终实现业务增长。

(2)降低经营风险。

对于新企业而言,依赖单一市场或客户群体存在较大的风险,一旦市场变化或客户流失，新企业可能面临严重的经营困境。市场开拓可以帮助新企业分散部分经营风险，降低对单一市场或客户的依赖，使企业具备更强的抗风险能力。

(3) 强化竞争优势。

新企业市场开拓不仅仅是业务范围的扩展，更是为企业创造竞争优势的机会。通过进入新的市场，新企业可以扩大品牌的知名度和影响力，增加品牌曝光度。在新市场中取得成功，可以进一步提升品牌形象和信誉，为企业在其他市场的发展提供有力支持。

(4) 提升创新能力。

进入新市场需要企业不断寻找新的解决方案、创新产品或服务，并更好地预测市场趋势、调整战略，从而适应市场变化。这种适应市场变化的灵活性和敏捷性不仅能帮助企业在竞争激烈的市场中生存，还能培养企业的创新精神和创造能力。

二、新企业市场开拓的步骤及方法

1. 基本步骤

新企业市场开拓是一个多阶段的复杂过程，涉及多个关键步骤，旨在推动新企业产品和服务的市场渗透和扩展。新企业市场开拓可以分为以下六个主要步骤。

(1) 开展市场分析。

企业需要对其已拥有的市场进行分析，了解竞争情况和潜在市场需求，以及消费者的行为。这一步有助于确定市场的增长潜力及其机会。在现有市场分析基础上，新企业需要寻找新的市场机会，通过市场调研和数据分析来确定目标市场，包括地理位置、人口特征、行业领域等，以便找到具有潜力的市场空白点。

(2) 明确市场定位。

在市场调研的基础上，新企业需要明确自己的市场定位，即确定目标客户群体和产品特点，以便在目标市场树立独特的品牌形象。通过明确市场定位，新企业能够更好地制定有针对性的市场策略，满足目标客户的需求和偏好。

(3) 确定推广策略。

在明确市场定位后，新企业需要制定合适的营销策略，包括产品定价、促销活动、广告宣传等。对新企业而言，有针对性的定价策略有助于确保产品价格与市场需求相匹配，有吸引力的促销活动和广告宣传计划有助于提高品牌的知名度和美誉度，持续吸引潜在客户并增加产品销量。

(4) 拓展销售渠道。

通过拓展多元化的销售渠道，新企业可以扩大产品的销售范围和市场覆盖率，提高市场份额。新企业需要分析目标市场的渠道特点，选择适合的销售渠道，如实体店铺、电商平台、社交媒体等，并与这些渠道伙伴建立合作关系，确保产品能够有效进入目标市场。

(5) 管理客户关系。

市场开发不仅限于增加销售额，新企业还需要提供优质的售后服务和客户支持，解决客户问题并满足客户需求，从而更好地了解客户需求并提高客户满意度和忠诚度，不断增强新企业在市场中的竞争优势。

(6)持续监测与改进。

市场开拓是一个持续的过程,需要不断监测市场和竞争环境的变化,并根据反馈信息适时调整和改进市场开发策略。通过持续的市场调研和客户反馈,了解消费者需求的变化和市场趋势,及时改进产品和服务,提高市场竞争力。

2. 经典方法

(1)滚雪球。

滚雪球战略是指企业在现有市场的同一地理区域内,采取区域内拓展的方式,在穷尽了一个地区后再向另一个新的区域进军的拓展战略。以亚马逊为例,企业通过提供优质的购物体验和低廉的价格,吸引了越来越多的用户。随着用户数量的增加,亚马逊进一步扩大了商品种类和物流配送服务,从而进一步吸引更多的用户。这种良性循环使得亚马逊成为全球最大的电子商务平台之一。

(2)保龄球。

保龄球战略是一种先难后易的市场拓展策略。首先聚焦于占据目标市场中的某一关键区域,通过此区域强大的市场吸引力影响并吸纳邻近区域,进而逐步占领全部市场。

以我国家电企业海尔为例,海尔集团选择广州、上海、北京作为开拓国内市场的起点,而在国际市场,海尔先后关注攻占日本、西欧、美国等核心市场,从而为全面进军全球市场奠定了坚实的基础。

(3)采蘑菇。

采蘑菇战略是一种非连续性、跳跃式的市场拓展战略,企业开拓目标市场时,首先选择占领最有吸引力的目标区域市场,采摘最大的"蘑菇";接着再选择和占领较有吸引力的区域市场,即采摘第二大的"蘑菇",不管这个市场和最有吸引力的市场是否邻近;以此类推。

这一战略在我国陶瓷企业中得到了广泛运用,首先锁定省级中心城市以及一线城市,然后逐渐向其他城市渗透。采取该策略面临的风险最大,竞争也最为激烈。

(4)农村包围城市。

农村包围城市战略是一种先易后难的市场拓展策略。即先"蚕食"较容易占领的周边市场,积蓄力量,并对目标市场形成包围之势,同时也对目标市场形成一种无形的影响,等到时机成熟,一举夺取目标市场。

脑白金最初进入市场时,就制定了"从小城市出发,进入中型城市,然后进入大城市,从而走向全国"的战略路线,选择从购买力强,城市密集,距离上海、南京距离较近的江阴起步,更好地把农村市场和城市市场衔接起来,用三年时间实现了进入上海的目标。正是这一系列战略设计与市场举措,为脑白金的资本运作铺平了道路,使其在极短时间内迅速走红。

(5)遍地开花。

遍地开花战略是企业在开辟目标市场时采用在多个区域全面开展市场活动的方式,同时发动多点阵地攻势,以期实现对多个目标市场的并行进驻。遍地开花战略具有极大的威力,可以在非常短的时间内达到同时占领整个市场的目的。但此类策略的成功对于企业的人力、物力和财力以及综合协调控制能力都有很高的要求。

以巨人集团为例,早期企业以自己开发的独有软件产品为依托,仅用时三年,就迅速实现了资本积累。为规避竞争风险,企业选择进入保健品及房地产等与核心业务无关的领域,但此决策并未达到预期目标,反而成为企业财务困境的直接原因。遍地开花战略对管理等方面有极高的要求,导致使用该战略的企业以失败居多。

三、新企业市场开拓的理论工具

安索夫矩阵(Ansoff Matrix)由策略管理之父安索夫博士于1957年提出,是应用最广泛的营销分析工具之一。安索夫矩阵通过分析市场和产品/服务的组合,为企业提供了四种基本的战略选择,如图10-2所示。

图 10-2 安索夫矩阵

1. 市场渗透

市场渗透策略是指企业试图在现有市场销售现有产品或服务,通过提高市场份额、增加客户数量或提高销售额来实现效益增长。新企业可以通过市场调研和客户分析确定当前市场的增长机会,借助价格策略、加强广告宣传力度、开展促销活动等,吸引更多客户。

2. 市场开发

市场开发策略是指用现有的产品去满足新市场的消费需求,要求企业的市场开拓能力较强、产品能满足新市场需求。新企业可以通过市场调研寻找未开发的地区或尚未触及的目标市场,以拓展业务范围。通过定制产品、适应当地文化,或与当地合作伙伴建立关系,进入新市场,吸引新的客户群体。

3. 产品/服务开发

产品/服务开发策略是开发新产品/服务,将新产品/服务推给现有消费者,或者是在现有消费者的基础上,利用创新性产品/服务做差异化竞争。新企业可以在了解目标市场的变化需求和趋势的基础上,开展包括引入新功能、提高性能、改进设计在内的产品或服务创新活动,以满足消费者不断变化的期望。

4. 多元化经营

多元化经营策略是指企业为新市场提供新产品或服务。新企业可以通过推出全新的产品或服务,同时进入新的市场领域,以实现业务多元化。

四、新企业市场开拓的模式策略

1. 基于资源和制度环境的市场开拓模式

新企业在做市场开拓时,往往会受到政策和最终客户的需求等多重因素影响。在挑选市场拓展策略时,新兴企业必须持续调整策略以适应制度环境,从而减少外部环境造成的潜在挑战。此外,考虑到企业针对客户群所提供服务的需求与性质的多样性,对于企业本身资源及其资源融合能力的需求也存在差异。

本部分以动态能力建构为理论基础,基于资源与制度的双重维度构建了一个二维分析框架。将资源与制度这两大要素进一步通过三项关键评估指标,划分为不同层级,进而探讨新兴企业成长阶段这两大要素结合的多种形态如何影响市场发展策略选择及企业业绩的表现。具体分析框架如图10-3所示。

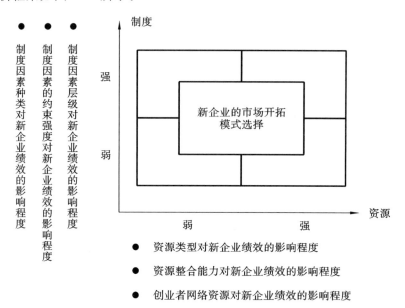

- 资源类型对新企业绩效的影响程度
- 资源整合能力对新企业绩效的影响程度
- 创业者网络资源对新企业绩效的影响程度

图10-3 基于资源和制度环境的市场开拓模式分析模型

【延伸阅读】

小 米 科 技

小米科技(以下简称小米)是互联网与传统手机制造业成功融合的典范,因其创新的"黑科技"智能产品而知名。自2010年创立以来,小米迅速崛起为中国智能手机行业的领军者,成为"互联网+"时代下的创业典范。

作为资深的连续创业者,雷军在深入分析手机行业多年后才真正进入该行业。基于深厚的创业背景,雷军洞察到用户趋向于主动参与产品价值的创造与交付,这促使他开发出一款高性价比、紧贴用户需求的产品。小米的创业团队由雷军携手七位在互联网、软件和硬件领域有深厚造诣的伙伴组成,成员们均是来自业界的精英,囊括了微软的技术专家、谷歌前产品经理以及精通市场营销、产品设计和硬件开发的高级技术人员。在各自领域专家的协作下,团队用不到一年时间便成功推出核心产品小米1并获得了市场的积极响应。小米在资源拼凑过程中采用的是有形资源和无形资源,大多来自雷军自身积累和企业已有技术资源,属于稳健型拼凑方式。

通过充分运用其宝贵的创业经验识别商机,并依托强大的技术团队进行产品研发,雷军确立了企业的独特价值定位,并顺应市场需求,推出创新性产品。公司初始阶段的股权结构清晰,截至2018年4月未提交IPO申请前,雷军个人持股比例为77.8%,而其他自然人股东占比为22.2%,属于高涉入程度占股。小米结合软件与互联网两大要素,选择电商模式自主运营B2C商城,直接向消费者销售产品。除了线上直销渠道,小米亦着手将线下"小米之家"服务店转变为兼具销售与服务功能的直营店。

雷军以稳健型拼凑方式持股超过70%,在公司保有决策的控制权,这种高涉入式参与保障了企业方向与资源分配的高度统一,有利于市场拓展和企业成长。尽管在上市之后雷军的股权有所稀释,但其依旧保持了对管理层决策的主导权。

——资料来源:段茹,李华晶.创业型企业市场进入模式研究[J].科学学研究,2019,37(08):1481-1488.

基于资源和制度两个因素,根据新企业的成长路径与绩效风险压力,结合其自有资源、资源整合能力和制度因素的影响,可以确立稳健型、激进型和组合型三种市场开拓模式,如图10-4所示。

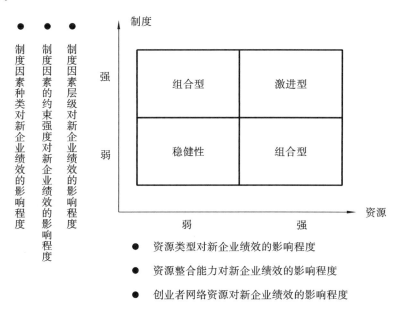

图10-4 基于资源和制度环境的市场开拓模式选择

(1)稳健型方案。

该方案下,公司掌握的资源较为充裕且种类繁多,公司对资源的综合调配能力符合其发展的需求,同时制度因素的制约较为有限,优异的企业业绩为公司提供了稳固有序的增长。

(2)激进型方案。

该方案中,虽然资源较难获取,公司面临的制度约束也较为明显,但随着企业资源整合能力的增强,这些强制性限制得以逐步应对与化解,向着极为出色的企业绩效迈进。一旦打破了资源与体制双重因素的制约,企业业务就能够较为轻松地进行复制及扩张,能极大地增强企业的成长潜力。

(3)组合型方案。

组合型方案是一个融合稳健型和激进型方案的复合方案,其特点是两者的动态结合,并在此基础上添入特定的市场开拓模式。随着公司资源的日益丰富、资源整合能力的提高以及制度因素制约的减少,不同模式间可能发生转换,确立的模式可以逐渐演化为稳健型方案。

【延伸阅读】

平安好医生

移动医疗行业作为现代社会的新增长领域,正在不断兴起。利用移动医疗服务平台,用户无需排长队就可以获得咨询服务,这一点大幅缓解了公众就医难题。鉴于这样的商机,平安健康推出了平安好医生移动医疗APP,该APP集成了疾病咨询、知名医师接诊、社区互动、健康信息接收及健康检测五个主要功能,旨在提供在线医疗咨询和即时健康管理服务。所募集的问诊医生均至少具备五年从业经验且来自国内三甲医院。平安好医生平台通过聚合用户和医疗资源,按照不同的医疗需求匹配相应的服务,有效地引导大量用户至合适的医疗层级和专科,以充分利用医疗资源。

平安健康洞察到行业外的移动医疗发展趋势,并据此启发了移动医疗APP的创新构思。在应用提供服务的过程中,平安健康对外部的医疗资源进行了整合和划分,以服务于不同需求的患者群体。平安好医生成立之初是平安健康的全资子公司,在2018年经历多次重组后,中国平安最终持股46.20%,股权日趋分散且不存在法律意义上的控制权。平安好医生APP不仅提供在线问诊服务,还计划扩展到线下诊所和医药网络。未来规划中的业务结构为免费在线诊所提供初步的诊断、分流、复诊,以及开具电子处方等基础服务,而线下诊所则承担进一步的检查和诊疗服务。

通过风险型拼凑方式,中国平安持有平安好医生APP股权46.2%,股权涉入程度较低。更分散的股权意味着企业风险的分散化。外部融资不仅意味着资金支持,更重要的是,外部投资者带来的增值服务有助于平安好医生APP整合内外资源,加强医疗资源的质量,优化其服务体系,在移动医疗领域形成竞争优势。然而,失去控股权可能减少对企业未来重要决策的控制度,导致企业在决策上的相对被动。但整体看来,引入外部资本有效地分散了企业风险,有利于其长远的稳健发展。尽管外部资源介入可能带来管理上的挑战,并且核心资源优势的形成存在难度,但在进入市场的同时也实现了风险的最大程度分散和风险参与度的降低。

——资料来源:段茹,李华晶.创业型企业市场进入模式研究[J].科学学研究,2019,37(08):1481-1488.

2. 基于技术与市场的市场开拓模式

对于新企业来说,研发技术产品和将技术成果商业化是两项最重要的任务。在技术战略维度,新企业在市场开拓时一般会根据其对市场已有技术的利用程度,沿用普遍认同的技术创新和技术模仿两种战略。技术模仿战略能够让新企业在短时间内利用已有技术知识形成"先发优势",获取一定的经济利益从而达到生存下来的目的。而选择技术创新战略的新企业在前期可能会面临人财物的大量投入,但是一旦创新成功,对新企业的长期发展有更重要的意义。

新企业市场开拓的另一个维度则是市场选择,美国著名战略专家陈明哲教授基于前人的战略研究成果,提出用"市场共同性"和"资源相似性"作为评价竞争的指标。其中,市场维度可以通过"市场相似性"来衡量新企业和其计划拓展行业中的在位企业所在市场的重叠度。市场相似度越高,新企业与已有企业市场重叠部分越多,面对的客户群、市场需求相似,竞争也越激烈,而市场相似度越低,则代表新企业更多地采用利基或者互补市场战略,与已有企业面对的客户群不同,提供不同的技术/产品,因而竞争也相对较小,有利于新企业的生存与发展。

根据技术和市场两个要素,可从技术创新性和市场竞争性两个维度对新企业市场开拓模式进行归纳比较,如图 10-5 所示。

图 10-5 基于技术与市场的新企业市场开拓模式

(1)技术—市场欠缺型。

技术—市场欠缺型新企业指的是那些拥有创新技术或产品但尚未被市场广泛认知或接受的企业。对于这部分企业而言,他们面临的主要挑战在于如何将技术优势转化为市场优势,实现技术与市场的有效衔接。

(2)技术主导型。

技术主导型新企业是指那些以技术创新为核心竞争力的企业。它们通常拥有独特的技术优势或突破性的创新产品,通过技术引领市场,追求高额利润和市场份额。这些企业需要持续投入研发,保持技术领先地位,并善于将技术优势转化为商业优势。

(3)技术—市场兼顾型。

技术—市场兼顾型新企业是指在技术创新与市场需求之间取得平衡的企业。它们不仅注重技术研发和产品创新,还紧密关注市场变化和客户需求,努力将技术优势转化为市场优势,可以实现技术与市场的协同发展。

(4)市场主导型。

市场主导型新企业以市场需求为导向,强调市场洞察和客户需求满足。它们可能不拥有尖端技术,但通过精准的市场定位和营销策略,能够及时捕捉市场机会,实现快速发展。这些企业重视客户关系和品牌建设,以市场需求为驱动,推动产品和服务的持续改进和创新。

五、新企业的市场进入战略

新企业必须根据自身特点慎重选择市场进入战略,才能确保创业或市场开拓的成功。

已有学者根据技术能力(即跟进者及先行者)、产品市场成熟度(既有市场及新兴市场)及目标市场(本土市场及国际市场)三个维度对新企业市场进入战略进行了分类,如图 10-6 所示。

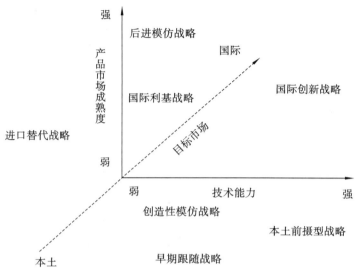

图 10-6　新企业市场进入的战略

1. 后进模仿战略

此战略主要适用于中小型企业,尤其是那些在传统行业的产品市场已达成熟甚至衰退阶段的企业。这些企业对于新产品研发和技术革新持保守态度,更倾向于对市场上现有的产品或服务进行模仿性复制。

2. 本土前摄型战略

新企业更倾向于运用此策略,这是指通过吸纳外来新技术并结合本土市场特需进行调整和创新,旨在制造出新产品,并拓展新市场。此战略的成败往往依靠本土市场对新产品的接受程度、市场竞争压力、国际战略伙伴的协作质量及企业信誉度等因素。

3. 进口替代战略

在跨国公司的先进产品难以适应本土市场的条件下,尽管本地企业可能在技术力量和创新性方面与其无法匹敌,却能够通过提供低成本且为本土市场所需的相似功能产品来满足市场需求。

4. 创造性模仿战略

运用这种战略的初创企业在本土新兴产业领域具备一定技术水准,虽跟随着国际市场的脚步,但本土竞争者尚未突破国际市场的壁垒。它们通常拥有与采取替代进口战略的企业相仿的技术能力,为了在国际市场上获得份额,不得不面对更高的市场风险。

5. 国际利基战略

这个战略指掌握特殊资源或技术的中小型新企业,能够进入大型企业不愿意或忽略的特殊市场,并为特定客户群体提供定制化产品与服务,从而建立较高的市场进入壁垒,实现超额利润。

6. 早期跟随战略

在国际新兴行业,除了技术或产品创新的先驱者,那些能迅速响应并整合原有基础与新兴技术的初创企业,若能及时将产品推向市场,一般能快速成长。随着新兴市场的发展,相关的商业机会会减少,进而加剧了企业间的竞争。

7. 国际创新战略

在全新的市场里,持续创新并迅速应用新兴技术来提供创新性产品和服务,是企业获取竞争优势的重要途径。全球市场的创新领先者通常通过主动加入国际技术组织,将其掌握的独特技术规范化,引领产品设计和行业标准。

六、新企业市场进入的时机与方式选择

1. 新企业市场进入的时机选择

新企业市场进入时机的恰当选择为后期市场进入活动的顺利开展奠定基础。本节从市场时机、技术时机、产业时机、政策时机四个维度建立了新企业市场进入时机选择的理论分析框架,如图 10-7 所示。

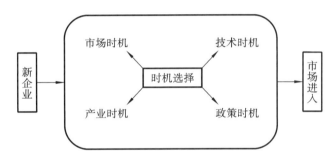

图 10-7 新企业市场进入时机选择研究框架

(1)市场时机。

新企业在市场进入的阶段,必须确认所选市场的发展潜力,这是支持新企业市场初始落地及后续扩张的关键因素。此外,在探索非主流市场的创新路径时,市场内的竞争激烈程度将显著影响新企业决定最优进入时点的决策。

(2)技术时机。

新企业依托破坏性创新成功进入市场的关键点在于产品性能的过度供给使得市场竞争基础得以改变,这一点往往取决于相关技术进步和成熟度。鉴于破坏性创新不必依赖复杂的前沿技术,因而技术获取的难易程度对新企业的市场介入时机具有决定性作用。

(3)产业时机。

产业价值链及其生态环境的演变为新企业的市场入驻策略提供了有效实施的契机,并为其在市场中推出具备竞争力的新产品奠定了坚实的基础。

(4)政策时机。

新企业进入市场往往是一个需要长期投入的过程,对于外界资源的需求极为迫切,因此精准地把握政策时机不仅能为企业提供更为宽松的发展空间与资源援助,还能帮助企业解

决进入市场初期面临的种种阻碍。

2. 新企业市场进入的方式选择

新企业市场进入方式可以分为低端市场进入、新市场进入、混合市场进入三种类型,如图 10-8 所示。

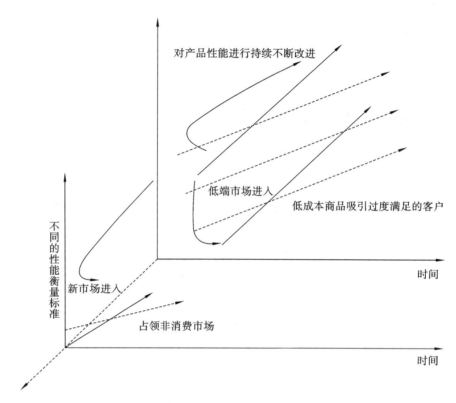

图 10-8 新企业市场进入方式

(1) 低端市场进入。

低端市场进入根植于原有的市场空间,特指针对被过度满足的客户和小规模盈利产品进行市场进入的行为。若市场中有消费者倾向于以较低的价格购买性能相对较差的商品,或者新兴公司能通过创新经营模式实现在低成本吸引客户的同时保持利润,那么对于这些企业而言,选择低端市场进入方式较为适宜。

(2) 新市场进入。

新市场进入属于探索一个尚未成型的市场,这涉及将潜在的客户转化为当前的客户群。在新市场中,若新企业成功地创造了一个新市场环境,在其中产品使用更为便捷,此类产品在此之前仅限于经济实力较强的消费者使用,新企业便可以采取这一策略。

(3) 混合市场进入。

混合市场进入兼具了低端市场进入和新市场进入的特性,当前述两种情形同时出现时,新企业可以根据自身情况,选择低端市场进入方式或新市场进入方式。

第二节　新企业如何开发产品

一、新企业开发产品的特点

开发产品是指通过一系列活动,将一个概念、创意或技术转化为具有实际功能和可用性的产品。这个过程通常包括设计、开发、测试、优化和发布等一系列阶段。开发产品的目的是满足市场需求或解决特定问题,最终创造价值并获得商业上的成功。通过开发产品,新企业可以创造出符合市场需求的产品,满足客户的期望。了解市场并提供有价值的产品是产品开发成功的关键。

风险投资家 Marc Andreessen 提出的 PMF 模型(product-market fit),也被称为产品—市场匹配模型,被用于衡量一个产品是否成功地满足了市场需求。简单而言,PMF 指的是产品和市场之间的良好匹配程度。PMF 模型的核心思想是:一个成功的产品应该在特定市场上找到与之相匹配的产品特性,以满足用户的需求,并获得用户的喜爱。PMF 模型分为三部分:市场、产品、产品—市场匹配。

市场(market)部分包含了企业的目标客户(target customer),以及未被满足的需求(underserved needs)。企业创造的每件产品都是用来解决某一群体的某个问题的。因此,对于新企业而言,最重要的是要尽早发现自己的目标客户群,以及他们现在需要但缺少什么。产品(product)部分在该模型中被定义为价值主张(value proposition),功能集合(feature set)以及用户体验(UX)。每个产品都是为了满足某种需求而产生的,因此该产品所能满足的需求就是它的价值主张,同时,它必须为用户提供使用功能才能体现价值。最后,产品功能好坏与否,会产生不同的用户体验。

但在现实过程中,大部分用户无法清晰地阐明自己的需求,这就需要企业对用户需求进行深入分析和挖掘。深入挖掘用户需求并且生产合适产品的过程,就是产品—市场匹配(product-market fit),如图10-9所示。

新企业开发产品的一大特点是在一定程度上追求产品—市场的匹配。

首先,对于新企业而言,最重要的就是创新性和开拓性,并着力推出具有独特价值的产品。创新性是新企业吸引用户的重要因素,也是企业在市场中抢占份额的关键要素,有助于新企业的产品在激烈的市场竞争中脱颖而出;而开拓性则是新企业开发产品的动力,积极尝试新的想法与技术,有助于新企业产品开发、打破现有市场格局。

其次,灵活性是新企业开发产品的显著特点。由于市场环境的不确定性,新企业需要具备灵活性和调整能力,以适应不断变化的市场需求和竞争态势。同时多样化的用户需求,导致新企业需要根据用户的反馈和需求不断调整和改进。除此之外,随着科技进步和消费者需求变化,新企业需及时调整产品规划,找到差异化竞争优势,以保持竞争力和市场份额。

最后,资源有限性也是新企业产品开发的特征之一。有限性是指新企业在资金、人力等方面的资源是相对有限的,这种有限性会在一定程度上限制新企业发展。作为刚起步的新企业,常常面对的是一个在时间有限、人力有限的条件下,如何完成产品目标或客户需求的

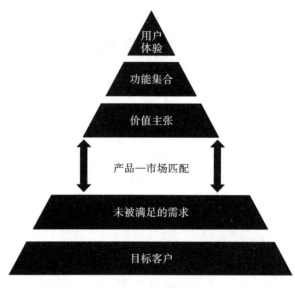

图 10-9 PMF 模型

复杂性问题。

【延伸阅读】

阿里巴巴的 PMF 模型应用

阿里巴巴是一家全球知名的电商企业,其成功也离不开 PMF 模型的应用。下面将从产品、市场两个方面,介绍阿里巴巴 PMF 模型的应用。

产品方面,阿里巴巴的产品线非常丰富,包括 B2B、B2C、C2C、第三方支付平台等。这些产品都是根据市场需求和自身特点进行研发和推广的。首先,阿里巴巴注重产品研发和创新,不断推出新的电商产品和服务,满足不同客户群体的需求。比如,针对中小企业和个人消费者,推出了多种类型的平台和服务,如阿里巴巴 B2B 平台、淘宝网 B2C 平台、支付宝第三方支付平台等。这些产品不仅满足了不同客户群体的需求,而且具有很高的品质和用户体验。其次,阿里巴巴注重产品的差异化,通过提供独特的价值和体验来吸引客户。比如,淘宝网通过提供免费开店、担保交易等服务,吸引了大量的中小企业和个人创业者;支付宝则通过提供安全支付、移动支付等服务,满足了用户对支付便捷性和安全性的需求。

市场方面,阿里巴巴的市场定位非常明确,即一家全球领先的电商平台。在此基础上,阿里巴巴深入了解市场需求,不断调整市场策略,以满足不同客户群体的需求。首先,阿里巴巴通过数据分析和市场调研,深入了解不同市场和客户群体的需求和特点,并针对不同的市场和客户群体推出不同的产品和服务。比如,针对不同地区的消费者,推出了本地生活服务、海外购等特色服务;针对不同行业的商家,提供了定制化解决方案和专属服务。其次,阿里巴巴注重市场推广和品牌建设,通过各种渠道宣传自己的产品和服务,提高品牌知名度和美誉度。比如,通过广告投放、网络营销、口碑传播等方式,扩大品牌影响力。

总的来说,阿里巴巴的 PMF 模型应用体现在产品研发、市场推广等方面。阿里巴巴注重产品与市场的匹配,不断推出符合市场需求的创新产品和服务,并针对不同的市场和客户群体采取不同的市场策略,最终实现了快速发展。同时,阿里巴巴的金融、云计算、物流等业务也体现出产品和市场的匹配。这些业务不仅为阿里巴巴带来了更多的利润和收入来源,还为商家提供了更多的商业机会和竞争优势。

——资料来源:一文读懂:PMF(product market fit)与产品管理,https://zhuanlan.zhihu.com/p/673733904.(有改动)

二、新企业开发产品的基本流程

新企业开发产品是一项既有挑战性又充满创新活力的任务。在追求产品—市场匹配的道路上,企业需要精心规划和执行一系列步骤。从初步概念到最终推向市场,开发产品的基本流程涵盖了客户探索,市场客户的检验,确定产品定位及销售目标,开发与发布产品、检验发布效果等多个关键阶段,如图10-10所示。在这个过程中,新企业不仅要确保产品在技术上的卓越性,还需要不断调整产品以满足市场的实际需求。新企业开发产品的基本流程可以分为以下几个阶段。

图 10-10　新企业开发产品的流程

1. 客户探索

这一阶段的核心任务是深入了解目标客户,挖掘客户的痛点和需求,以确保产品能够切实满足客户需求。

首先,客户探索的关键在于准确把握客户的痛点。通过开展深度市场调研和客户访谈,企业可以获取清晰的客户画像,了解客户面临的挑战以及期望从产品中获得的价值。在这一过程中,产品团队需要通过深入交流,倾听客户的真实声音,抓住客户所言背后的真实需求,并寻找解决方案,从而确保产品切实符合市场的实际需求。

其次,客户探索还需要关注客户的行为模式和习惯。了解客户在日常工作或生活中的习惯,可以为产品设计提供有力的参考。通过观察客户的行为,产品团队可以洞察到一些潜在的问题和机会,从而更好地定位产品的特色和功能。

最终,客户探索的终极目标是确保产品能够真正解决客户的痛点,提供有价值的解决方案。客户探索不仅是开发产品的关键一环,更是创新成功的基石,为企业在市场中赢得用户信任和市场份额奠定坚实基础。

2. 市场客户的检验

在新企业开发产品的基本流程中,市场客户的检验是确保产品真正符合市场需求的关键一环。通过最小功能级替代品,企业可以快速找到愿意购买的种子用户,并通过深入了解用户的反馈,探索可复制的营销路径,为产品的正式推出开展前期准备。

首先,最小功能级替代品是市场检验的有力工具。通过创建一个具有基本功能且足够满足核心需求的产品原型或替代品,企业可以在较短时间内验证产品概念的可行性。这个替代品可以是一个简化的版本,甚至是一个虚拟的演示,但足以让用户体验产品的核心功能。通过与种子用户分享这个最小功能级替代品,企业可以获得早期用户反馈,了解用户对产品的期望和不足之处。

其次,寻找愿意购买的种子用户是市场检验的重要目标。企业需要精准定位目标用户群体,将替代品展示给有真实需求且愿意为解决方案付费的种子用户。积极与愿意购买的用户建立紧密联系,深入了解他们的需求、反馈和使用体验,是市场检验的核心任务。通过与种子用户的深入合作,企业可以建立起稳固的用户群体,为产品的后续推广奠定基础。

最后,市场检验需要探索可复制的营销路径。通过观察成功获取愿意购买的种子用户的渠道和方法,企业可以发现潜在的营销规律,并为未来的市场推广制定策略。这涉及对用户获取渠道、市场传播途径的深入研究,以确保企业在产品正式推出时能够更加精准地吸引目标用户。

3. 确定产品定位和销售目标

该阶段,企业需要仔细研究市场环境、竞争格局和目标用户,以制定明确的产品定位策略和设定可实现的销售目标。

首先,产品定位的制定需要深刻理解目标市场和目标用户。企业需要充分考虑产品的独特卖点、核心功能,以及与竞争对手的差异。通过市场调研和用户反馈,精准定位产品在市场中的位置,确定产品在用户心目中的价值和地位。

其次,销售目标的设定需要综合考虑市场规模、竞争态势和企业资源。通过分析市场潜力和行业趋势,企业可以设定具有挑战性但可能实现的销售目标。同时,企业还需要对目标用户的购买行为、决策过程和购买周期开展具体调查,以更好地制定销售策略和推进销售计划。在产品定位和销售目标的制定过程中,企业应该密切关注市场变化和用户需求的动态变化,定期进行市场调研,分析竞争对手的动向,及时调整产品定位和销售目标,以确保企业在激烈的市场竞争中保持灵活性和竞争力。

此外,产品定位和销售目标的制定需要与企业的整体战略和品牌形象相一致。产品的定位应与企业的核心价值和使命相契合,销售目标应支持企业长期发展战略,从而构建一个一体化的品牌形象,提高市场认知度,增强用户信任感。

在新企业开发产品的流程中,确定产品定位和销售目标是引导后续决策和执行的关键一步。通过深入了解市场、用户和竞争对手,企业可以制定更具针对性和可行性的产品策略,实现把产品成功推向市场的目标。同时,清晰的销售目标为企业提供了方向,帮助企业团队更有目的地努力,实现可持续的商业增长。

【延伸阅读】

化肥的产品创新

我国传统化肥产业主要面临以下几个方面的问题:产能过剩、利用率低。

我国的化肥产业经历了从初创到兴盛的发展历程,在此过程中,化肥的产量迅猛增长,有效地解决了14亿人口的粮食生产问题。然而,化肥产量的增长也带来了供应过剩的问题。从20世纪80年代开始,我国化肥的年供应增长率约为4%,满足了日益增长的农业需求。根据联合国的统计数据,化肥在我国农业生产中贡献率达45%—50%。到1998年,我国化肥的生产和消费量（纯养分）均居世界首位,分别达到2956万吨和3816万吨,但这也意味着我国占全球7%的耕地使用的化肥占全球化肥用量的30%以上。与发达国家相比,我国的单位耕地化肥使用量大约是发达国家所推荐安全上限的2倍。2019年的数据显示,发达国家在三大主要粮食作物上的化肥利用率介于50%—60%,而我国仅为39.2%。显然,我国化肥的利用效率尚存在显著的提升空间。

为了解决传统化肥产业面临的问题并推动产业的可持续发展,产品创新和差异化策略成为行业发展的重要方向。目前主要有以下几种技术途径：缓释肥料、生化抑制剂技术和增效类物质技术。缓释肥料依靠化学结合或物理机理缓慢释放养分,以期延长肥料对作物的供给时间。而生化抑制剂技术,通称为稳定性肥料,主要涵盖了脲酶抑制剂(UI)和硝化抑制剂(NI)两种类型,它们配合氮肥使用,目的是减少氮素的损失并提升其效用。增效类物质技术,是将这类物质用于增进作物对肥料成分的吸收与利用,进而改善肥料的利用率,是目前国内重要的促效技术。

——资料来源：曲均峰.化肥产品创新途径研究及产业化进程分析[J].现代化工,2022,42(07):10-14.（有改动）

4. 开发与发布产品,检验发布效果

一旦产品经过设计、测试,达到预期的水平,就需要进行产品发布,并在发布后对产品效果进行检验。这一阶段涉及市场反馈、用户接受度、销售表现等多个方面,对产品在市场上的表现进行全面评估。

首先,发布产品需要注重市场传播和宣传。通过社交媒体、行业合作、线上线下活动等渠道进行有效的市场宣传,向目标用户群体传递产品的核心价值和优势。同时,确保宣传信息简洁明了,引起用户的兴趣,使用户愿意尝试和购买产品。

其次,产品发布后需要密切关注用户反馈。通过收集用户的评价、意见和建议,企业可以了解产品在实际使用中的问题和优点。这不仅有助于及时解决潜在问题,也为产品不断升级提供了后续方向。

在检验发布效果时,企业需要关注销售数据。通过销售数据的分析,企业可以了解产品的市场表现,包括销售数量、市场份额、销售渠道的效果等。这有助于评估产品在市场中的接受程度,同时为制定未来的市场策略提供数据支持。同时,产品发布后也需要通过用户调查、评论分析等方式调研用户体验和满意度,从而更好地理解用户需求,提升产品的用户体验,建立起用户忠诚度。

同时,企业还需要考虑产品的竞争地位。通过监测竞争对手的动向,分析市场竞争格局,了解产品在市场竞争中的表现,为制定市场策略提供参考。

最后,发布效果的检验还需要综合考虑企业整体业绩。这包括产品的市场份额、品牌知名度、用户满意度、销售增长等多个方面。企业可以通过制定关键绩效指标(KPIs)来评估产品的整体表现,并根据结果进行调整和优化。

三、新企业开发产品的关键影响因素

新产品开发是技术、生产、市场的互动与合作,涉及跨部门的资源整合,会受到诸多因素的影响。本节主要从产品市场潜力、产品预期收益、市场竞争程度、企业技术能力、企业营销能力以及国家政策法规等方面对影响新企业产品开发的关键因素展开分析。

1. 产品市场潜力

市场潜力是指市场上还未被满足的需求和潜在的需求,是影响新企业产品开发的重要因素之一。市场需求呈现出动态性和多样性的特点,正是这种动态和多样化的需求导致了企业持续不断地进行产品开发。而目标市场潜力大小对企业制定是否开展新产品开发的决策具有重要的参考价值。在新产品开发前期,新企业往往会通过分析市场潜力,确定产品开发的方向和策略,从而提高新产品开发的成功率,降低市场风险。

2. 产品预期收益

产品预期收益是指产品在未来一定期限内预计获得的收益,它是基于企业对产品的风险和回报进行评估和估计得出的。在制定产品开发决策过程中,投资回报率是企业需要着重考虑的重要问题。企业通常希望能够获得高于其投入成本的收益,因此会综合考量进行产品开发的潜在风险和预期回报,从而有效地降低新企业产品开发过程中风险出现的概率,把新产品开发风险对企业所造成的损失程度降到最小。

3. 市场竞争程度

新产品开发实际上是对新的商机的寻找与实现。如果市场需求的变化是刺激企业产品开发的拉动力量,那么激烈的市场竞争则是促使企业产品开发的推动力量。对于市场竞争相对激烈的行业而言,市场需求变化日新月异,对于新产品开发的需要比较大,此时无论企业的产品开发战略是基于质量、基于成本、基于技术,还是基于时间,竞争对企业产品开发的总体影响趋势均是促使企业缩短产品开发周期,争取比竞争对手抢先一步将新产品推向市场。

4. 企业技术能力

企业技术能力是成功开发新产品的关键因素。在产品研发的基本前提中,关键是以具体的形式运用特定的技术资源(包括科学知识、设备工艺、方法论、思维流程等),满足消费者的需求或在更深层次上达到这一目标。产品开发决策过程中需要综合考虑新产品的技术实现可能性、操作的难度水平、技术的环保特性等多种因素。对于新企业而言,先进技术能力应当具备成熟度、性价比和技术壁垒三个特征。一方面,成熟的技术往往已通过市场调查、实验以及认证等环节,其技术优势较为明显,并且能够满足用户需求。另一方面,企业选择设置较高技术门槛的产品技术,能够有效阻止一部分竞争者的进入。

5. 企业营销能力

企业营销能力是指企业使用广告宣传、促销活动等手段来推广新产品的技能。强大的营销能力让企业通过高效的广告和促销手段及时将新产品推介给目标顾客,增强产品上市的时效性。产品的推广是新产品开发的最后阶段,即使有价值的技术创新已经产生,如果没有精心策划的市场推广和产品推介策略,优秀的技术和产品也可能无法取得成功,从而导致前期投资的失效。

6. 国家政策法规

国家相关政策法规是影响新企业产品开发的重要因素之一,政府会通过制定一系列的政策法规,规范市场竞争,保护消费者权益,同时也会对新企业开发的产品进行一定的限制和约束。新企业在开展新产品开发活动前必须了解并遵守相关政策法规,充分考虑国家对新产品是否有限制及其限制程度、新产品是否存在专利侵权、新产品是否受到法律限制等,否则可能会面临法律风险和市场竞争压力。

四、新企业开发产品的管理模式

新企业产品开发取得成功的前提之一是企业具备科学的新产品开发管理模式,本小节主要介绍门径管理、敏捷管理及混合管理三种管理模式。

1. 门径管理模式

门径管理模式通常涵盖三个核心环节:创意提案、研发实验以及市场测评。为防止后期设计与执行工作延迟,产品规范及计划应在起始阶段明确设立,后续阶段的任务应在初始阶段完成并顺利审批后启动。同时,早期的决策通常具备不可逆性,因此在执行过程中的任何改动均会造成一定程度的资源耗损,例如成本投入、时间消耗及人力投入。为了提升决策精度,最小化下游阶段的不确定性风险,企业通常会先行投入大量资源进行广泛的信息搜集工作,而在后续的评估阶段才会考虑消费者意见反馈,尽量减少在产品研发阶段消费者的直接参与。这种做法有助于节约传统上在原型开发上的投入,并能集中精力研究和完善即将推出的产品设计。对规模较大的企业而言,采用此模型的益处在于提高产品研发流程的效率,促进项目顺利执行,加速产品推向市场的速度等。如图10-11所示。

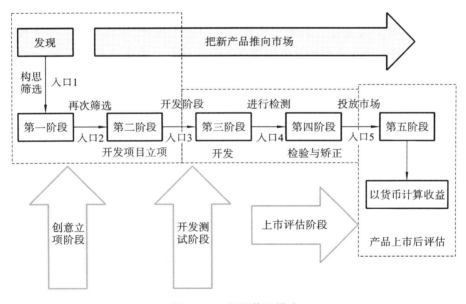

图 10-11 门径管理模式

【延伸阅读】

调味品新品开发的门径管理模式

新产品开发是高失败风险行为,主要是因为市场机遇和创新提案的预测难度大。产品发展和管理协会(PDMA)的数据显示,当前新产品成功进入市场的概率仅为59%。现有研究显示:每7到8个新产品创意,大约有4个达到研发阶段,仅有1.5个能够打入市场,而最终只有1个成为市场赢家。根据专业研究机构的分析结果,产品未能充分满足用户需求、研发周期延长以及质量保障不足是企业在新品研发失败中常见的问题。新品的成功上市不仅需要从创意到批复、开发到生产的一个连贯过程,还需要来自管理层和多个部门的紧密合作和协调。

门径管理是一种基于实践的流程操作方法,旨在将新品从构想阶段高效、迅速地转移到市场。此管理策略将开发周期划分为一系列阶段,每个阶段均包含了一组预设、并行的跨功能活动。在任一阶段的团队成员获得准许进入下个阶段之前,必须完成该阶段所有预定的活动。结合调味品研发的实践特点,完整的产品开发过程可划分为四个主要阶段和三个审核节点,包括概念筛选、概念深化、产品准备和上市阶段。产品创新概念是开发工作的起点和核心。一个优秀的产品构思将直接影响产品后续的市场表现。但决定性的一点是,产品创新必须与企业的发展战略保持一致。因此,研发人员需深入解析企业核心竞争力和战略规划,以明确研发目标。然后基于这些目标,开发并筛选创新点。当通过初步审查节点后,便标志着产品进入下一个阶段,即概念深化阶段。在此期间,除了完成配方、包装和工艺流程的研发外,还应开展顾客试验。此阶段所有工作步骤都互相关联,涉及部门需要协同合作,确保研发能顺畅进行。

配方通过顾客试验验证后,进行正式生产前的试制阶段是不可或缺的。试制的目的在于验证和确认配方、生产流程、包装以及生产设备的可行性,同时也是一个发现与解决问题的阶段。试制通常会暴露实验室试验中未能预见的诸多问题,通过此阶段可及时发现并解决这些问题,从而降低正式产出环节中的错误概率。顺利通过最终审查节点后,产品即可进入第四个阶段——市场推广,正式向市场推出产品。此阶段生产部门启动正式生产,市场部门准备宣传物料,销售团队实施销售策略。

——资料来源:王永福.用门径管理方法实现端到端的调味品新品开发流程[J].食品工业,2022,43(12):174-177.(有改动)

2. 敏捷管理模式

敏捷管理模式指一系列迭代开发产品方法,其核心是反馈和变化,是动态的、不断发展的新产品开发过程。为了提供及时、高质量和低成本的创新,敏捷开发人员在较短的迭代周期内迅速开发和测试产品原型,积极收集用户反馈并持续改进。部分研究表明敏捷管理可以提高新开发产品效率和利益相关者满意度。图10-12为敏捷管理模式的概念模型。

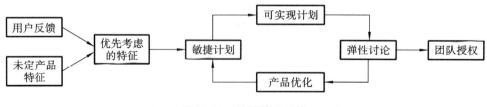

图10-12 敏捷管理模式

【延伸阅读】

洗衣机研制项目的敏捷管理模式

敏捷管理模式源于软件开发领域，旨在响应不断变化的环境，开发出用户导向的解决方案。

洗衣机研制项目旨在研制出符合用户需求的洗衣机产品。具体要求涵盖外形时尚、操作便捷；维持噪音低于特定阈值；嵌入智能技术，实现远程操控与监眼制；以及提供多样化的洗涤方案。该项目面临的挑战在于用户需求的持续变化，推动项目团队采纳敏捷管理模式中的 Scrum 框架，以适应并前瞻性地开展研发工作。制造业项目开发通常分为两个阶段：前筛阶段主要聚焦于需求搜集、产品概念构建、投资预算和资料成本的估算，以及项目盈利能力的审核。确认项目的可行性和财务回报后，便可以进入后期硬阶段，主要包括零部件设计、模具开发、样品制作、试生产、测试和产品发布等。

按照文献描述，Scrum 框架设定了三个角色、三个工件和四个事件。Scrum 中的三个角色指的是产品负责人、Scrum 主管和开发团队。在 Scrum 框架下，某些实务工作如里程碑文件评估、成本与投资目标设定、收益计算等，既不归产品负责人，也不属于 Scrum 主管或开发团队，而是项目经理的责任。因此在洗衣机研制项目中维持了项目经理这一职责，令项目沿预设目标顺利推进。三个工件指产品待办项清单、冲刺待办项清单和产品增量。四个事件包括冲刺规划会议、每日站立会议、冲刺评审会议和冲刺回顾会议。

项目采用 Scrum 方法后，产品开发的效率显著提升。连续评审有利于揭露初期疑难问题，并为其改善提供足够时间，从而提高产品的开发质量。因项目团队专注用户需求，避免了过多开发冗余功能，产品在市场上受到用户的高度认可。该项目虽是首次尝试 Scrum 方法，却在实践中展现了诸多学习价值点：如团队成员跨职能互助，由于团队重点聚焦于该项目导致工作效率的提升，以及快速迭代定义产品，不断地收集用户和市场反馈，逐步迭代至用户全然接受的产品状态。虽然项目采用 Scrum 方法获得成功，但仍存待改善之处，诸如部分团队成员的思维固化、部门间壁垒尚存、中层管理未充分授权，以及会议措施未及时施行导致信誉损害，这些因素均可能影响团队成员的积极性与主动性。

综上所述，敏捷管理是一套方法论，为项目开发提供了诸多需要遵循的原则和方法。然而，它并非一揽子解决方案，在特定情形下需要针对项目和行业特点做出调整。特别是在制造业场合，后期需求的变更要求平衡"投资损失"与"需求变更"的利弊，避免对变化过于盲从。

——资料来源：迟彬.敏捷管理在制造业的应用[J].项目管理评论，2022(02)：86-88. （有改动）

3. 混合管理模式

鉴于门径管理模式通常更适配那些稳定且易于预测的宏大规模项目，而敏捷管理模式则更契合动态性高且预测难度大的中小型项目，现实情况下，多数项目的运行环境恰恰处在两种极端模型之间，直接采用任一种纯粹形态的管理模式可能会承担较高的风险。鉴于此，融合门径管理模式和敏捷管理模式的混合型管理模式应时而生。例如制造业，当前研究显示,该混合模式对于各类实体产品制造商,从食品到玩具,再到重型机械设备制造商均具备显著的潜在优势。混合管理模式的具体概念模型,如图10-13所示。

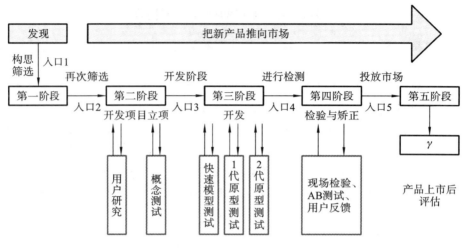

图 10-13 混合管理模式

五、新企业开发产品的管理方法

新企业开发产品是一项复杂的管理工作,从开发需求提出到产品量产上市,涉及多个阶段和流程的衔接,需要多个组织和部门的通力合作,因此必须使用科学有效的管理方法统筹管理。高效的产品开发管理方法有助于优化新企业的资源配置,缩短新产品的研发周期,从而提高企业产品的成功率,为新企业带来直接的经济效益。本章节重点介绍两种新企业产品开发的常用管理方法:产品生命周期优化法(PACE)与精益产品开发法。

1. 产品生命周期优化法

产品生命周期管理优化法(PACE)是由美国 PRTM 管理咨询机构建立的一整套产品开发知识框架。McGrath 提出,PACE 之所以能迅速得到认可与普及,是因为其为公司带来的显著经济效益。在 PACE 框架下,产品开发被分割为 7 个关键领域,并且这些领域并非孤立存在,而是彼此相互作用的。优化策略的主旨在于为这些关键领域提供相应的技术支持与优化手段,这些核心领域涵盖阶段性审讯、项目团队、战略流程和技术研发等。开发产品流程向 PACE 演化经历了五个阶段,如图 10-14 所示。

2. 精益产品开发法

精益产品开发流程可加速产品开发。国内学者在相关文献中提出,精益理念源起于日本丰田汽车公司的精益生产系统。相较之下,国际学术界区分了精益生产与精益产品开发之间的原则——精益生产侧重于降低多余消耗,而精益产品开发侧重在构建知识的可持续性及开发通用性模块,以此简化开发工作,改进流程,并提升开发速度。

精益开发与集成开发的概念均源于美国著名的管理顾问机构 PRTM,并被该机构用于支持企业发展。精益开发方法与集成开发方法不仅在流程块数量上存在明显区别,集成开发方法为 7 个关键领域,而精益开发方法仅有 5 个,二者在内容上也存在差异,例如研发工

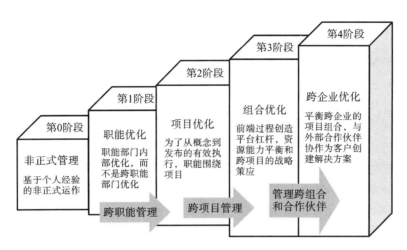

图 10-14　PACE 演化的五个阶段

具与技术以及战略流程管理是精益产品开发流程中缺失的要素。精益产品开发流程如图 10-15 所示，分为 7 个节点、6 个阶段。

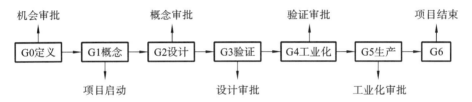

图 10-15　精益产品开发流程

【本章小结】

新企业市场进入和开发产品往往面临较大的风险。有研究表明，60%—70% 的创业型企业在成立 3 年内倒闭。究其原因，资源约束引发的各类风险和不确定性是创业型企业面临的巨大挑战，如何把握转瞬即逝的机会，以合适的进入模式扎根新市场，成为创业型企业需要解决的重要问题。本章从基本概念、步骤、理论和策略四个维度对新企业开拓市场进行讲解，丰富了新企业开拓市场的知识。

产品是指企业或制造者为满足市场需求而生产的、能够提供给消费者使用或消费的有形的或无形的物品、服务和想法。产品可以包括物理产品、数字产品、服务或一系列相关的组合。而开发产品是企业产品战略中的重要组成部分，它决定了产品的特征、功能和用途。本章首先借助 PMF 模型辅助分析新企业开发产品的特点，接着较为详细地阐述了开发产品的基本流程，这也是本章学习的重点之一。本章还介绍了几种新企业开发产品的关键影响因素。最后，简要介绍了新开发产品的几种管理模式以及相应的管理方法，学习者可做大致了解。

结合当前的研究与实践的发展，本章提供了国内外知名公司的案例等延展性学习内容，帮助学习者更好地了解开发产品领域的新知识与新动向。

【思考题】

1. 新企业开拓市场的意义是什么？
2. 新企业开拓市场的步骤及经典方法有哪些？
3. 新企业开拓市场的策略有哪些？
4. 新企业进入市场的战略有哪些？
5. 新企业进入市场的时机与方式如何选择？
6. 新企业进行开发产品的特点是什么？
7. 新企业开发产品有哪些步骤？
8. 为什么产品差异化对于新企业是非常重要的？
9. 新企业开发产品的管理模式有哪几种？
10. 选一个具体的行业，分析其新企业开拓市场和开发产品的具体内容。
11. 数字经济下新企业开拓市场和开发产品的方式有何变化？

【参考文献】

[1] 周冰玉.创业企业机会开发方式对市场进入方式的影响研究[D].吉林大学,2018.

[2] 段茹,李华晶.创业型企业市场进入模式研究[J].科学学研究,2019,37(08):1481-1488.

[3] 金盛吉.工业物联网领域初创企业的市场开拓模式选择[D].浙江工业大学,2020.

[4] 周晓乐.企业新产品开发管理：模式比较、案例及启示[J].财富生活,2021,5(22):197-198.

[5] 张明华,黄平.新创企业市场进入战略及成长模式探讨[J].经济问题,2006,28(08):52-53.

[6] 蓝进.试论市场定位、产品定位和竞争定位之间的关系[J].商业研究,2007,45(10):51-53.

[7] 程为宝.论目标市场策略与商品包装[J].包装工程,1998(02):4-7+48.

[8] 蔡远卓,李枝秀.价值主张对顾客共创意愿的影响研究——以文创产品设计为例[J].江西社会科学,2023,43(12):165-178.

[9] 王媛,王玉.企业新开发产品管理：模式比较、案例及启示[J].科技管理研究,2020,40(18):134-140.

[10] Adrian Payne,Pennie Frow. Developing superior value propositions:a strategic marketing imperative[J]. Journal of Service Management,2014,25(2):213-227.

[11] 曲均峰.化肥产品创新途径研究及产业化进程分析[J].现代化工,2022,42(07):10-14.

[12] 王永福.用门径管理方法实现端到端的调味品新品开发流程[J].食品工业,2022,43(12):174-177.

[13] 迟彬.敏捷管理在制造业的应用[J].项目管理评论,2022,8(02):86-88.

[14] 朱玉魁,张宇锋.桶装啤酒新产品开发流程质量管理[J].现代食品,2021,7(12):35-38.

[15] 苏秦,王苞,刘海龙.代工模式下新产品性能和可靠性的决策研究[J].工业工程与管理,2023,28(06):47-56.

[16] 刘好.高管职业背景对出口产品质量的影响研究[D].山东大学,2023.

[17] 臧树伟,李平.基于破坏性创新的后发企业市场进入时机选择[J].科学学研究,2016,34(01):122-131.

[18] 王媛,王玉.企业新产品开发管理:模式比较、案例及启示[J].科技管理研究,2020,40(18):134-140.

[19] 张明华,黄平.新创企业市场进入战略及成长模式探讨[J].经济问题,2006(08):52-53.

[20] 曲均峰.化肥产品创新途径研究及产业化进程分析[J].现代化工,2022,42(07):10-14.

[21] 刘芳,陈松.门径管理——一个有效的新产品开发工具[J].经济论坛,2007(23):82-83+88.

第十一章 创新创业活动新趋势

【名人名言】

　　观念创新就是目标创新,目标创新就是提出别人认为不可能达到的目标,并用创新的办法实现它。

　　　　——张瑞敏(海尔集团创始人、Thinkers 50 全球最具影响力的"50大管理思想家")

【学习目标】

1. 了解社会创业的特征。
2. 了解什么样的人适合做社会创业。
3. 熟悉新技术与创新创业之间的关系。
4. 了解创新创业的新趋势。

【开篇案例】

尧治河,从极贫村到首富村的神奇之旅

图 11-1　尧治河村今昔对比

　　尧治河村(图11-1)位于中国湖北省襄阳市保康县马桥镇,地处十堰市房县、神农架和保康三县(区)交界处,是一个典型的偏远高寒山区。村子版图面积33.4平方公里,耕地面积700亩,平均海拔1600多米。"山大梁子多,出门就爬坡""四月雪、八月霜"是这里自然环境的真实写照。

　　尧治河村曾是个贫困村,到1988年,全村仍然是"吃的供应粮,穿的烂衣裳,点的煤油灯,住的破草房",全村每年人均粮食不足300斤,人均年收入不足300元,既不通路,也不通

电,"交通靠走,通信靠吼",大部分村民一辈子都没有走出过大山。

从1988年起,在村党委书记孙开林为首的村党组织一班人的带领下,尧治河人向恶劣的自然环境发起了挑战,村民们凭着愚公移山的精神和百折不挠的斗志,发扬"自力更生、团结奋斗、和谐创业、科学发展"的尧治河精神,历经千辛万苦劈山修路、炸石开矿、筑坝办电、改田建园、兴工办厂,按照"磷化强村、水电稳村、生态兴村、科技富村"的战略发展思路,形成了以磷化工、水电、酒业、旅游、服务为一体的大型企业集团,终于挖掉了世代延续的穷根,一举甩掉了贫困、落后的帽子。

1998年,尧治河村跃居保康县"首富村",跻身湖北省500强村。现已发展成为集磷矿开采、精细磷化工研发、水电、旅游、酒业、餐饮服务为一体的企业集团,拥有村级企业22家。2014年,全村工农业总产值达30亿元,实现税费4.2亿元,实现利润1.5亿元,农民人均纯收入3万元,村级固定资产22亿元,人民生活水平显著提高,集体经济实力显著增强,100%的农户住上了别墅。2022年,尧治河村一年的工农业生产总值已达42亿元,上缴利税3.8亿元,村集体的固定资产已超过80亿元。现有户籍村民164户、729人,人均纯收入已突破8万元,实现了整体脱贫目标。在这里,学生上学免费,老人住养老院免费,小区卫生室就诊免费;学生考上高中、大学,村里还有奖励;家家住别墅开豪车,个个腰缠万贯,日子过得相当滋润,成为襄阳乃至整个湖北乡村"土豪"的代表。

现在的尧治河也成了国家AAAA级旅游景区,每年有超过60万人次来这里旅游观光、度假养生,成了富甲一方的"中国山区幸福村"。尧治河村获得了多项国家级荣誉和认证,如"全国文明村""全国新农村示范村"等,成为中国乃至世界知名的旅游目的地,创造了贫困、边远、高寒山村的发展奇迹!

——资料来源:根据作者实地调研及网络资料整理。

第一节 社会创业

一、什么是社会创业?

社会创业(social entrepreneurship, SE)一词最早由Bill Drayton在20世纪80年代提出,一经提出,学术界便对这一主题展开了研究。社会创业是20世纪90年代以来在全球范围内兴起的一种新的创业形式,这一创业形式在公共服务领域被发现,并逐渐超越民间非营利组织的范畴,成长为一种不同于商业创业和非营利组织创业的模式,被认为是一种解决社会问题的社会创新模式。

社会创业又称做公益创业、社会创新,是指组织或个人(团队)在社会使命的驱动下,以社会价值为首要目标,以公共利益为导向,借助市场力量解决社会问题或满足某种社会需求,兼具市场化运营能力的新型创业形式。社会创业追求社会价值和经济价值的双重价值目标,通过保持组织的可持续发展,最终让社会问题朝着人们希望的目标改变。

1. 从社会创业的范围定位来定义

该观点认为,社会创业是一种混合模式,既包括传统的非营利组织为了实现可持续发展逐步地引入一些营利性的活动,也包括传统的营利企业基于提高企业形象承担社会责任而开展的社会活动。

2. 从社会创业的价值主张来定义

社会创业和商业创业具有不同的价值主张。商业创业的价值主张是提供产品或服务,满足消费者的需求,创造经济价值。而社会创业的价值主张是从解决社会问题和满足社会需求出发,创造产品或服务,创造经济价值、社会价值和环境价值,重点是社会价值。这一定义以格雷戈里·迪斯为代表,他认为社会创业的概念包含两部分:一是利用变革的新方法解决社会问题并且为全社会创造效益;二是引用商业经营模式产生经济效益,但是经营所得不是为个人谋取利益。

3. 从社会创业问题解决的创新性来定义

斯坦福大学商学院创业研究中心(2002)认为,社会创业主要是采用创新方法解决社会焦点问题,采用传统的商业手段来创造社会价值(而不是个人价值)。英国社会企业联盟(The Social Enterprise Coalition)对社会创业的定义是:运用商业手段,实现社会目的。国内学者陈劲、王皓白(2008)指出:社会创业是一种在社会、经济和政治等环境下持续产生社会价值的活动,这种活动通过前瞻性地不断发现和利用新机会来履行社会使命和实现社会目的。

过去的几十年,全球经济得到巨大的发展,科技取得惊人的进步,但随之产生了大量的社会问题,有些社会问题政府部门无法全部解决、非营利部门又无能力解决、市场部门又无法进入,用新的力量与创新的模式解决诸多社会问题已成必然。目前全球公认的最有效解决这些社会问题而又能保持经济良性持续增长的一种创新方式,即社会创业。社会创业很大程度上解决了当今社会所面临的贫穷、环境污染和资源匮乏等种种可持续发展问题,一定程度上弥补了政府失灵、市场失灵和慈善失灵的不足。在包容性发展和可持续发展的大趋势下,社会创业已日渐成为解决复杂社会问题的主要途径之一。社会创业以解决社会问题为导向,以创新的商业模式为路径,把社会价值和经济价值有机融合,建立社会企业,发展社会经济,改善社会环境。社会创业在促进公民道德建设、构建主动型福利机制、推动经济发展、创造就业机会和增加产出、弥补公共服务不足、促进和谐社会构建等方面凸显了其价值,是使财富创造与社会进步达到平衡的创业模式。这些对于当今处于经济转型期的中国,对于新时代中国特色社会主义建设具有非常重要的意义。

二、社会创业的特征

社会创业具有企业化运营、社会使命驱动的混合特征,追求社会价值和经济价值双重回报,具有显著的社会性,问题解决的创新性和核心资本的社会性。社会创业的特征表现在关于社会创业的概念界定上。

Dacin等(2010)梳理了学者们关于社会创业的37个定义,发现关于社会创业,大家达成共识的仅有利用资源解决社会问题的能力,其他方面的表述各不相同。

英国社会企业联盟为社会企业提供了一个简单的定义,即"运用商业手段,实现社会目的"。

Choi 和 Majumdar(2014)提出社会创业是一个集群概念，根据这一认识，社会创业可以被看作是几个子概念的组合，这些子概念包括：社会价值创造、社会及创业者、社会创业组织、市场导向、社会创新。

社会创业本质上是在社会企业家精神支配下探索和开发社会机会，进而创建社会企业或新型公益组织的过程。社会创业引用商业经营模式产生经济效益，利用变革的新方法解决社会问题，但商业经营的目的不是为个人谋取利益，而是造福社会。

如图11-1所示，传统非营利组织与纯营利企业在社会变革环境下，为了实现可持续发展平衡，两种组织形式最终向中间状态"社会企业"或"社会负责型企业"趋近。社会企业的目标如图11-2所示。

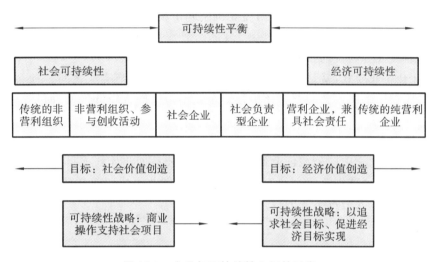

图 11-1 企业与可持续性之间的平衡

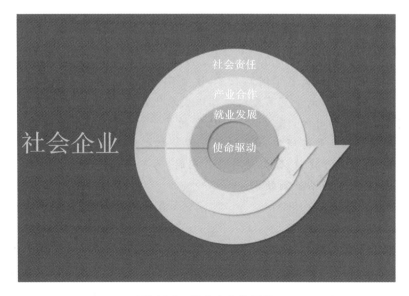

图 11-2 社会企业的目标

三、社会创业的内容目标与意义

1. 社会创业的内容

(1)开展志愿公益活动。

指营利企业开展社会福利性质的商务活动,包括营利企业基于提高企业形象承担社会责任而开展的社会活动。

(2)创办非营利组织。

非营利组织指在政府部门和以营利为目的的企业(市场部门)之外的一些志愿团体、社会组织和民间协会。这些组织通过应用商业机制和市场竞争来产生经济效益和谋求社会利益,实现社会创业的可持续发展。

(3)创建兼顾社会利益的营利性企业。

又称为社会企业模式,就是狭义上的公益创业,介于慈善与实业之间。社会企业的目的不在于营利,而在于解决社会问题。评价社会企业不是以创造经济价值,而是以创造社会效益为标准。

(4)产学研混合型。

典型的如湖南大学中国公益创业研究中心、联想公益创业计划项目、清华大学中国创业研究中心、浙江大学全球创业管理研究中心等。公益创业不应仅仅局限指物质资本投入产出,还包括智力资本、人力资本等的投入产出。

【延伸阅读】

创行与大学生社会创业

创行(Enactus)是遍及世界范围的大学生社会创业组织,也是青年体验式学习成长平台。目前创行活动的参与国家已有36个,参与人数超过7万人,在校大学生由学术界人士和企业界领袖指导,每年执行约7000个项目。华北电力大学的"芦苇花开"项目获得2018创行世界杯大学生社会创新大赛中国站亚军,该项目针对白洋淀地区芦苇产业日渐萎缩,苇农及合作社经济收入锐减,大量芦苇无人收割造成水体污染、存在火灾隐患等社会环境问题提出。团队利用3年多的时间,深入白洋淀地区的7个村,对100多户苇农和10多家芦苇合作社进行了调研。团队最终研发出了利用芦苇粉制成芦苇木塑产品的新技术,产品性能优于现有木塑板,可应用于建筑、家具等行业。同时,为了降低芦苇收割成本,团队还改造研制了芦苇收割机,提高了芦苇收割效率。

——资料来源:根据创行中国官网资料整理。

2. 社会创业的主要目标

(1)推动社会的可持续发展。

在主流经济学和环境经济学基础上,社会创业为实现社会可持续发展提供了一个新视角。环境经济学认为环境的退化是由于市场失灵所致,而市场的失灵正是社会创业机会的重要来源。创业者如果能抓住这些机会,全面审视整个系统,依靠系统的变革和创新创业,就能在社会经济系统中促进环境问题的解决。因此社会创业弥补了以往经济创业在环境等方面可能存在的不足,有助于实现社会可持续发展。

(2)促进环境保护与优化。

如今,越来越多的创业者开始关注环境问题,通过创新模式,服务于社会。

(3)减少贫困。

通过创业方式尤其是社会创业方式来减少贫困正在成为研究热点,创业对减少贫困有着重要的贡献。

(4)促进教育。

有人将教育列为社会创业的核心内容与实现社会创业目标的途径。因为社会创业的最终目标是通过创业使我们的社会变得更美好,而人的素质的提高则是一切改变或者提高因素中最重要的因素。这种改变和提高理论上应该与教育是高度相关的。

3. 社会创业的主要特点

(1)社会使命:以改善社会为首要目标。

(2)创新性:采用创新的方法来解决社会问题。

(3)可持续性:追求经济和社会效益的长期可持续发展。

(4)多方合作:常常涉及与政府、企业、社会组织等多方合作。

(5)资源整合:有效整合各种资源,包括人力、物力和财力。

(6)影响力衡量:注重对社会影响的评估和衡量。

4. 社会创业的意义

(1)解决社会问题:满足社会需求,如扶贫、教育、环保等。

(2)促进社会创新:推动社会领域的创新和变革。

(3)创造经济价值:实现自身可持续发展。

(4)培养社会企业家精神:鼓励更多人关注社会问题并采取行动。

(5)促进社会公平与和谐:减少社会不平等,增强社会凝聚力。

5. 社会创业的重要作用

(1)社会服务领域:推动教育、医疗、养老等领域的发展。

(2)环保领域:推动可持续发展和环境保护。

(3)贫困地区发展:助力脱贫致富,乡村振兴。

(4)文化艺术领域:传承和弘扬优秀传统文化。

总之,社会创业是一种具有广泛影响和积极意义的创业方式,对于推动社会进步和可持续发展具有重要作用。

四、社会创业者的特质与能力

社会创业者是社会创业的实践者,是为解决社会问题、满足社会需求、维护社会价值而主动承担风险的创业人士。与商业创业者的不同之处在于,社会创业者是用商业规则去解决社会问题。社会创业者所得主要用于扶助弱势群体,促进社区发展和社会企业本身的投资,他们重视社会价值多于追求最大的企业利益。那么社会创业者需要具备哪些特质呢?或者说,什么样的人适合参与社会创业呢?

1. 社会创业者的特质

美国学者戴维·博恩斯坦(David Bornstein,2005)指出,成功的社会创业者是那些矢志不渝地实现一种对于他们来说意义重大的目标的人。根据博恩斯坦的理解和归纳,成功的社会创业者具有六种很明显的品质特征。

(1)乐于自我纠正。这既需要冷静的头脑,又需要谦卑和勇气。

(2)乐于分享荣誉。他们与人分享的荣誉越多,就有越多的人愿意帮助他们。

(3)乐于自我突破。现实和理想之间的较大差距,使得社会创业者必须超越他们领域的正统观念去看待事物,从而发现解决社会问题的方法和手段。

(4)乐于超越边界。社会创业者善于用一些创新的资源配置方法,能将人们的想法、经验、技能和资源组合在一起,去创造新的社会合成物。

(5)乐于默默无闻地工作。他们得到认可时,往往都是在默默无闻地工作了多年之后。

(6)强大的道德推动力。道德的推动力可以鼓励他们,帮助他们做他们需要做的事情,从而使社会不断发展。

2. 社会创业者必须具备的能力

社会创业者应具备哪些能力呢?英国学者查尔斯·里德比特(Charles Leadbeater,2006)认为,一个合格的社会创业者必须具备三种能力。

(1)创业能力。社会创业者能发现那些未被充分利用的,被闲置的资源来解决那些未被满足的社会需求。

(2)创新能力。通过把传统意义上互不相关的做法进行有机结合,社会创业者能创造新的服务、新的产品和新的方法来解决社会问题。

(3)改变现状的能力。社会创业者能通过发掘自我发展的可能性来改变他们所服务的社区和人群。

3. 社会创业者必须具备的其他技能

查尔斯·里德比特指出,一个成功的社会创业者通常还需要具备以下技能。

(1)领导力。成功的社会创业者通常都雄心勃勃,通过设定一个远大的使命带给企业革新的力量。

(2)会讲故事。社会创业者通过故事和寓言来传递他们的价值观和动力源泉,这让他们显得与众不同且更具说服力。

(3)深谙人事管理。社会创业者认识到,他们的员工、支持者和用户所掌握的知识和想法是组织最重要的资源。

(4)远见卓识,把握机遇。社会创业者不会让自己深受计划和战略的束缚,而是切合实际,把握机遇。

(5)建立同盟。成功的社会创业者善于建立合作网络,他们在社交上有足够的自信。

以上这些不仅适用社会创业者,也适用所有创业者。

【延伸阅读】

穷人银行

1983年,被誉为"穷人银行家"的孟加拉乡村银行创始人穆罕默德·尤努斯教授创立了格莱珉银行,一间乡村银行,专注于向最穷苦的孟加拉人提供小额贷款。他因此而获得诺贝尔和平奖。他的目标是:帮助穷人实现个体创业,从而使他们永远地摆脱贫困生活。1974年蔓延孟加拉的大饥荒使成千上万人因饥饿而死。尤努斯感到震撼的同时,开始以极大的热情投入到对贫困与饥饿的研究中。1976年,他拿出27美元借给村子里42个制作竹凳子的农妇。只需要这一点点钱,她们就能够买原材料,做生意。尤努斯的小额贷款帮助她们永远摆脱了贫困。

尤努斯坚信,借贷是一项基本的人权,他提出了简单而充满智慧的解决贫困的方案:为穷人提供适合他们的贷款,教给他们几个有效的财务原则,然后,他们就可以自己帮助自己了。尤努斯的理论被实践证实了,格莱珉银行后来向240万个孟加拉农村家庭提供了38亿美元的贷款。尤努斯提供贷款,帮助这些穷人改变了自身条件或周围环境。几十年来,尤努斯的孟加拉乡村银行在孟加拉成功地推行着贫困农户小额贷款的特定模式,其具体的操作就是通过该银行向孟加拉社会最底层的穷人提供小额银行贷款,使这些在通常金融制度下无法得到信贷的人有了发展起步的资本。依靠这种与传统银行截然不同的信任哲学,格莱珉银行一直保持低于1%的坏账率。后来,有250多个金融机构在将近100个国家基于格莱珉银行模式运作,而格莱珉银行领导着这个以小额贷款消除贫困的席卷全球的运动。

2006年10月13日,穆罕默德·尤努斯被授予2006年诺贝尔和平奖,以表彰他"从社会底层推动经济和社会发展的努力"。

——资料来源:根据网络资料整理。

第二节 新技术与创新创业

一、互联网与物联网

现代科技快速发展,新技术日新月异。新技术的应用在各个领域带来了革命性的改变,同时也催生了无数的创新创业机会,为创业者提供了更多的可能性。例如,人工智能、大数据、区块链等新兴技术,正在改变着各个行业的格局。对于创新创业者来说,及时掌握并运用新技术至关重要。它可以帮助企业提高生产效率、优化用户体验、降低运营成本,从而在市场竞争中脱颖而出。

首先,新技术的应用为创新创业提供了更加广阔的平台。互联网的出现使得信息的流动速度大大提升,同时也降低了创业的门槛。人们通过互联网可以更加方便地进行市场调查、产品研发和销售,从而更加灵活地创业。例如,现在许多人通过电商平台开设网店,利用互联网在线支付系统,实现自己的创业梦想。物联网技术可以实现设备之间的互联互通,提供更加智能化的生产和服务方式。这些新技术的应用不仅提高了企业的运营效率,同时也为创新创业带来了更多的机会。

互联网和物联网带来了许多创业机会,以下是一些常见的领域。

(1)电子商务:通过在线平台销售各种商品和服务。

(2)社交媒体和社交网络:开发和运营社交平台。

(3)在线教育:提供在线课程和教育服务。

(4)移动应用开发:创建满足用户需求的手机应用。

(5)内容创作和媒体:包括博客、视频、音频等。

(6)软件和 SaaS(软件运营服务):提供基于云的软件解决方案。

(7)互联网金融:如在线支付、借贷、投资等。

(8)在线旅游:提供旅游预订和行程规划服务。

(9)数字营销和广告:帮助企业推广产品和服务。

(10)远程办公和协作工具:满足越来越多远程工作的需求。

(11)医疗健康科技:例如在线医疗咨询、健康管理应用等。

(12)游戏开发:创建在线游戏。

(13)智能家居和物联网:连接家庭设备和提供智能化服务。

(14)供应链和物流科技:优化物流流程和提供实时跟踪。

【延伸阅读】

电子商务的浪潮

电子商务通常是指在全球各地广泛的商业贸易活动中,在因特网开放的网络环境下,基于客户端/服务端应用方式,买卖双方不谋面地进行各种商贸活动,实现消费者的网上购物、商户之间的网上交易和在线电子支付以及各种商务活动、交易活动、金融活动和相关的综合服务活动的一种新型的商业运营模式。各国政府、学者、企业界人士根据自己所处的地位和对电子商务参与的角度和程度的不同,给出了许多不同的定义。目前一般将电子商务分为:ABC、B2B、B2C、C2C、B2M、M2C、B2A(即 B2G)、C2A(即 C2G)、O2O 等。世界电子商务的发展历程见表 11-1。

电子商务以信息网络技术为手段,以商品交换为中心。"电子"是一种技术,是一种手段,而"商务"才是最核心的目的,一切的手段都是为了达成目的而产生的。2023 年,国家统计局发布《中华人民共和国 2022 年国民经济和社会发展统计公报》,报告显示:2022 年全年电子商务交易额 438 299 亿元,按可比口径计算,比上年增长 3.5%。

表 11-1 世界电子商务的发展阶段

阶段	发展阶段	描述
第一阶段	电子邮件阶段	这个阶段可以认为是从 20 世纪 70 年代开始,平均的通信量以每年几倍的速度增长

续表

阶段	发展阶段	描述
第二阶段	信息发布阶段	从1995年起,以Web技术为代表的信息发布系统爆炸式地成长起来,成为互联网的主要应用。中小企业寻求把握从"粗放型"到"精准型"营销时代的电子商务的方法
第三阶段	电子商务阶段,EC(electronic commerce)	EC在美国也才刚刚开始,之所以把EC列为一个划时代的东西,是因为互联网的最终主要商业用途之一,就是电子商务。同时反过来也可以说,若干年后的商业信息,主要是通过互联网传递。互联网即将成为商业信息社会的神经系统。1997年底在加拿大温哥华举行的亚太经合组织第五次领导人非正式会议(APEC)上,美国总统克林顿提出敦促各国共同促进电子商务发展的议案,引起全球首脑的关注,IBM、HP和Sun等国际著名的信息技术厂商宣布1998年为电子商务年
第四阶段	全程电子商务阶段	随着SaaS软件服务模式的出现,各种软件纷纷入驻互联网平台,延长了电子商务链条,形成"全程电子商务"概念模式
第五阶段	智慧阶段	2011年,互联网信息碎片化以及云计算技术愈发成熟,主动互联网营销模式出现,i-Commerce(individual commerce)顺势而出,电子商务摆脱传统销售模式生搬上互联网的现状,以主动、互动、用户关怀等多角度与用户进行深层次沟通,其中以IZP科技集团提出的ICE最具代表性

——资料来源:根据网络资料整理。

电子商务的兴起使商务有了更广阔的发展环境,人们不受时间、空间以及传统购物的诸多限制,可以随时随地在网上交易;有了更广阔的市场,在互联网上,这个世界将会变得很小,一个商家可以面对全球的消费者,而一个消费者可以在全球的任何一家联网的商店购物;有了更快速的流通渠道和低廉的价格,电子商务减少商品流通的中间环节,节省大量的开支,从而大大降低了商品流通和交易的成本;更符合时代的要求。如今人们越来越追求时尚、讲究个性,注重购物的环境,网上购物更能体现个性化的购物过程。

这只是一些主要的领域,随着技术的不断发展,新的创业机会也会不断涌现。在选择创业方向时,需要考虑市场需求、竞争情况、技术能力和个人兴趣等因素。

二、人工智能和大数据技术

新技术的应用为创新创业提供了更多可能性。例如,人工智能和大数据能够利用数据分析和智能技术提供服务。人工智能技术可以帮助企业进行智能化管理,提升效率和竞争力。大数据技术可以分析市场需求,为企业提供更准确的定位和开发方向。人工智能与大数据这些前沿技术的崛起,为创新创业提供了更多可能性,助力企业实现智能化转型。

1. 人工智能和大数据技术应用领域

(1)智能家居:人工智能技术可以实现家居设备的自动化和智能化控制,为用户提供更加舒适、便捷的生活体验。例如,智能音箱、智能门锁、智能家电等产品都是利用人工智能技术进行创新的热门领域。

(2)自动驾驶:自动驾驶技术可以提高车辆的安全性和舒适性,减少交通事故的发生。例如,自动驾驶汽车、自动驾驶公交车等产品都是利用人工智能技术进行创新的热门领域。

(3)个性化推荐系统:大数据技术可以分析用户的历史行为和偏好,为用户提供个性化的产品和服务推荐。例如,电商平台、音乐平台、视频平台等都是利用大数据技术进行创新的热门领域。

(4)情感分析:自然语言处理技术可以对文本进行情感分析,了解用户的情感态度和需求。例如,社交媒体、客户服务等领域都是利用自然语言处理技术进行创新的热门领域。

人工智能和大数据技术是创新创业的得力助手,它们就像一对默契的好搭档,为创业者们开启了一扇通往无限可能的大门。人工智能就像一个超级聪明的大脑,可以处理大量的数据,还能像人类一样学习和思考。有了它,创业者们就能开发出更智能、更高效的产品和服务。大数据技术则像一个巨大的宝藏,里面藏着无数有价值的信息。通过分析这些数据,创业者可以更好地了解市场需求、消费者行为等,从而做出更明智的决策。

2. 人工智能和大数据的具体应用场景

人工智能和大数据技术在创业中有许多具体的应用场景,以下是一些常见的例子。

(1)智能客服:通过自然语言处理技术,自动回答客户的问题,为用户提供 24 小时在线服务。

(2)图像识别与分析:用于安防监控、医疗影像诊断等。

(3)语音助手:实现语音交互,提供服务和信息。

(4)智能营销:根据用户数据进行个性化推荐,精准识别目标客户,提高营销效果。

(5)智能金融:风险评估、信用评级等。

(6)智能制造:优化生产流程,提高生产效率。

(7)智能医疗:辅助诊断、疾病预测等。

(8)智能物流:优化物流路线,提高配送效率。

(9)智能农业:农业生产的监测与管理。

(10)智能写作:自动生成文章、报告等。

(11)智能招聘:筛选简历,匹配候选人。

(12)智能家居:实现家庭设备的智能化控制。

(13)商品推荐以及个性化推荐:根据消费者的喜好和购买历史进行推荐,根据用户的喜好和行为,推送最适合他们的内容。

(14)行业预测:分析数据,预测市场趋势。

(15)虚拟助手:提供各种信息和任务的协助。

(16)数据驱动的决策:基于大数据分析做出更合理的商业决策。

这些只是人工智能在创业中的一部分应用场景,随着技术的不断发展,还会有更多的创新应用出现。当然,要想在这个领域取得成功,需要创业者们对新技术具有敏锐的洞察力,能够及时发现潜在的机会;具备扎实的技术功底,可以驾驭这些高科技;具备创新的思维,能想出独特的商业模式;具有团队合作精神,毕竟一个人的力量是有限的。

总之,人工智能和大数据技术的崛起为创业者提供了许多新的机会,创业者需要具备较强的技术能力、市场洞察力和创新思维,不断追求创新,探索新的商业模式和创新产品,才能在这个领域取得成功。

三、社交化创新平台

新技术的应用还改变了创新创业的方式和思维方式。过去的创新往往来自专业领域的知识和经验,而现在,创新可以更多地来自技术支持和平台的应用。通过社交媒体平台,创业者们能够更好地与用户互动,了解市场需求,加速产品迭代。

社交化创新平台与创业有着密切的关系。例如,平台能帮助创业者整合各种资源,包括人脉、资金、技术等资源;通过平台可以接触各种新奇的想法和创意,为创业提供灵感;利用社交网络的传播力量,降低推广成本;开展社群互动,与其他创业者、专家等互动,获取宝贵的建议和支持;建设品牌,通过平台展示企业形象,提升品牌知名度;发现商机,及时了解市场动态,发现潜在的商业机会;招募人才,吸引志同道合的人加入团队;快速验证产品或服务的可行性;利用平台上的数据进行分析,优化创业项目;打破地域限制,拓展更广阔的市场。

1. 社交化创新平台与创新创业的意义

社交化创新平台与创新创业之间存在密切的关系,具有以下重要意义。

(1)资源汇聚:帮助创业者聚集各种资源,如资金、人才、技术等。

(2)交流与合作:为创业者提供了一个交流和合作的平台,方便他们分享经验、知识和创意。

(3)创意激发:通过用户之间的互动和交流,激发更多的创新想法。

(4)市场调研:让创业者更容易了解市场需求和趋势,以便更好地定位产品或服务。

(5)品牌推广:帮助创业者宣传和推广自己的品牌。

(6)人脉拓展:使创业者能够结识更多的合作伙伴、投资者和行业专家。

(7)快速反馈:获得用户的快速反馈,及时调整和改进产品或服务。

(8)降低成本:一定程度上降低了创业成本,提高了创业效率。

(9)竞争优势:利用平台的社交网络和用户基础,提升自身的竞争力。

(10)创新生态:促进了创新创业生态系统的形成和发展。

2. 社交化创新平台的创业方法

社交化创新平台为创新创业提供了有力的支持,有助于创业者更好地实现自己的梦想和价值。那么如何利用创新平台来实现创业呢?以下是一些利用社交化创新平台实现创业的方法。

(1)建立品牌形象:通过平台展示专业知识和独特见解,树立个人或企业的品牌形象。

(2)分享优质内容:发布有价值的内容,吸引关注和积累粉丝。

(3)参与话题讨论:积极参与平台上的热门话题讨论,提高曝光度。

(4)与用户互动:回复评论和私信,与用户建立良好的互动关系。

(5)寻找合作伙伴:与其他用户合作,共同开展项目。

(6)了解市场需求:通过与用户的交流,了解市场需求和趋势。

(7)进行市场调研:利用平台的问卷功能等,收集用户反馈。

(8)举办活动:如线上竞赛、促销活动等,增加用户参与度。

(9)提供增值服务:基于平台开发额外的付费服务。

(10)建立社群:聚集志同道合的人,形成社群。

(11)利用数据分析:了解用户行为和喜好,优化产品或服务。

(12)推广产品或服务:借助平台的流量进行推广。

3. 社交化创新平台的数据利用

社交化创新平台上的数据对创业者来说是一笔宝贵的财富,能带来不少帮助,通过用户的行为数据、讨论话题等,洞察市场趋势和用户需求;分析数据,找出潜在的商业机会;根据用户反馈和评价,进行改进和优化产品或服务;了解用户特征和兴趣,实现精准推广;分析竞争对手在平台上的表现,制定竞争策略;预测市场趋势,基于数据进行预测,提前布局;快速验证创业想法的可行性;提升用户体验,关注用户的痛点和需求,提升用户满意度;进行数据驱动的决策,依靠客观数据而非主观判断做出决策;洞察行业动态,及时了解行业的最新消息和发展趋势。这些数据就像是一盏明灯,为创业者照亮前行的道路。

社交化创新平台上的数据来源多种多样,以下是一些常见的来源。

(1)用户注册信息:包括个人基本信息、兴趣爱好等。

(2)用户行为数据:如发布内容、点赞、评论、分享等。

(3)社交关系网络:用户之间的关注、好友等关系。

(4)内容数据:平台上的文章、图片、视频等。

(5)交易数据:涉及购买、销售等交易行为的数据。

(6)评价反馈:用户对产品或服务的评价和反馈。

(7)活动参与数据:用户参与平台活动的相关数据。

(8)地理位置数据:用户的位置信息。

(9)时间序列数据:用户在不同时间的行为数据。

(10)搜索数据:用户在平台上的搜索记录。

(11)第三方数据接入:与其他数据源的整合。

(12)平台运营数据:如访问量、活跃度等指标。

这些数据来源为平台提供了丰富的数据资源,有助于创业者更好地了解用户和市场。在利用社交化创新平台进行创业时,需要注意选对平台,根据自身需求和目标用户选择合适的平台;打造优质内容,吸引用户关注;积极互动,与用户建立良好的关系;注重用户体验,满足用户需求;合规运营,遵守平台规则和法律法规。

【延伸阅读】

小 红 书

小红书是一个生活方式平台和消费决策入口,由毛文超和瞿芳于2013年6月在上海创立。小红书平台包括其互联网站、小红书客户端软件及依托于其网站或软件的关联网站、软件,小红书平台的运营方是行吟信息科技(上海)有限公司及其关联公司。小红书通过机器学习对海量信息和人进行精准、高效匹配。用户在平台上可以通过短视频、图文等形式记录生活点滴,分享生活方式,并基于兴趣形成互动。

和其他电商平台不同,小红书是从社区起家的。小红书作为一个生活方式社区,其最大的独特性就在于,大部分互联网社区更多是依靠线上的虚拟身份,而小红书被称为"三次元社区",用户发布的内容都来自真实生活,一个分享用户必须具备丰富的生活和消费经验,才能有内容在小红书上分享,继而吸引粉丝关注。一开始,用户注重在小红书分享海外购物经验,到后来,除了美妆、个护产品,小红书上出现了关于运动、旅游、家居、旅行、酒店、餐馆的信息分享,触及了消费经验和生活方式的方方面面。

在小红书,一个用户通过"线上分享"消费体验,引发"社区互动",能够推动其他用户到"线下消费",这些用户反过来又会进行更多的"线上分享",最终形成一个正循环。而随着人们的生活越来越走向数字化,小红书在"消费升级"的大潮中发挥着更大的社会价值。2016年初,小红书将人工运营内容改成了机器分发的形式。通过大数据和人工智能,将社区中的内容精准匹配给对它感兴趣的用户,从而提升用户体验。

在小红书上,来自用户的数千万条真实消费体验,汇成了全球最大的消费类口碑库,也让小红书成了品牌方看重的"智库"。欧莱雅首席用户官 Stephan Wilmet 曾说:"在小红书,我们能够直接聆听消费者真实的声音。真实的口碑,是连接品牌和消费者最坚实的纽带。"

小红书是一个非常成功的社交创新平台,具有以下特点和优势:

(1)内容多元化:涵盖了美妆、时尚、旅游、美食、健康、科技等众多领域的内容。

(2)高度社交化:用户可以关注、点赞、评论其他用户的分享,形成互动和社交关系。

(3)购物导向:不仅是一个内容分享平台,还提供了购物链接和推荐,方便用户直接购买感兴趣的产品。

(4)用户体验好:界面设计简洁美观,使用方便,适合年轻用户的口味。

(5)精准推荐:通过算法,根据用户的兴趣和行为,提供个性化的内容推荐。

(6)创作者生态丰富:吸引了大量有影响力的博主和创作者,他们通过分享内容吸引粉丝,实现商业变现。

(7)品牌合作机会多:为品牌提供了与用户直接互动和推广的机会。

(8)具有较高的可信度:用户的真实分享和评价,增加了平台内容的可信度。

(9)适应移动端:针对移动设备进行优化,方便用户随时随地浏览和分享自己感兴趣的内容。

(10)数据驱动运营:通过数据分析了解用户需求和行为,不断优化平台功能和服务。

这些特点使得小红书在社交创新领域取得了显著的成功,并吸引了大量的用户和品牌入驻。

——资料来源:根据网络资料整理。

四、跨界融合

新技术的应用也为跨学科的合作提供了更多机会,不同专业领域的创新者们正在打破边界,携手合作,通过技术平台实现互通有无,共同创造更具创意和竞争力的项目。跨界融合创新创业是指不同领域、不同行业之间的合作与融合,通过引入新技术、新模式等,实现产业升级和成功创业。这种模式可以打破传统思维模式,激发创新思维,促进产业升级和转型,提高竞争力,具有多样性、创新性、协同性等特点。跨界融合与创新创业是近年来的热门话题,随着信息技术的不断发展,不同领域和行业之间的界限逐渐模糊,跨界融合成了推动创新和创业的重要力量。跨界融合创新创业需要寻找不同产业之间的结合点,最终实现产业升级和成功创业,同时也面临着技术、市场、人才等方面的挑战,以及不同行业之间的差异和冲突、创新思维和模式的碰撞和融合等问题。

跨界融合与创新创业紧密相关,相互促进。跨界融合创造了新机会,突破传统行业边界,发现新的市场需求和商业机会;激发了创新思维,不同领域的碰撞和融合,有助于激发全新的创意和解决方案;整合了各领域的资源,提高了资源利用效率;拓展了市场空间,有助于创业者进入新的市场领域,扩大了企业的业务范围;提升了竞争力,独特的产品或服务,增强了企业在市场中的竞争力;满足了多样化需求,为消费者提供更加丰富和个性化的选择。

实现跨界融合与创新创业的关键在于:放开心态,敢于尝试新事物,接受不同领域的观念和方法;团队多元化,吸纳来自不同背景的人才,形成多元化的团队;深入了解市场,把握市场需求和趋势,找准跨界融合的切入点;加强合作,与其他企业、机构建立合作关系,共同开展创新项目;注重技术应用,利用先进的技术手段,实现不同领域的融合;快速迭代,根据市场反馈,及时调整和改进产品或服务;防范风险,充分考虑潜在风险,制定应对策略。

要找到不同产业之间的结合点,可以关注市场趋势,了解各行业的发展趋势,寻找有潜力的交叉领域;研究市场需求,看哪些需求可以通过不同产业的融合来满足;找出各个行业存在的痛点,思考如何通过跨界融合来解决该痛点;关注新技术的发展,看它们如何为不同产业带来创新机会;研究消费者行为习惯,找到可融合的场景;在行业边界的模糊地带寻找结合点。同时,也要增加与其他行业人士的交流,获取新的思路;通过大数据分析,发现不同产业之间的关联;开展团队头脑风暴,集合团队的智慧,共同探索不同产业之间的结合点;关注政策导向,政策有时也会推动不同产业的融合;对产业链进行分析,了解各产业的上下游关系,寻找合作机会。

1. 跨界融合与创新创业的现实应用

以下是一些关于跨界融合与创新创业的现实应用。

(1)互联网+制造:互联网技术与制造业的深度融合,实现了个性化定制、柔性化生产等新型制造模式。

(2)5G+智能制造:5G技术的超高速度、超低时延和超大连接等特性,为智能制造提供了强有力的支撑,推动了工业物联网、工业大数据等应用的发展。

(3)人工智能+智能制造:人工智能技术应用于智能制造领域,能够提高生产效率、降低成本,并推动了工厂的智能化升级。

2. 影响跨界融合与创新创业成功的因素

跨界融合与创新创业为企业带来了广阔的发展空间,但也需要创业者具备敏锐的市场洞察力、强大的创新能力和高效的执行能力,才能在激烈的市场竞争中取得成功。以下是一些可能影响跨界融合与创新创业成功的因素。

(1)市场需求:存在足够的市场需求来支撑跨界融合的产品或服务。

(2)技术能力:团队具备所需的技术知识和技能,以实现跨界融合。

(3)行业知识:对涉及的不同行业进行深入了解,以便有效地进行跨界融合。

(4)团队协作:团队成员之间的合作和沟通能力,确保不同领域的人才能够协同工作。
(5)创新能力:提出独特的解决方案和创造新的价值的能力。
(6)市场竞争:竞争对手的数量和实力。
(7)资金支持:获取足够的资金来支持项目的发展。
(8)法律法规:不同行业的法律法规限制和合规要求。
(9)用户接受度:消费者对跨界融合产品或服务的接受程度。
(10)品牌建设:打造有影响力的品牌,提高市场知名度和认可度。
(11)商业模式:盈利模式的可行性和可持续性。
(12)风险管理:对潜在风险的识别和应对能力。
(13)行业趋势:所涉及行业的发展趋势和变化。
(14)资源整合:有效整合不同领域的资源,实现资源的最大化利用。
(15)时间成本:跨界融合项目可能需要较长的时间来实现盈利。

总之,跨界融合与创新创业是未来发展的重要趋势,不同领域和行业之间的合作将创造更多的商业机会和价值。

【本章小结】

本章主要介绍了创新创业活动新趋势,比如社会创业的概念、运作与特征,社会创业与商业创业的区别等。社会创业作为一种新型的创业形式和利用商业方法来解决社会问题的新方法,表现出了巨大的经济价值和社会价值。同时本章还介绍了新技术与创新创业之间的融合,互联网、物联网、人工智能、大数据、社交创新平台、跨界融合等都对创新创业活动有着巨大的推动作用。

【思考题】

1. 什么是社会创业?
2. 列举一个社会企业,分析它产生的各种价值。
3. 新技术对创新创业有什么影响?
4. 列举生活中见到的创新创业的新现象。

【参考文献】

[1] 孙洪义.创新创业基础[M].北京:机械工业出版社,2017.

[2] 陈劲,王皓白.社会创业与社会创业者的概念界定与研究视角探讨[J].外国经济与管理,2007,(08):10-15.

[3] 戴维·伯恩斯坦.如何改变世界[M].吴士宏,译.北京:新星出版社,2006.

[4] 本·霍洛维茨.创业维艰:如何完成比难更难的事[M].杨晓红,钟莉婷,译.北京:中信出版社,2015.

[5] Laura K Guerrero, Peter A Andersen, Walid A Afifi. Close Encounters: Communication in Relationships [M]. 4th ed. Los Angeles, CA: Sage Publications Inc, 2014.

第十二章　创新创业与人生

【名人名言】

你若要喜爱你自己的价值,你就得给世界创造价值。

——歌德

【学习目标】

1. 把握创新创业与大学生职业生涯规划的关系。
2. 了解创业风险、创业压力的类型和应对措施。
3. 掌握应对创业失败的方法,树立正确的失败观。
4. 认识创新创业对大学生成长发展和实现人生价值的重要意义。

【开篇案例】

马云:乐观、坚持、不抱怨,才有机会

首先,我想说,我并不是一个有天赋的人,我失败了很多次。我7年才完成小学,许多人都只用5年。我想进重点初中、重点高中,都失败了。考大学我失败了3次,找工作我失败了差不多30次。高中毕业的时候,因为没考上大学,我想在 KFC 找一份工作,24个人去面试,23个人被录取,我是唯一一个没被聘用的。然后我试着去考警察,5个同学去考试,4个被录取,我又是那个没有被录取的。当我们开始阿里巴巴创业之路的时候,我去硅谷试着找融资,找了30多个投资人,没有一个愿意投给我们。

我犯了那么多错误,每一次失败,每一次被别人拒绝,我都把它当作一次训练。今天,对于我来说,如果被人拒绝,我认为这是很正常的事情,你被别人接受,才是不正常的事情。

我开始做生意的时候,是做销售,每天的工作就是给陌生人打电话,出去见客户。每次出门之前我都告诉自己,我要见12个客户,很可能没有一个愿意跟我合作,然后当我回来,确实没有一个成功。我告诉自己说,看,我是对的吧,我就知道没有机会。但是如果我签了一个客户,我就比预期做得好。所以每一次,你犯的每一个错误,都是一个很好的令你将来成功的基础。

如果有一天我要写一本书,书名将是"阿里巴巴和1001个错误"。在中国,我和很多企业家分享我的经历和想法,我想告诉他们:从别人的失败中学习。看到大多数错误,你会觉得那个家伙怎么那么傻,他怎么能犯这样的错误。其实你也会犯同样的错。我读过、看过很

多案例,这家伙这么聪明,但他失败了;为什么我会有机会赢?了解越多,你会变得越积极。

比尔·盖茨、沃伦·巴菲特、史蒂夫·乔布斯等成功人士都具有独特的性格魅力,他们乐观,从不抱怨。如果你不乐观、抱怨,你就没有机会赢了。我年轻的时候,也会抱怨:当我想做软件时,比尔·盖茨已经做了;当我想做汉堡时,肯德基比我做得更好。而且我们总是想像比尔·盖茨一样成功,但这是不可能的,这世界上只有一个比尔·盖茨。

我发现那些乐观的人,总是能看到更光明的未来,他们甚至不会抱怨。因为当人们抱怨的时候,他们将失去机会,并且被抱怨遮挡了思想。所以我从这其中学到了,当世界充满了抱怨的人,那么这个世界处处都是机会。你可以解决人们抱怨的问题,那是个很好的机会。

这是最好的时光,也是最糟糕的时候,而这都取决于你的态度。我认为这是本世纪最好的时光,人类从未如此幸运。

——资料来源:节选自马云在马来西亚"环球转型论坛"上的演讲实录,2017.03。(有删改)

第一节　创新创业与职业生涯规划

一、大学生职业生涯规划

职业生涯规划与职业发展相关,但不能简单地等同于求职,或者仅仅和找工作相关。美国著名管理学家诺斯威尔对职业生涯规划释义如下:"职业生涯规划是个体在对自身情况以及限制条件进行综合考虑的基础上,为了实现职业目标而采取的行动方向、时间和方案的行为。"职业生涯规划的概念最早在美国提出。1909年,帕金斯所著的《职业选择》一书提到了"就业指导"的概念;到了20世纪五六十年代,舒伯等人提出了"生涯"的概念,从此职业生涯规划不再局限于就业指导的层面,而有了更广泛的含义。舒伯建构了一套完整的生涯发展理论,将生涯分为五个阶段,即成长期(0—14岁)、探索期(15—24岁)、建立期(25—44岁)、维持期(45—65岁)和衰退期(65岁以上),如表12-1所示。

表12-1　舒伯生涯发展阶段理论

阶段	主要任务
成长期 (0—14岁)	在重要他人的影响下发展出自我概念。 (1)幻想阶段(0—10岁):需求主导。 (2)兴趣阶段(11—12岁):行为的主要原因是兴趣。 (3)能力阶段(13—14岁):能力占比增大,同时会考虑工作要求。
探索期 (15—24岁)	(1)试探阶段(15—17岁):选择范围缩小,会综合考虑自我需求、兴趣、能力和机会,因自身能力和未来学业、就业的不确定性,这一阶段的选择不一定会采用。 (2)过渡阶段(18—21岁):开始考虑现实情况,并尝试实施自我概念。 (3)尝试阶段(22—24岁):开始找到一份入门的工作,并尝试将其作为维持生活的工作,此阶段工作选择的范围进一步缩小,更倾向于选择可以提供重要机会的工作。

续表

阶段	主要任务
建立期 (25—44岁)	(1)尝试阶段(25—30岁):对原以为适合的工作不满意后,会进行调整和改变,有别于探索阶段的尝试,这一阶段的尝试是定向后的尝试。 (2)稳定阶段(31—44岁):在职业明确后,追求工作的稳定。
维持期 (45—65岁)	继续维持稳定的工作,并为退休做计划。
衰退期 (65岁以上)	角色发生改变,由工作者变成有选择性的参与者,然后变成观察者。

大学生的年龄通常在18—24岁,正处于生涯发展的探索期。在这个阶段,大学生开始考虑现实情况,对自己的性格、爱好、特长等已经有了基本的了解,但对自己的职业兴趣、能力素质等特征的认识还不够系统。因此大学生在这一阶段要从多种实践机会中探索自我,逐步确定职业偏好,进行试探性的职业选择,并初步开展自己的事业。我们将大学生职业生涯规划定义为:大学生在对自我和环境评估的基础上,确立职业生涯目标,并为目标的实现制定和实施相应的方案和计划的过程。

米凯洛奇指出,职业生涯规划有"突破障碍""开发潜能"和"自我实现"的积极目的,如图12-1所示。职业生涯规划是一个在探索中螺旋前进的过程,关键在于为生涯发展设定目标并为之行动。目标可以给人生带来希望和意义,一个人的目标越清晰、长远,他前进的动力就会越强,发展也会越好。职业生涯规划可以帮助大学生设立目标,为其注入强大的动力和勇气去突破内外障碍,不断地开发自我潜能,最终实现人生价值。

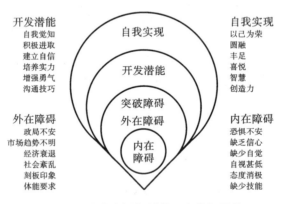

图 12-1　职业生涯规划的三个积极目的

职业生涯规划教育与创新创业教育存在着内在联系。职业生涯规划教育可以指导大学生在探索中明晰生涯目标,制定达成目标的方案和计划。创新创业教育同样是一种具有探索性质的实践教育,目的是培养学生的创新创业精神、创新创业意识和创新创业能力,从而为大学生的发展创造更多的机会,为他们的未来开拓更广阔的天地。职业生涯规划教育和创新创业教育都以解决大学生的发展问题为切入点,具有目标一致性,但是二者又在具体实施过程中各有侧重。将职业生涯规划教育与创新创业教育有机融合,可以帮助大学生明确发展目标,提升他们的创造力和专业能力,为其快速适应社会奠定坚实的基础。

二、创新创业对大学生职业生涯规划的意义

在严峻的就业形势下,如何通过创业带动大学生的就业,以及引导大学生自主创业,已经成为当今社会各界共同关心的话题。创新创业教育有助于大学生树立产创融合意识,积极主动地进行自我探索,建立职业生涯规划体系。大学生在开展创新创业的学习与实践时,可以与职业发展目标相结合,这样做可以促进就业观念和成才观念的转变,找到人生定位,努力实现人生价值。

创新创业对大学生职业生涯规划的意义表现为以下几个方面。

1. 形成良好的就业心态

当前我国的经济发展特征和人口态势已经发生深刻的变化,劳动力供求关系转变迅速,大学生就业形势复杂、就业压力巨大,大学生"就业难"问题日渐凸显。传统意义上的就业,通常指的是找一份"专业对口"的工作,通过为用人单位创造价值来获得劳动报酬。这种"为用人单位而工作"的心态,可能会给大学生带来就业定位期待过高、就业观念盲目从众、就业情绪自卑焦虑等问题。创新创业教育可以有效转变大学生的就业心态。在就业定位方面,创新创业教育可以让大学生了解企业运转模式,明晰每个职场角色所需的能力和素质,从而积极地调整自身定位,科学地进行人职匹配,并根据市场需求做好充足准备。在就业观念方面,创新创业结合职业生涯规划教育,可以唤起大学生的主人翁意识,树立职业发展的长远目标,变"为用人单位"工作为"为自己的事业"工作,变被动就业为主动的"创造式"就业,为职业生涯规划注入强大的动力。在就业情绪方面,创新创业教育可以更新思维模式,训练核心素质,培养学生面对未来的不确定性主动去探索和创造的能力,帮助学生以创业者的素质和心态去就业,增强其应对未来挑战的信心。

2. 拓宽就业途径

创新创业作为推动社会经济发展的强大动力,是扩大社会就业空间的有力支撑。创新创业能不断涌现新经济形态,可以为劳动者创造更多、更优质的就业机会,把我国的人口压力更多地转化为社会经济活动所需的人力资源。对大学生来说,创新创业可以为职业生涯规划提供新思路和新视角,赋予就业"创造新的就业岗位"的新内涵,即就业不仅仅是谋求一个就业岗位,还可以是创造一个就业岗位。大学生通过创新创业的学习与实践,可以有效提升核心素质和能力,淡化"专业对口"的观念,克服从众心理,扩大就业范围,拓宽职业发展路径。有能力与意愿的大学生还可以自主创业,以创业带动就业,不仅能够解决自身的就业问题,还能为社会创造新的就业岗位,为国家经济注入生机与活力。创业与就业并不矛盾,既相互交融,又相互支撑。广义上的创业不仅指"创办企业",还指"开创事业",即不拘泥于当前的资源约束,寻求机会、进行价值创造的过程。大学生创业有多种形式,可以在就业的工作岗位上创业,也可以先就业后创业,这都是很好的职业发展路径。

3. 提升就业竞争力

我国正处于高质量发展阶段,经济与产业转型加快,对人力资本和技能的需求正发生着快速的变化。虽然当前高等教育取得了显著发展,但课程体系和教育质量与经济发展需求不相适应,存在大学生就业竞争力与岗位需求之间不匹配的矛盾。就业竞争力具体包括积极向上的心态、自主学习的能力、崇高的人格魅力、扎实的创新素质和优秀的身心素质等。

就业竞争力是大学生职业发展至关重要的核心能力,是在大学生的学习生活中,在学校、家庭、社会和自我的共同教育培养中形成的。大学生通过创新创业的学习与实践,可以将创新创业思想融入专业课程的学习中,锻炼专业本领,培养家国情怀、责任担当,增强心理素质和团队协作、交流表达能力,全方位、多角度地提升创新创业思维、创新创业素养和创新创业能力,有效提升就业竞争力,从而尽快完成从大学生活到社会生活的转换,成长为勇于直面复杂问题、乐于主动投身创新创业事业的高质量人才。

4. 加速适应社会

社会的就业形态在加速改变,大学生从大学这座"象牙塔"踏入真实的社会,必然需要经历蜕变。这就要求大学生能够积极调整自身的状态,主动适应社会。所谓适应社会,就是大学生能够从内心层面真切地认识并认可自己所处的社会地位、所经历的生活状态、所遵从的秩序准则,从而以积极的态度调整自身的行动,使自己融入社会,进而再去"改变"社会,创造更大的价值。大学生适应社会需要具备三个基础:一是能够对书本知识进行实践转化,知识积累丰富且具有一定的专业技能;二是能够有效地调节压力,直面挫折、不惧挑战;三是能够客观地认识自我,懂得因势而为,不断改造自我、优化自我,进而提升自身的综合竞争实力。创新创业教育可以帮助大学生深入挖掘自身潜能,激发创新意识、强化创新思维,保持与时俱进的精神状态。职业生涯规划教育则是根据学生兴趣、能力、性格等特征,引导学生结合行业与职业认知,客观评价自己,寻找适合自己的职业目标,树立职业理想。将创新创业教育与职业生涯规划教育有机结合,可以更好地引导大学生梳理职业发展思路,根据行业发展需求和市场就业形势及时调整发展策略,使自身的职业生涯规划与社会发展相契合,加速适应社会,尽早走上职业发展之路,进而实现职业理想。

总的来说,学习创新创业知识不仅是为了学习相关知识和技能,更重要的是培养创新创业精神,提升心理素质,增强团队协作、语言表达等能力,进而厚植家国情怀,增强责任感,以更高的视角认识和看待社会,以更自信从容的态度应对未来的挑战。

三、职业生涯规划对大学生创新创业的意义

职业生涯规划不仅可以帮助大学生找到满足基本生活需要的工作,更重要的是能促进个人的全面发展,实现个人价值。将职业生涯规划的理念、知识和目标融入大学生创新创业教育,能够帮助大学生培养创新创业意识和创新创业精神,增强社会竞争力,树立正确的就业观和创业观,有效避免创新创业的盲目性。

职业生涯规划对大学生创新创业的意义表现为以下几个方面。

1. 确立创业目标

在大众创业、万众创新的时代,每个人都可以是创业者,或是自主创办企业,或是立足岗位干事业,创业已成为大学生的重要职业选择方向。创业成功的前提是通过理性的思考、科学的分析确定合理的创业目标。职业生涯规划可以帮助大学生根据自身的特点和兴趣爱好等,对职业做出明确的定位,进而定位自己未来的人生方向,确保创业奋斗目标的合理性。并在此基础上制订一系列行动计划,充分发挥自身的潜能,提高创业成功的概率。职业生涯规划的意义还在于引导和鼓励大学生站在国家发展的格局上定位自己的人生目标,综合考

虑职业选择、兴趣、特长等，树立正确的职业观念和职业理想，在对自己人生负责的同时，更好地担负起时代赋予的重任。

2. 做好创业准备

职业生涯规划在"我想做的事情"和"我能做的事情"之间架起了一座桥梁。大学生通过职业生涯规划，可以了解国家相关政策和社会趋势，找到适合自身的创业方向和创业目标。同时，大学生可以通过SWOT分析法和各类测评软件评估和分析自身特征，了解自身的优缺点以及可能会面临的机遇和挑战。在明晰了自己和创业目标要求之间的距离后，大学生可以通过制订和执行相应的计划来缩小差距，保证自身的发展能够符合创业目标的要求。职业生涯规划可以帮助大学生激发内在动力，引导他们在前期做好创业准备。大学生可以在学习中有意识地提升自己、完善自己，提高个人综合素质和专业技能，形成良好的创新精神和创业活力，避免盲目创业。由此可见，在创新创业教育中有机地融合职业生涯规划教育，可以培养大学生的创新创业素质，提升他们的核心竞争力，促进他们的全面发展。此外，还可以提前了解创业过程中可能遇到的风险和压力，形成面对挫折的乐观心态和友好的人际关系，掌握解决预期可能存在的困难的方法和手段，做好创业准备。

3. 提升创新创业能力

创新创业是一种实践性很强的活动，想要在激烈的竞争中脱颖而出，创业者不仅要有创新意识、创业精神，同时还要具备足够的创新创业能力。创新创业能力是指创业者凭借其专业技能和个人知识，为推进社会发展开拓新事业且能获取相应效益的能力。大学生想要具有足够的创新创业能力，就应当重视职业生涯规划教育和创新创业教育。首先在课程学习中掌握创新创业的基础知识和理论，了解创业的基本流程和方法；其次通过专业课程的学习，在技能层面提高市场调研、商业机会识别、产品创新等能力；最后从自我探索和个人能力出发，充分利用有助于自己创业成功的各项资源，制订切实可行的创业目标和详细的创业计划，系统地、有计划地采取创业行动，逐步积累个人经验，提升创新创业素质。

4. 优化创业设计

创业设计指创业者为发现和识别商业机会，成立活动组织，利用各种资源提供产品和服务并创造价值的提前谋划的过程。一份优秀的创业设计，需要大学生站在整体的高度把握创新创业的精神和能力，并能掌握和运用多学科的知识，如法律、财务管理、营销管理、客户关系管理等知识。大学生开展职业生涯规划可以更好地认识自我并实现自我，进而获得全面发展。在大学生开展创新创业活动期间进行职业生涯规划教育，可以使大学生正确认识自我优势和潜在能力，了解自己的优缺点，做到扬长避短，使创业设计与自身发展更加匹配。良好的职业生涯规划教育除了可以最大限度地发挥学生的潜能外，还可以为学生日后开展创业奠定坚实的理论基础，提高创业的成功概率。

总而言之，职业生涯规划教育对个人发展能够起到全方位的积极作用。将职业生涯规划的理论和方法运用于创新创业教育，有助于大学生判断自己是否具有创业者必需的特质与能力，明确自身定位与目标，进而尽早采取行动挖掘潜能、弥补差距、发挥优势，全面提升自己的专业技能、心理素质、创新精神、创业能力等，最终真正实现为用户创造价值、为社会创造财富的创业目标。

第二节　应对创业风险与创业压力

一、创业风险

创业风险是指在创业过程中,由于创业环境的不确定性、创业机会的复杂性、创业者和创业团队能力的局限性,而导致创业活动未达到预期目标的可能性和结果。在杰弗里·蒂蒙斯提出的由商机、资源和团队三要素构成的创业过程模型中,我们可以知道创业是一个动态平衡的过程,需要三个要素高度匹配。然而,市场的不确定性、社会的发展、商业机会难以获得以及其他外部因素都有可能破坏三要素的平衡,带来创业风险。

创业企业与已经正常运行的企业相比,在成长过程中充满了更多的风险。创业的过程就是对各类风险进行有效防范,从而把不确定性变为确定性的过程。大学生在创业活动中具有年轻、有创造力和想象力、充满激情和信心等独特的优势,但由于缺乏创业经验、资源和社会阅历等,也承担着更高的风险。在实际的创业活动中,根据创业涉及的具体事务,可将大学生创业风险概括为以下几个方面。

1. 项目选择风险:过于乐观,盲目跟风

创业项目选择风险是指创业者选择从事某种特定经济活动所面临的盈利或者亏损的可能性和不确定性。创业者在选择创业项目时通常需要缜密评估用户购买的必然理由、市场容量、经济可行性、实施障碍、获利周期、外部风险等,需要慎之又慎。而一些大学生在项目选择时只凭自己的兴趣和想象,甚至只是一时心血来潮,不做市场调查和论证就贸然投资,极易导致项目选择出现失误。

2. 资金风险:资金不足,融资困难

创业资金风险包括融资风险、资金分配风险和信用风险等。资金是保障企业正常运行的基础,特别是在创业初期,流动资金不足极易导致创业企业夭折。大学生创业时大多没有太多的财务知识和经验,对企业的资金需求难以准确估计,尤其缺少对企业出现收入低于预期、计划外支出增加等风险的预判,这些风险会对企业的发展造成致命的威胁。

3. 管理风险:技能匮乏,经验不足

创业管理风险指的是企业管理方面发生变化导致企业陷入困境的不确定性。企业管理不仅需要知识,更需要经验。大学生在创业的过程中,由于缺乏经验,在管理方面可能出现决策失误、沟通不畅、用人不当、团队冲突、利益分配不均、人力资源流失等各种状况,这都会影响企业的发展和成长。尤其是团队冲突,创业团队的核心成员若在某些问题上产生分歧且长期不能达成一致,将会给企业带来强烈的冲击。

4. 技术风险:研发困难,模仿侵权

创业技术风险是指技术从发明到商业化、产业化的过程中出现各种不利结果的可能性和不确定性。基于技术创新的大学生创新创业活动中,技术研发者能力有限、对技术发展趋势的预判失误或者竞争者的技术模仿、技术突破,都会使企业失去技术优势,带来技术风险。此外,新创企业研发工作的不确定性也可能导致企业长期陷入技术不能更新的困境。

5. 法律风险：重视不够，知识欠缺

创业的法律风险涵盖了公法与私法两个层面，其特点是发生领域广泛、结果具有强制性、发生形式具有关联性。一些大学生创业者认为企业规模较小时遇到的法律问题不多，因此对法律相关风险不重视。实际上在民事诉讼案件中，中小型企业的占比并不低。法律风险涉及工商、税务、环保、卫生、质检、知识产权、人力资源、企业融资、合同订立与履行等方面，一旦违背则必然面临行政、民事甚至刑事处罚的风险。

6. 市场风险：竞争激烈，营销困难

市场风险指的是由于市场情况的不确定性导致创业企业出现不利结果的可能性，包括以下方面：一是创业企业作为市场中的后来者，其提供的产品或服务短期内难以获得市场的认可，难以获得有黏度的客户。二是创业企业在发展初期，由于资金不足、产品研发和生产系统不完善，难以把控成本，难以在同类产品中拥有竞争力。三是因为对消费者没有深入的洞察，企业营销模式缺乏创新性，难以占据足够的市场份额。

以上创业风险贯穿企业经营的各个环节，并且这些风险通常是变化的、连续的、关联性的，任何一个企业都无法做到完全的风险规避。学习创业风险，是为了尽可能地做出有效的应对和防范措施，相对提高创业的成功率。

【延伸阅读】

创业失败的 20 大主要原因

初创公司失败的原因是什么？美国科技市场研究公司 CB Insights 通过分析 101 家科技创业公司的失败案例，总结了创业公司失败的 20 大主要原因，如图 12-2 所示。

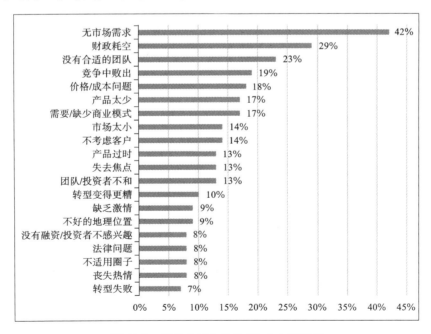

图 12-2　创业公司失败的 20 大主要原因

——资料来源：根据互联网资料整理。

二、创业压力

创业是一种没有标准化流程可供参考、没有既定模式可供借鉴的高风险、高失败率的社会实践活动。在创业过程中,创业者往往面临着层出不穷、千变万化的挑战。当创业者直面挑战,经历着高工作需求和低资源供给不匹配而难以实现创业目标时,便会感受到创业压力。本书将创业压力定义为创业者处于高工作需求与低资源供给不匹配的情境中时所产生的一种心理状态。

由于创业环境的复杂性和不确定性,较之一般的工作压力,创业压力更为复杂。它是创业者在创业活动中处理问题的能力与具体的创业要求间不匹配所产生的心理反应,并且会随着外部环境的改变以及自身状态的不断调整而处于动态变化中。大学生的创业压力主要包含以下几个方面。

1. 认可度压力

当大学生产生创业意向时,通常需要考虑家人朋友的想法和态度。大学生创业者在创业中面临的认可度压力来自家人、朋友,同时也来自整个社会。此外,创业需要时间的沉淀,在创业初期,大学生创业者很难快速获得创业成果,甚至比不上一般求职大学生的发展情况,导致其难以认可自己,会承受更大的认可度压力。研究表明,获得越多认可的人,其身心健康状况越好,生活满意度越高。若一个人被认可的需求无法被满足,则会对身心健康带来负面影响。

2. 管理压力

创业是一门综合性学科,涉及专业技术、市场营销、经济学等多方面的知识,同时也要面对层出不穷的管理问题和人际关系问题。大学生创业者因缺乏足够的社会阅历、管理工作能力不足,面对问题可能时常会感到恐慌,这成为大学生创业过程中的无形压力,也为大学生创业者在创业过程中增添了更多的未知和挑战。

3. 资金压力

资金是保证企业正常运行的根本,是企业赖以生存和发展壮大的必要条件。大学生创业者由于自身缺少经济积累,创业资金大多来源于向父母亲友借款、向银行贷款等途径。为维持企业在有限的资金支持下正常地运转,且不辜负父母亲友的投资、能够按期偿还银行贷款,大学生创业者通常会感受到不小的资金压力,且随着创业时间的增长,资金压力会不断上升。

4. 学业压力

大学生创业者作为一个特殊的创业者群体,有着学生和创业者的双重身份。这意味着他们要兼顾书本知识的学习和创业实践活动的开展。创业不是一件简单的事,会消耗大学生创业者大量的精力和时间,在这种情况下,他们的学习时间被创业活动挤占,必然会面临沉重的学业压力。

创业压力是创业者在创业准备和创业过程中必须要面对的,并且不会随着创业成功而消失。研究发现,已创业者与有创业意向者对创业压力的诠释有所不同,这反映出两者的抗压能力存在显著差别。创业压力对于创业者来说不完全是消极的。积极面对压力和有效应对压力也是创业者提升自我、实现自我的必经之路。

【延伸阅读】

创业压力调查

创业者们到底有多忙？他们出现过什么压力？又该如何排解？《重庆商报》的记者设计了一份创业者压力调查问卷，对重庆部分创业者进行了调查。

他们究竟有多忙？

本次受访的创业者中，男性与女性的比例为8∶2。

在这些创业者中，积极寻找创业项目的主动型创业者最多，占69.23%；由于某些原因不得不创业的生存型创业者占比19.23%；还有11.54%的创业者属于变现型创业者，他们积累了丰富的经验，找到了适当的机会开启创业之路。

50%的创业者，每天的工作时间在12—16小时，还有3.85%的人达到16小时以上。每天工作8—12小时的创业者占比38.46%。

他们的压力来自哪里？

受访创业者中，常常感到有压力的占65.38%，处于极度压力中的达到23.08%，偶尔有压力的占11.54%。其中，来自心理上的压力占比最大，达到42.31%，经济方面的压力占比34.62%，环境造成的压力占19.23%，还有3.85%的创业者认为，家人和朋友的不支持给自己带来了压力。

在创业具体环节中，73.08%的创业者在市场开拓方面遇到了很大的压力，65.38%的人资金周转出过问题，人事变动、技术瓶颈和产品研发都分别给创业者带来过压力。

他们如何排解压力？

参与调查的创业者中，五成以上处于亚健康状态，还有3.85%的人被查出患有严重疾病。26.92%的创业者经常心情压抑，还有人患有严重的精神抑郁。

创业者面临压力时，也会找合适的方式排解。选择与大自然亲近和运动发泄的人最多。有四成创业者会找生意合伙人商量，有两成创业者会找朋友或家人倾诉。也有30.77%的创业者什么都不做，默默承受这一切。采取这些排解压力的方式以后，近九成创业者认为有用。

——资料来源：谈书，韦玥.创客，你们好吗？压力来自哪里？重庆商报，2018-02-09。（有改动）

三、应对创业风险与压力

学习创业的风险与压力，对其来源进行分析，是为了做出有效的应对和防范措施，提高创业成功的概率。营造全社会认可、鼓励和支持创业的环境和氛围，减少大学生的创业风险，纾解创业压力，需要多方的努力。

在政府层面，应加大扶持力度，增强对创业环境的监督和对大学生创业的舆论引导，强化大学生创业的法律服务制度建设，为大学生创业提供应有的保障；在社会层面，应改善创业的环境,营造鼓励创新、宽容失败的良好创业氛围,传递正确的创业观念;在学校层面,应从管理制度、创业政策宣讲、创业过程帮扶、创业效果跟踪等方面进行全面强化,有效提升大学生创业者的创业素质,建立良好的校园创业氛围。

在大学生创业者自身层面,可以从以下几个方面应对和防范创业风险与压力。

1. 树立正确的创业风险意识

创业者首先应保持清醒的头脑,勤于思考,判断、分析、识别企业可能面临的现实或潜在风险,构建风险管理体系:一是完善创业企业的金融支持和资本管理体系,降低创业的资金风险;二是优化创业公司运营机制,降低创业的管理风险;三是完善创业研发中的技术支持体系,降低创业的技术风险;四是增强企业核心竞争力,降低创业的市场风险。居安思危、防患于未然,把风险预防工作作为企业的长期任务。

2. 慎重选择创业项目

创业者既要全面地分析自身的创业资源,还要客观地调查市场情况,优先选择技术含量高甚至有自主知识产权的项目,在确保产品创新性的同时,进一步做好市场宣传推介。不做赌徒,做适度的风险投资者。

3. 增强知识储备

创业者自身的创业能力和素质决定了创业决策的科学性。大部分的风险和压力是由于大学生创业者缺乏知识储备造成的。有志于创业的在校大学生应加强法律、财务、管理等方面的学习,逐步积累知识,锻炼实践技能。同时应在创业教育和专业教育上对时间和精力进行合理的分配,既要认真学习专业知识,也要积极接受创新创业教育,培养自己的交叉学科思维。

4. 丰富实践经验

大学生可以利用实习实践的机会,走进企业,参与企业在法律、资金、管理、运营等方面的工作,尽早跟社会接触,从而接触更多的风险和压力场景,为后续开展创业活动奠定基础。

5. 提升心理韧性

心理韧性可以帮助个体在不良环境中不断调整自我,快速走出失败阴影。大学生创业者要不断提高心理抗压能力,以积极的视角看待创业的风险与压力,培养超越自我、积极应对困境的心态。大学生创业者要理性看待成功与失败,更加注重过程收获,在面临创业困境时,要处变不惊、冷静思考、理清思路、从容应对。

【延伸阅读】

创 业 韧 性

德福瑞斯(De Vries)和希尔兹(Shields)于2006年提出创业韧性概念,认为创业韧性是"个人在面对创业逆境、压力和不确定性状况时有效运作的能力",并将创业韧性视为"过程导致的结果:来自生活经历而非先天的个性特质"。康纳(Corner)则将其定义为"尽管经历困境,创业者却能够保持相对稳定、健康的心理和情绪水平的能力"。该定义基于创业者个体层面阐释了"为什么一些人能够成功开创新企业,而另一些人却不能"的原因。该概念与积极心理学观点一致,关注的是健康而非异常的心理运行机制;同时还从"来自生活经历"的角度说明了创业韧性的可开发性。

创业韧性是创业成功的必要条件,创业韧性可以通过应对创业压力,或者通过促进其他创业特质的发展,为创业成功奠定基础。

——资料来源:宋国学.创业韧性:概念、测量与影响[J].商业经济与管理,2019(02):22-29.

四、在创业磨砺中成长

由于创业本身就是一种风险决策行为,没有人能够保证每一次创业都可以获得成功。根据风险投资数据库 CB Insights 机构的统计数据,大学生创业失败率高达95%,这说明大学生创业失败是普遍现象。创业失败会给创业者带来经济损失、社会地位下降等负面影响,严重打击创业团队的创业信心和精神。但是,创业失败也有其独特、不可替代的价值。有人把创业失败比作是"学习触发器",它通过揭示期望结果与实际结果之间的差距,为创业者提供了宝贵的学习机会。

创业失败学习作为一种高层次的学习方式,让创业者从失败经验中学习,对创业团队重启创业之旅起着关键性作用。创业失败学习教育以打造创业者积极健康的创业心态为主导,剖析创业失败的深层次根源,总结经验教训,制定解决创业失败问题的方案,引导创业者树立坚定的信心积极创业、保持理性的心态正视失败、锻造顽强的意志应对失败,最终走向创业成功。创业失败学习教育的意义有以下几个方面。

1. 树立正确的失败观

通常,失败被视为羞于启齿的"人生败笔"。然而,研究表明,人们从失败中学习到的东西往往比从成功中学习到的还要多,还可以让知识留存得更长久。这也是"失败是成功之母"的科学意义。我们不应只看到创业失败的负面结果,而要看到失败具有更大的价值,不要逃避它,试着去拥抱它,以战略前瞻性的视角把失败作为人生不断进步的阶梯和动力。

2. 掌握失败修复技能

创业失败必然伴随着成本和代价,其中既包含财务成本,也包含因失败遭受心理折磨、打击和伤害的非财务成本。修复创业失败创伤有两种方式:一是损失导向,二是恢复导向。损失导向是指创业者直面创业失败的现状,主动切断与失败企业的情绪联系。恢复导向是指创业者主动规避源于创业失败的第二压力。综合应用两种方式,可以快速修复创业失败的创伤,最大限度地减少创业失败的负面效应。

3. 从创业失败中学习

创业失败是创业者获得再次创业所需的知识与技能的重要来源,是创业者锻炼能力、开阔视野、激活动力的重要机会。如果失败的现状已不可改变,创业者应直面并剖析失败,从失败中总结经验教训,降低重蹈覆辙的风险。学习失败,就是要"正视失败、总结失败、应对失败",从而走向成功。

【延伸阅读】

雷军:穿越人生低谷的感悟

小米创始人、董事长兼 CEO 雷军在 2022 年小米十二周年纪念及发布会上演讲时,分享了在他创办小米之前,人生中多次经历的挫折与迷茫,以及穿越低谷的过程中的一些感悟。他说:

面对这些挫折、失败,我也迷茫过、动摇过、甚至放弃过。如果没有这些挫折,没有这些挫折带来的积累,就不会有今天的我。没有任何人会喜欢挫折、失败,但每个人不可避免地一定会经历失败,甚至,不少人现在正在经历失败。

既然这些痛苦难以回避,那我们能做的就是直面这些痛苦,在痛苦中坚持前行,让痛苦来塑造更好的我们,这就是痛苦的意义、挫折的馈赠。而你经历的所有挫折、失败,甚至那些看似毫无意义、消磨时间的事情,都将成为你最宝贵的财富。人生很长,无论如何,让我们保持信念:永远相信美好的事情即将发生。

——资料来源:节选自雷军在"小米十二周年纪念及发布会"上的演讲实录。(有删改)

第三节　创新创业助力人生发展

一、创新创业展示智慧才华

创新创业是探索和创造的过程,是极具挑战性的社会活动,存在诸多的不确定性。这就要求创业者除了具备创业精神和创新思维外,还要巧妙地化解创业过程中的困难和障碍,才能获得创新创业的成功。具体来说,大学生创业者需要在激烈的市场竞争中创造出独特的产品或服务以满足客户需求,当面对各种未知的问题和挑战时,不断弥补经验不足导致的空缺,突破现实困境,解决实际问题。在创新创业的过程中,大学生可以将个人的知识产权、技术专长、兴趣爱好等应用于实际的市场环境中,将学习成效转化为实践成效,充分发挥自己的知识与技能特长,在竞争日益激烈的创新创业的浪潮中充分展现自己的智慧和才华。

【延伸阅读】

曹绪尧:挑战人生的无限可能

本科期间,曹绪尧担任校学生会副主席,多次获得校级"优秀团员""优秀学生干部"等荣誉。校内活动开展得有声有色,但曹绪尧并不满足于这一方小天地,他期待更大的舞台。大二开始,曹绪尧在某体育咨询公司实习,大四临近毕业时已担任这家公司的副总经理,但曹绪尧发现自己的管理知识储备、商务实践能力远远不够,亟须进入更大的公司、更高的平台提升自己。经过一系列激烈的竞争,曹绪尧成功加入了百度公司。

在百度期间,曹绪尧了解到管理咨询行业,并决心把管理咨询作为自己新的奋斗目标。但是,管理咨询行业学历门槛很高。曹绪尧毅然辞职,跨专业考取了清华大学相关专业的研究生,并进入麦肯锡公司实习。一年多的实习,让曹绪尧接触到了管理咨询中解决复杂问题的系统方法和结构化思维模式,并遇到了志同道合的创业伙伴。

2018年12月,曹绪尧与合伙人一起创立了阿尔法智联(北京)科技有限公司,主营业务为芯片设计、半导体模组生产和物联网场景开发。

公司成立之初,凭借创业团队优异的表现,曹绪尧拿到了种子基金支持和启迪之星股权投资。2019年9月,阿尔法智联入驻北京高校大学生创业园理工园。2020年,阿尔法智联落地浙江省嵊州市,项目总投资3亿元,满产后年产值6亿元。在政府的大力支持和创业团队的努力下,曹绪尧带领营销团队积极开拓国际国内市场,已完成多轮战略融资,已获得来自北美、迪拜、墨西哥等多国的订单,订单总额超过3亿元。

曹绪尧相信,新一轮科技革命已经到来,传统制造企业的创新将不再局限于常规路径的业内技术进步,而是要融合物联网、人工智能、大数据等新一代信息技术,推动传统制造设备智能化、生产自动化、管理信息化,逐步打破传统创新专业壁垒和路径依赖,最终形成数字科技驱动的新型创新范式。未来,曹绪尧将与团队一起继续肩负科技创新赋能传统制造业的使命,帮助传统制造业节能减排、降本增效,不断缩小与发达国家制造业之间的差距,为祖国发展贡献力量。

——资料来源:天行健,君子以自强不息——清华大学曹绪尧创业事迹[J].中国大学生就业,2022(01):2+65.

二、创新创业成就个人梦想

大学生通常具有较高的知识文化水平,具有内在的创新潜能,通过创业实践活动,可以将创新构想转化为社会现实。创业也是就业的一种形式,相比常规意义上的工作更加灵活自由。大学生开展创新创业实践,一方面可以收获丰厚的物质回报,改善生活条件;另一方面可以在时间、工作规划、财务等方面获得相对的自由。大学生通过创新创业,可以将自己的兴趣和梦想结合在一起,自主把控工作方向及工作内容,充分发挥个人的创造力和想象力。创新创业让人生充满无限可能,大学生通过自身的努力拼搏,可以探寻出一条成功的道路,实现个人梦想。

【延伸阅读】

聂云宸:白手起家的90后创业者

2010年,19岁的聂云宸从广州一所专科学校毕业,他的第一次创业是卖手机,但好景不长,由于市场巨变他不得不寻求新的方向。

有一天,聂云宸在路过一家奶茶店的时候灵感突现:用粉末冲出来的奶茶也有大量顾客,那如果是用真材实料做出来的饮品,会不会更受欢迎呢?而且开奶茶店门槛不高,它可大可小,往大做可以把中国年轻茶饮做起来,往小做可以从一个小档口做起。

抱着这样的想法，聂云宸揣着此前开手机店攒下的20万元，经过半年产品研发和筹备，2012年5月12日，聂云宸的第一家只有20平方米的奶茶店在广东省江门市九中街开张，取名皇茶ROYALTEA（喜茶HEYTEA的前身）。

一开始，皇茶门面冷清，有时一天只卖出几杯。聂云宸沉下心来，一方面研究市面上主流饮品店的产品，一方面在奶茶口味上下苦功。他四处征集客户的评价，然后不断改进，最多时一天修改6次配方，自己喝掉20杯奶茶。经过一番努力，聂云宸推出了一个在当时极具颠覆性的产品——芝士奶盖茶。这种茶一经推出，广受好评，彻底挽救了门店。同时，相比速溶奶茶，当时的皇茶虽然贵了点，但是用料更加充足。当消费者抱怨茶饮果肉少时，聂云宸将果肉加到占整杯的2/3；抱怨原茶味道不好时，聂云宸又通过对多款茶叶进行拼配，选出味道适宜的原茶。

就这样，在聂云宸的苦心经营下，没过半年，皇茶在江门逐渐成为排队的代名词，并快速扩张到深圳、中山、东莞、广州等珠三角城市。2015年年底，皇茶在广东地区开出了50多家门店。

皇茶爆火后，跟风者数不胜数。为填补"山寨"漏洞，2016年年初，聂云宸买下已经成功注册的商标"喜茶"，并在随后的1个月里，把旗下50多家"皇茶"直营门店全部更名为"喜茶"。改名后的喜茶，凭借其品牌定位和过硬的产品迅速走红，百人排队的景象时常出现。

2016年6月，喜茶在获得了1亿元的首轮外部融资后，开始走出广东，向全国扩张，在多个一线大城市相继开店，成为新茶饮的超级独角兽。聂云宸在胡润研究院发布的《2023胡润全球白手起家U40富豪榜》中，以90亿元人民币的财富入榜，他用执着和不服输的精神，书写了属于90后的传奇。

——资料来源：根据互联网资料整理。

三、创新创业实现人生价值

创新创业可以让大学生获得尊重需要和自我实现需要，是大学生实现自我价值和社会价值的根本途径。创新创业的成功，不仅可以为顾客创造价值，还可以为他人提供就业机会，并为社会创造产品与服务等物质财富和创新创业精神、企业文化等精神财富。无论是创业者个人展现出的超强个人能力与人格魅力，还是企业为客户、社会乃至国家创造的价值，都可以让创业者获得极大的成就感和满足感。与此同时，能力越强、创造的价值越大，其个人荣誉就会越多，自身的价值得到了社会的认可，社会地位也会随之不断提升。

【延伸阅读】

翁新强：在乡村振兴征程上奉献青春

1988年，翁新强出生于湖北省十堰市郧西县湖北口回族乡小新川村，这里交通不便，非常贫穷，村里百姓最大的愿望就是把孩子培养成才，创造机会走出大山。2008年，翁新强考入中国地质大学（武汉），2012年毕业时，他放弃保研的机会，先后在中建三局和一家知名酒企工作了两年，职业发展态势良好，年收入高达27万元。

2014年8月，翁新强回家陪父母过中秋节，汽车一路颠簸起伏，看到公路两侧的撂荒地、破败不堪的土房子、返乡待业的村民，家乡的贫穷落后和大城市的繁华在他的心里形成了强烈的反差。于是,他毅然辞去了大城市的高薪工作,报考了湖北省大学生村官,投入乡村振兴。

刚上任的翁新强了解到村民迫切希望村委会帮忙找一条赚钱的门路。他通过拜访老党员、走访贫困户、上网查阅市场行情,最终通过开会表决,确定在村里发展五味子产业。确定项目后,翁新强到黑龙江省伊春市的一个农村学习五味子育苗技术。把五味子种苗培育出来后,翁新强先自己带头栽种,然后又免费给村里德高望重的老党员提供五味子种苗和专用肥,并签订保价收购协议,免去种植户们的后顾之忧,于是,观望的村民们也纷纷参与进来。

翁新强发现"五味子红酒"还不为消费者所熟知,潜在市场可期,是一条不错的产业升级之路。于是,翁新强和西北某高校的科研专家合作,成功研发了五味子红酒,合作社的五味子初级加工厂已经部分建成并投入使用。翁新强数年如一日,长期坚守在偏远山区的产业扶贫一线,他所创办的合作社累计带动湖北口回族乡及周边地区1000余户农民种植五味子4100余亩,带动鄂陕两省700余户群众实现增收,户均年增收12000元以上。

回乡建设以来,翁新强先后荣获2017年全国扶贫先进个人、2017年全国农村青年致富带头人、2017年湖北省"荆楚楷模"年度人物、2018年全国首届"脱贫攻坚·青春榜样"典型人物、2018年"中国好人"、2018年十堰市优秀共产党员,2019年十堰市劳动模范、2019年湖北省"青年五四奖章"、2019年第十届"中国青年创业奖",2020年"全国向上向善好青年:扶贫助困好青年"等荣誉称号。2022年,翁新强当选党的二十大代表。

——资料来源:根据互联网资料整理。

创业是一种生活方式,是一种人生态度,也是一种职业发展的精神趋向。无论今后是否选择创业,或者创业最终能否成功,大学生学习的创新创业知识,培养的创新创业思维、精神和能力,都会内化为终身受用的认知体系,成为自我激励的精神财富,助力人生向更好的方向发展。

青年是社会上最富活力、最具创造性的群体,理应走在创新创业前列。新时代青年追梦正当时,大学生应勇立时代潮头,有意识地锻造自己坚强的意志力、强大的承压力、快速的领悟力和百倍的信心力,不负殷切期待,担当青春使命,在创新创业的过程中施展才华、服务社会,在中华民族伟大复兴的历史进程中勇往直前、大显身手。

【实践训练】

1.《大学生创新创业导论》MOOC(慕课)
https://www.xueyinonline.com/detail/235481245.
2.让青春在创新创造中闪光
http://opinion.people.com.cn/n1/2022/0510/c1003-32418005.html.
3.习近平:在企业家座谈会上的讲话
https://www.gov.cn/xinwen/2020-07/21/content_5528791.htm.
4.华为任正非:企业要宽容失败,才会有真正的创新
https://www.sohu.com/a/239841572_128339.
5.17家IT创业公司的血泪史
https://blog.csdn.net/erlib/article/details/24356141.
6.2022年创业公司失败名录
https://www.thepaper.cn/newsDetail_forward_21454209.

【本章小结】

1. 职业生涯规划教育与创新创业教育相结合,可以帮助大学生明确发展目标,提升创造力和专业能力,为其快速适应社会奠定坚实基础。

2. 创业风险是指在创业过程中,由于创业环境的不确定性、创业机会的复杂性、创业者和创业团队能力的局限性,而导致创业活动未达到预期目标的可能性和后果。常见的创业风险有项目选择风险、资金风险、管理风险、技术风险、法律风险、市场风险等。

3. 创业压力是创业者在创业活动中处理问题的能力与具体的创业要求间不匹配所产生的心理反应。大学生创业者常见的压力有认可度压力、管理压力、资金压力、学业压力等。

4. 大学生应树立正确的创业风险意识,慎重选择创业项目,增加知识储备和实践经验,提升心理韧性,应对和防范创业压力与风险。

5. 创业失败学习作为一种高层次的学习方式,让创业者从失败经验中学习,对创业团队重启创业之旅起着关键性的作用。

6. 创新创业能够让大学生展示智慧才华、成就个人梦想、实现人生价值,助力人生更好地发展。

【思考题】

1. 创新创业对大学生的职业发展有何意义?
2. 大学生开展创新创业活动有何优势与不足?
3. 创业失败的原因有哪些?创业失败可能会给创业者带来哪些影响?
4. 创业压力的来源有哪些?日常生活中,你有哪些方法应对压力?
5. 结合你的经历,谈谈如何从失败中学习。
6. 大学生开展创新创业活动,对自身和社会有何价值?

【参考文献】

[1] 钟谷兰,杨开.大学生职业生涯发展与规划[M].上海:华东师范大学出版社,2015.

[2] 丁忠明.大学生创业启程[M].北京:机械工业出版社,2019.

[3] 王强,陈姚.创新创业基础——案例教学与情景模拟[M].北京:中国人民大学出版社,2021.

[4] 王卫东,黄丽萍.大学生创业基础[M].北京:清华大学出版社,2015.

情景剧:人人都是创新创业者